プリント形式のリアル過去問で本番の臨場感！

山形県 公立高等学校

2025年春受験用 解答集

本書は，実物をなるべくそのままに，プリント形式で年度ごとに収録しています。
問題用紙を教科別に分けて使うことができるので，本番さながらの演習ができます。

■ 収録内容

・解答集(この冊子です)

書籍ＩＤ番号，この問題集の使い方，最新年度実物データ，教科別入試データ解析，解答例と解説，ご使用にあたってのお願い・ご注意，お問い合わせ

・2024(令和６)年度 ～ 2022(令和４)年度　学力検査問題

・リスニング問題音声《オンラインで聴く》　詳しくは次のページをご覧ください。

○は収録あり

年度	'24	'23	'22			
■ 問題(一般入学者選抜)	○	○	○			
■ 解答用紙	○	○	○			
■ 配点	○	○	○			
■ 英語リスニング音声・原稿	○	○	○			

全教科に解説
があります

注)問題文等非掲載:2022年度国語の二

問題文の非掲載につきまして

著作権上の都合により，本書に収録している過去入試問題の本文の一部を掲載しておりません。ご不便をおかけし，誠に申し訳ございません。

本文の一部を掲載できなかったことによる国語の演習不足を補うため，論説文および小説文の演習問題のダウンロード付録があります。弊社ウェブサイトから書籍ＩＤ番号を入力してご利用ください。

なお，問題の量，形式，難易度などの傾向が，実際の入試問題と一致しない場合があります。

教英出版

JN132129

■　書籍ＩＤ番号

リスニング問題の音声は，教英出版ウェブサイトの「ご購入者様のページ」画面で，書籍ＩＤ番号を入力してご利用ください。

入試に役立つダウンロード付録や学校情報なども随時更新して掲載しています。

書籍ＩＤ番号　162505

（有効期限：2025年9月30日まで）

【入試に役立つダウンロード付録】
「ラストチェックテスト（標準／ハイレベル）」
「高校合格への道」

【リスニング問題音声】
オンラインで問題の音声を聴くことができます。
有効期限までは無料で何度でも聴くことができます。

■　この問題集の使い方

年度ごとにプリント形式で収録しています。針を外して教科ごとに分けて使用します。①片側，②中央のどちらかでとじてありますので，下図を参考に，問題用紙と解答用紙に分けて準備をしましょう（解答用紙がない場合もあります）。

針を外すときは，けがをしないように十分注意してください。また，針を外すと紛失しやすくなりますので気をつけましょう。

① 片側でとじてあるもの

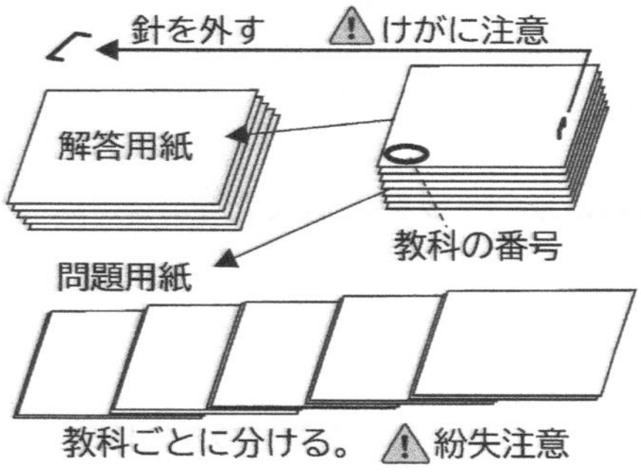

② 中央でとじてあるもの

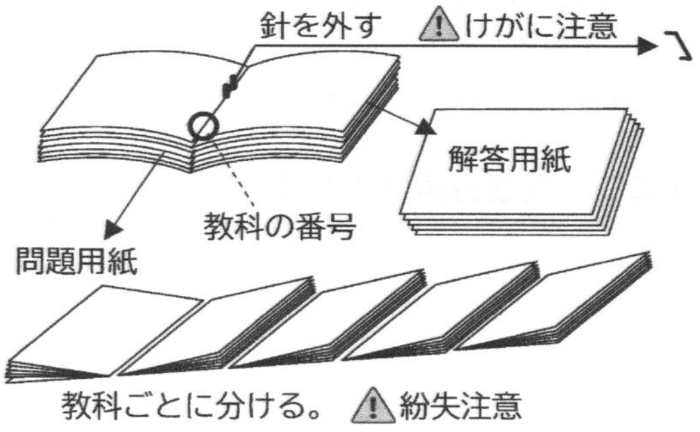

※教科数が上図と異なる場合があります。
解答用紙がない場合や，問題と一体になっている場合があります。
教科の番号は，教科ごとに分けるときの参考にしてください。

■　最新年度 実物データ

実物をなるべくそのままに編集していますが，収録の都合上，実際の試験問題とは異なる場合があります。実物のサイズ，様式は右表で確認してください。

問題用紙	Ａ４冊子（二つ折り）
解答用紙	Ａ３片面プリント

山形県　公立高校入試データ解析　国語

分野別データ			2024	2023	2022
大問の種類	長文	論説文・説明文・評論	○	○	○
		小説・物語	○	○	○
		随筆・紀行文			
	古文・漢文		○	○	○
	詩・短歌・俳句				
	その他の文章		○	○	○
	条件・課題作文		○	○	○
	聞き取り				
漢字・語句	漢字の読み書き		○	○	○
	熟語・熟語の構成		○	○	
	部首・筆順・画数・書体				
	四字熟語・慣用句・ことわざ				
	類義語・対義語				
文法	品詞・用法・活用		○	○	○
	文節相互の関係・文の組み立て				
	敬語・言葉づかい				
文章の読解	長文	語句の意味・補充			○
		接続語の用法・補充			
		表現技法・表現の特徴	○	○	○
		段落・文の相互関係			○
		文章内容の理解	○	○	○
		人物の心情の理解	○	○	○
	古文・漢文	歴史的仮名遣い	○	○	○
		文法・語句の意味・知識			
		動作主			○
		文章内容の理解	○	○	○
	詩・短歌・俳句				
	その他の文章		○	○	○

形式データ	2024	2023	2022
漢字の読み書き	9	9	9
記号選択	9	9	11
抜き出し	4	4	3
記述	7	7	7
作文・短文	1	1	1
その他			

2025 年度入試に向けて

小説・論説文・古文・漢文・会話文・漢字・条件作文などが出されている。毎年、語句の意味や漢字、文法といった比較的易しい知識問題から難しい読解問題まで幅広く出題されている。論説文では、指定された言葉を使って、五十～七十字で書かせる問題が出題されている。要点をおさえた文章を記述する力をつけておく必要がある。小説文では、登場人物の関係を把握し、表現の特徴に注意しながら、人物の心情の変化を読み取るようにしよう。

山形県　公立高校入試データ解析　数学

分類		2024	2023	2022	問題構成	2024	2023	2022
式と計算	数と計算	○	○	○	小問	[1] 1～2． 計算問題 [2] 3．1次方程式または連立方程式	[1] 1～3． 計算問題 [2] 3．1次方程式または連立方程式	[1] 1～2． 計算問題 [2] 3．1次方程式または連立方程式 4．文字式の説明
	文字式	○	○	○				
	平方根	○	○	○				
	因数分解							
	1次方程式	○	○	○	大問			
	連立方程式	○	○	○				
	2次方程式	○	○	○				
統計	データの活用	○	○	○	小問	[2] 4．累積相対度数	[1] 4．箱ひげ図	[1] 5．代表値，割合
					大問			
	確率	○	○	○	小問	[1] 4．5枚のカード	[2] 2．白玉と赤玉	[1] 3．5枚のカード
					大問			
関数	比例・反比例	○	○	○	小問	[2] 1．直線，双曲線，放物線	[2] 1．直線と双曲線，正方形	[2] 1．双曲線と放物線
	1次関数	○	○	○				
	2乗に比例する関数	○	○	○				
	いろいろな関数							
	グラフの作成	○	○	○	大問	[3] 文章問題 動点と三角形，四角形の面積	[3] 文章問題 重なる図形，三角形，台形	[3] 文章問題 動点と四角すいの体積
	座標平面上の図形		○					
	動点，重なる図形	○	○	○				
図形	平面図形の性質	○	○	○	小問	[1] 3．円と角度 5．正四面体の展開図 [2] 2．作図	[1] 5．投影図 [2] 4．作図	[1] 4．平面と直線の位置関係 [2] 2．作図
	空間図形の性質	○	○	○				
	回転体		○					
	立体の切断							
	円周角	○	○	○	大問	[4] 平面図形 三角形	[4] 平面図形・空間図形 三角形，円すい	[4] 平面図形 半円と三角形
	相似と比	○	○	○				
	三平方の定理	○		○				
	作図	○	○	○				
	証明	○	○	○				

2025年度入試に向けて

大問3の関数は，「道のり・速さ・時間」や「動点，重なる図形」などのグラフが出題される。教科書には類題が少ないので，問題集などで練習しておこう。他は，「文字式」や「データの活用」などで記述問題が見られるのが特徴であり，説明力を問われるので，学習内容をしっかり理解しておこう。

山形県　公立高校入試データ解析　社会

	分野別データ	2024	2023	2022	形式データ	2024	2023	2022
地理	世界のすがた	○	○	○	記号選択	7	9	8
	世界の諸地域（アジア・ヨーロッパ・アフリカ）	○	○	○	語句記述	5	6	5
	世界の諸地域（南北アメリカ・オセアニア）	○	○	○	文章記述	3	3	3
	日本のすがた	○	○	○	作図			
	日本の諸地域（九州・中国・四国・近畿）	○		○	計算		1	
	日本の諸地域（中部・関東・東北・北海道）	○						
	身近な地域の調査		○					
歴史	原始・古代の日本	○	○	○	記号選択	5	5	4
	中世の日本	○	○	○	語句記述	4	4	5
	近世の日本	○	○	○	文章記述	2	3	3
	近代の日本	○	○	○	並べ替え	1	1	1
	現代の日本	○	○	○				
	世界史	○						
公民	わたしたちと現代社会	○			記号選択	4	4	4
	基本的人権	○	○	○	語句記述	6	4	5
	日本国憲法	○			文章記述	4	2	2
	民主政治	○	○	○	作図・計算			1
	経済	○	○	○				
	国際社会・国際問題	○		○				

2025 年度入試に向けて

世界地理は，知識問題よりも資料を見て判断する問題が多い。数多くの問題を解いて慣れておきたい。日本地理も資料はふんだんに使われるが，日本各地の特徴をしっかりと理解していないと戸惑う問題が多い。歴史や公民は深く掘り下げた問題は見られず，名称などを問う基本的な問題が多い。どの分野でも，それぞれの資料がもつ意味をしっかりと理解する学習をしたい。

山形県　公立高校入試データ解析　理科

分野別データ		2024	2023	2022
物理	光・音・力による現象	○	○	○
	電流の性質とその利用			○
	運動とエネルギー	○		
化学	物質のすがた	○		○
	化学変化と原子・分子	○	○	○
	化学変化とイオン		○	
生物	植物の生活と種類		○	
	動物の生活と種類	○		○
	生命の連続性と食物連鎖		○	○
地学	大地の変化		○	○
	気象のしくみとその変化	○	○	
	地球と宇宙	○		○

形式データ	2024	2023	2022
記号選択	12	14	14
語句記述	10	9	11
文章記述	6	6	5
作図	1	1	2
数値	5	5	5
化学式・化学反応式	1	0	1

2025年度入試に向けて

上の分野別データからわかる通り，３年間で学習した内容からまんべんなく出題されているので，苦手な分野がある場合には，早めに克服し，当日，どの分野から出題されても困らないような状態にしておきたい。
全体的に正答率が高く，極端に正答率が低い問題は少ない。これは１つのミスが大きな差につながりやすいということである。したがって，教科書の重要語句を１つでも多く暗記し，学校で行った実験や観察の目的や注意点，結果や考察などを一連の流れで理解し，それらを文章で答える練習を十分にしておく必要がある。

山形県 公立高校入試データ解析 英語

分野別データ		2024	2023	2022
音声	発音・読み方			
	リスニング	○	○	○
文法	適語補充・選択	○	○	○
	語形変化			
	その他			
英作文	語句の並べかえ	○	○	○
	補充作文			
	自由作文	○	○	○
	条件作文			
読解	語句や文の補充	○	○	○
	代名詞などの指示内容	○	○	○
	英文の並べかえ	○	○	○
	日本語での記述	○	○	○
	英問英答	○	○	○
	絵・表・図を選択	○	○	○
	内容真偽	○	○	○
	内容の要約	○	○	○
	その他			

形式データ			2024	2023	2022
リスニング	記号選択		4	5	4
	英語記述		1	1	1
	日本語記述		3	3	3
文法・英作文・読解	読解	会話文	1	1	1
		長文	1	1	1
		絵・図・表	1	1	1
	記号選択		9	9	9
	語句記述		3	3	3
	日本語記述		5	5	5
	英文記述		5	5	5

2025 年度入試に向けて

ここ数年の問題構成は同じなので，過去問を必ずやって慣れておくこと。基礎力を問う問題が多いので，問題集などを使ってよく出題される単語や連語表現を覚えておこう。2の語句の並べかえ問題は，(省略された)関係代名詞を含む複雑な文が多い。3はグラフや図表などと英文の内容を正確に読み取らなければならない。同様の問題で慣れておきたい。4は正確な読解力と，それを日本語や英語で記述する力が問われる。おすすめは記述問題の多い他の都道府県公立高校の入試問題をやること。5は差がつく問題。正確に表現する力が求められる。

山形県公立高等学校

《2024 国語 解答例》

一 問一．a．ただよ　b．ぐうぜん　問二．イ　問三．自信を失っては周りに支えられて立ち直る
問四．ヤマメとサクラマスの話を始めた意図　問五．Ⅰ．大逆転
Ⅱ．悪いことだと思わなくてもいい〔別解〕前向きに捉えてもいい　問六．ウ　問七．ア

二 問一．a．かく　b．けいしょう　問二．①，④　問三．天災や人災によって消滅する危機に備える
問四．Ⅰ．現代の製作　Ⅱ．古代の文献史料　問五．再現模造において、実技者は個性を表現するのではなく、天平工芸の特性を手に覚えさせて、おおらかで力強い趣を再現する必要があるから。　問六．ウ　問七．オ

三 問一．ととのうる　問二．エ　問三．油断のやうなる心持ち　問四．失敗を防ぐ

四 問一．1．胸　2．束　3．看板　4．圧縮　5．俳句　問二．(1)イ　(2)エ

五 〈作文のポイント〉
・最初に自分の主張、立場を明確に決め、その内容に沿って書いていく。
・わかりやすい表現を心がける。自信のない表現や漢字は使わない。
さらにくわしい作文の書き方・作文例はこちら！→https://kyoei-syuppan.net/mobile/files/sakupo.html

《2024 数学 解答例》

1 1．(1)-1　(2)$\frac{3}{4}$　(3)$-5xy$　(4)$4\sqrt{3}$　※2．$x=\frac{-1\pm\sqrt{2}}{2}$　3．47°　4．ウ　5．ア

2 1．(1)-3　(2)$\frac{3}{2}$　2．右図

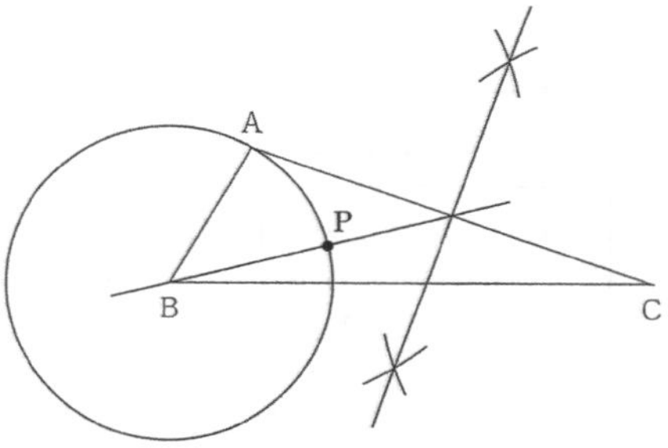

3．(1)昨年度の7月にA山を訪れた人数をx人とする。
$1.2x+1.1(14700-x)=14700+2460$
〔別解〕昨年度の7月にA山を訪れた人数をx人，昨年度の7月にB山を訪れた人数をy人とする。
$$\begin{cases} x+y=14700 \\ 1.2x+1.1y=14700+2460 \end{cases}$$
(2)11880

4．1日あたりの食事時間が90分未満の生徒の累積相対度数は，A中学校が0.45，B中学校が0.43であり，A中学校のほうが大きいから。

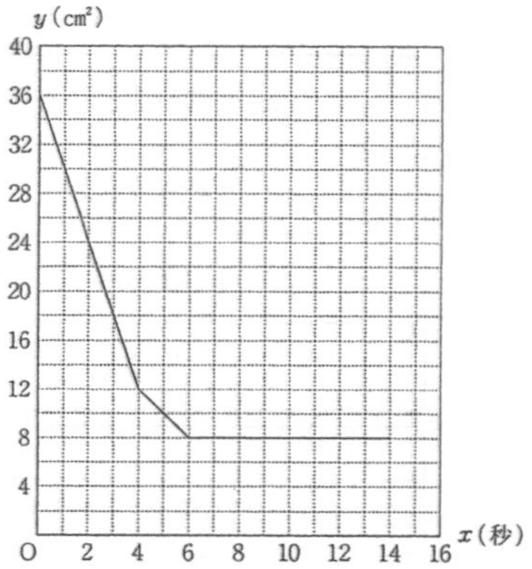

3 1．(1)18　(2)ア．$-6x+36$　イ．6　ウ．$-2x+20$／右グラフ
2．エ．8　オ．$2\sqrt{5}$

4 1．△ABCと△EDAにおいて，
仮定より　BC＝DA…①　∠ACB＝∠AEC…②
②より，△AECは二等辺三角形だから　AC＝EA…③
BC//DAで，錯角は等しいから　∠EAD＝∠AEC…④
②，④より　∠ACB＝∠EAD…⑤
①，③，⑤より，2組の辺とその間の角がそれぞれ等しいので　△ABC≡△EDA
2．(1)$\frac{15}{2}$　(2)$\frac{40}{7}$

※の解き方は解説を参照してください。

《2024　社会　解答例》

1　1．ア→ウ→イ　2．(1)ヒンドゥー教　(2)X．老年人口　Y．急速に増えている　3．a．ウ　b．ア　c．イ　4．(1)イ　(2)3　5．(1)エ　(2)アフリカ州では収穫面積の拡大，アジア州では生産性の向上により生産量が増えた。

2　1．(1)白神山地　(2)エ　2．(1)アイヌ　(2)環境保全と観光業を両立すること。　(3)ア　(4)ア

3　1．最澄〔別解〕伝教大師　2．(1)国ごとに守護，荘園や公領ごとに地頭を設置すること。　(2)エ→ウ→ア→イ　3．(1)ウ　(2)中世　4．イ

4　1．ア，オ　2．富岡製糸場　3．下関条約で獲得した遼東半島を，清に返還すること。
4．(1)ベルサイユ　(2)エ　5．A．ア　B．エ　C．オ　D．ウ　E．イ

5　1．(1)最高機関　(2)特別(国)会　2．イ，エ　3．平和主義　4．(1)ウ　(2)国事行為　5．権力を制限する

6　1．年齢とともに賃金が上昇する制度。〔別解〕勤続年数に応じて給与が増える制度。　2．(1)国庫支出金　(2)イ　3．ウ　4．(1)リデュース　(2)Y．排出量を減らす　Z．吸収量を増やす

《2024　理科　解答例》

1　1．(1)えら　(2)カ　2．(1)胎生　(2)殻がある。

2　1．吸収されやすい状態に分解すること。〔別解〕吸収されやすい物質に変化させること。
2．(1)アミラーゼ　(2)エ　3．(1)柔毛　(2)ア

3　1．ウ　2．1016　3．(1)ア　(2)広い範囲に長い時間降る。

4　1．エ　2．自ら光を出している天体。　3．地軸　4．年周運動　5．ウ

5　1．イ　2．(1)燃焼　(2)二酸化炭素が発生しない　(3)イ　3．非電解質

6　1．右グラフ　2．$2Mg+O_2 \rightarrow 2MgO$　3．(1)3.5　(2)エ

7　1．ウ　2．仕事の原理　3．(1)8　(2)0.2

8　1．波　2．(1)200　(2)オ　3．強く張り，強くはじいた。

図

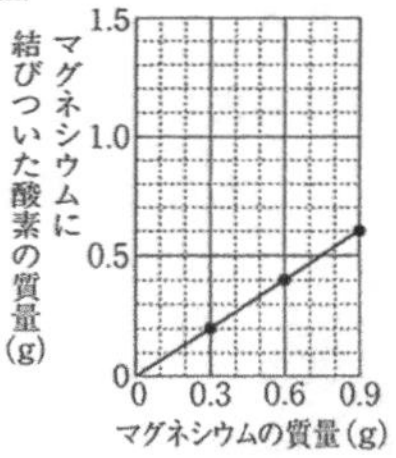

《2024　英語　解答例》

1　1．No. 1．エ　No. 2．イ　2．ア．自然　イ．鳥　ウ．列車　3．No. 1．ア　No. 2．ウ
4．tired that I went to bed early

2　1．(1)as　(2)months　(3)cousin　2．(1)イ　(2)ウ
3．(1)X．カ　Y．イ　Z．ア　(2)X．オ　Y．エ　Z．イ

3　1．X．ベトナム　Y．インドネシア　Z．タイ　2．町で最も大きな行事で地元の人々と歌を歌ったこと。
3．ア，エ

4　1．ジムさんに政夫さんの和紙の作り方を英語で説明すること。　2．D　3．ウ　4．(1)Yes, he did.　(2)She wanted him to stay at the studio longer.　5．ウ→イ→エ→オ→ア　6．Ⅰ．When did he leave
Ⅱ．does many things to

5　I think talking with English speakers online is good.　It is an easy way to learn English.　We can communicate with them at home.　We can also talk with them when we want to.

2024 解説　令和６年度　山形県公立高等学校

《2024　国語　解説》

一　**問二**　「熱を帯びていく」の「熱」は温度の熱ではなく、物事に夢中になるという意味。イ「断熱」の「熱」は温度の熱の意味。

問三　前の段落に「この一年と二か月間、そんなことの繰り返しだ」とあるので、「そんなこと」が指すものをさらに前の部分からさがすと、「自信を失い、でも周りに支えられて立ち直って」とある。

問四　「この会話はいったいなんなのだろう」とあるので、前の会話に着目する。□内の説明文から「急に『一馬《かずま》』が」どのようなことを言ったのかをふり返ると、聡里《さとり》が自分の不安について話していたのに、一馬は「ヤマメとサクラマスを知ってる？」と問いかけた。よって、「ヤマメとサクラマスの話を始めた意図」がわからず、戸惑っていると説明できる。

問五Ⅰ　「川から海に向かった稚魚」について、本文で一馬は「体が小さくて弱い稚魚」は、豊富な餌を求めて海に向かうが「川に残ったものよりはるかに大きく育つことができる」と説明している。それを聞いた聡里は「大逆転……ですね」と言っている。　　Ⅱ　海へ追われた「弱い稚魚」も「大逆転」をすることから、一馬は「逃げるのは悪いことじゃない～時間を経て変わることはできる。苦しんだ人のほうが、初めからなんでもできるやつより強いよ」と励ましている。つまり、「自分の弱さ」を肯定するように伝えているのである。

問六　一馬は久しぶりに会う聡里に「元気そうで安心したよ」と声をかけ、自信をなくしている聡里を温かい言葉で励ましてくれた。最後の段落に「そう言って微笑《ほほえ》む一馬の顔から、聡里は目が離せなかった。この人はどうしていつも自分が欲しい言葉をくれるのだろう」とあることからも、一馬は面倒見がよく優しい人物であることがわかる。

問七　この後、一馬の話によって、聡里が前向きな気持ちになっていくことから、「暗い雰囲気を拭い去っている」とある、アが適する。　イ．「涙をこぼす『一馬』」が不自然。　ウ．「『聡里』の不安が徐々に高まっていく展開」がおかしい。この後一馬のヤマメとサクラマスの話が始まり、不安が一転していく展開である。　エ．「気候の厳しさとそれに耐える人間の強さ」を印象づける必要性が見受けられない。

二　**問二**　①「選ば」は五段活用動詞「選ぶ」の未然形。　②「加工する」はサ行変格活用動詞の連体形。　③「受け」は下一段活用動詞「受ける」の連用形。　④「学ぶ」は五段活用動詞の連体形。よって、①と④が適する。

問三　「状態のよい宝物」であっても必要なことは何か。同じ段落に「文化財は天災や人災によって消滅する危機に常に晒《さら》されており～危機意識をもって備える必要がある」とある。これが「再現模造を製作する」理由である。

問四　直前に「現代の工芸作家」は「古代の工人《こうじん》」から「いにしえの言葉や外国語で話しかけられているようなもので理解しえない」とある。この理解しえないもの、通訳が必要なものは、３行前より「天平時代の技法」である。つまり、「通訳」とは「科学的な調査に制約が生じ、究明しきれない」ときに、Ⅰ「現代の製作者が習得した伝統的な手法や経験」によって「材料や技法について検討」しても、やはり「正倉院宝物の作られた天平時代の技法にまで遡れない場合」に、後の部分にあるように、Ⅱ「古代の文献史料」を手がかりにするということである。

問五　三つのキーワードが本文の中でどのような意味を持つのかを考えながら読んでみる。「個性」は、本来「実技者は～『個性』を表現する作家である」ということ、「特性」は「実技者は模造に着手する前に～天平工芸の『特性』を手に覚えさせたうえで取り掛かる」ということ、「趣」は「おおらかで力強い『天平の気分』とでもいうべき『趣』を再現する」ということである。「個性を表現する」のではなく、「天平工芸の特性」を覚えて「趣を再現する」という文脈を組み立てて解答を作成するとよい。

問六　「第一に」「二つめの目的は」「それは～三つめの目的である」のように、順序や数を表す言葉を用いて述べているので、ウが適する。　ア.「実技者の言葉を引用して」が間違い。　イ.「敬体を用いて」が間違い。「敬体」は文末が「です」「ます」で終わる丁寧な文体。本文は、「だ」「である」で終わる文体で、「常体」という。
エ.「擬声語（擬音語）や擬態語を用いることで」が間違っている。

問七Ｘ　Ｘの初めで「なぜ原物があるにもかかわらず、模造品を作る必要があるのか」と問いかけ、後の部分でその理由(＝目的)を述べている。Ｙのまとまりの初めに「前項に記した模造の三つの目的は」とあるように、Ｘのまとまりでは「模造の目的」が述べられている。　**Ｙ**　初めの段落に「複製には結果と過程のそれぞれに価値があるといえる」とある。　**Ｚ**　「模造製作にあたる実技者は」という言葉で始まるように、「模造する人」について述べられている。

三　**問一**　古文で言葉の先頭にない「はひふへほ」は、「わいうえお」に直す。

問二　１行目「教へ示されしは（教え示されたことには)」と３行目「とありけり（ということであった)」にはさまれた部分が張観《ちょうかん》の言葉である。

問三　「終はりの緩といへる一字は～会得《ゑとく》つかまつり侍らず」の部分が「緩」の字の持つ意味と「不審しける人」の考えである。「これは油断のやうなる心持ちなれば(＝なので)」とあることから答える。

問四　張観の言葉の最後の「万事はよくよく後先を考へ～失あるまじきことなれ（すべてのことはよくよく後先を考えて思案して、押し鎮めて、ゆったりとすることが、失敗しないであろうやり方である)」が説明文に合致する。

【古文の内容】

宋の時代の張観が、弟子を呼んで、教え示されたことには、「私は、勤、謹、和、緩の四字（の教え）を守って、自身の戒めとしております。あなたたちも、この四字の精神で、自身の行いを慎みなさい」ということであった。弟子の中で、不審に思った人がいて、申し上げることには、「ただ今、お示しになった四字のうち、勤はつとめる、謹はつつしむ、和はおだやかで調和している徳なので、どれも極めて道理に合ったお教えです。（ところが）最後の緩という一字は、何事をなすにも長くゆったりとせよという意味でしょう。そうであるならば、これは油断のような心持ちなので、この一字は、全く理解できません。」と非難した。張観が、答えられることには、「失敗することが出て来るのは、大体皆、急ぎ慌ててするからのことではないか。すべてのことはよくよく後先を考えて思案して、押し鎮めて、ゆったりとすることが、失敗しないであろうやり方である。」と申された。

四　**問二⑴**　小林さんは大野さんの「中学生が主人公の作品がいい」という意見の一部を取り上げながら、「読む人が自分と比べやすいので～読書の楽しさを知ってもらうことにつながります」と自分の意見を述べていることから、イが適する。　**⑵**　山原さんは「『読書会』で取り上げる作品」はどのようなものがいいかという目的に沿って、三人の意見が出たところでいったんまとめ、さらにそれぞれの意見を聞いている。最後に、「どのような作品を選ぶかについて、結論を出したいと思います」と提案していることから、エが適する。

《2024　数学　解説》

1　１⑴　与式＝－９＋６＋２＝**－１**

⑵　与式＝$(-\frac{14}{12}+\frac{9}{12})\times(-\frac{9}{5})=(-\frac{5}{12})\times(-\frac{9}{5})=\mathbf{\frac{3}{4}}$

⑶　与式＝$10xy^2\times\frac{1}{8x^2y}\times(-4x^2)=\mathbf{-5xy}$

⑷　与式＝$3\sqrt{3}+\frac{3\sqrt{3}}{3}=3\sqrt{3}+\sqrt{3}=\mathbf{4\sqrt{3}}$

２　与式より，$4x^2-1+4x=0$　　$4x^2+4x-1=0$　　２次方程式の解の公式より，

$x=\dfrac{-4\pm\sqrt{4^2-4\times4\times(-1)}}{2\times4}=\dfrac{-4\pm\sqrt{32}}{8}=\dfrac{-4\pm4\sqrt{2}}{8}=\boldsymbol{\dfrac{-1\pm\sqrt{2}}{2}}$

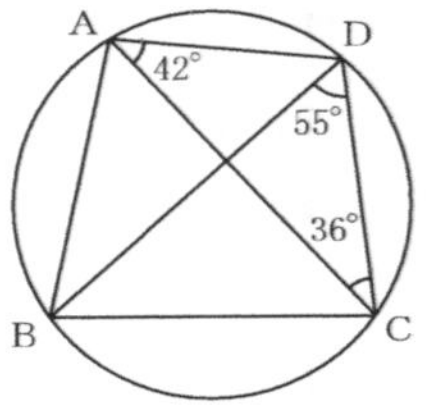

3　右のように作図できる。

△ADCの内角の和より，∠ADB＝180°－42°－55°－36°＝47°

同じ弧に対する円周角は等しいから，∠ACB＝∠ADB＝**47°**

4　すべての取り出し方を表にまとめると，右のように5×5＝25(通り)ある。そのうち条件にあう取り出し方は○印の10通りだから，求める確率は，$\dfrac{10}{25}=\boldsymbol{\dfrac{2}{5}}$

		2枚目				
		－1	0	1	2	3
1枚目	－1	○				
	0					
	1			○	○	○
	2			○	○	○
	3			○	○	○

5　ウ，エの展開図は，組み立てたときに絵がかかれていない2つの面が重なってしまい，正四面体ができない。

ア，イは右図の曲線でつないだ辺が重なるが，イだと2つの絵の左右が互い違いになってしまう。よって，**ア**が適切である。

2　1(1)　**【解き方】直線の傾きは，xが1増加したときのyの増加量を表す。**

直線$y=-\dfrac{1}{2}x-1$の傾きは$-\dfrac{1}{2}$だから，xが1増加したときyが$-\dfrac{1}{2}$増加する。

よって，xが6増加すると，yは$-\dfrac{1}{2}\times6=\boldsymbol{-3}$増加する。

(2)　**【解き方】Aの座標→②の式→Bの座標→Cの座標→aの値，の順に求める。**

$y=-\dfrac{1}{2}x-1$にAのx座標の$x=4$を代入すると，

$y=-\dfrac{1}{2}\times4-1=-3$となるから，A(4，－3)である。

②の式を$y=\dfrac{b}{x}$とおき，Aの座標を代入すると，$-3=\dfrac{b}{4}$より$b=-12$となるから，②の式は，$y=-\dfrac{12}{x}$である。

$y=-\dfrac{1}{2}x-1$にBのy座標の$y=0$を代入すると，$0=-\dfrac{1}{2}x-1$より$x=-2$となるから，B(－2，0)である。また，Cのx座標も－2である。

$y=-\dfrac{12}{x}$にCのx座標の$x=-2$を代入すると，$y=-\dfrac{12}{-2}=6$となるから，C(－2，6)である。$y=ax^2$のグラフはCを通るから，$y=ax^2$に$x=-2$，$y=6$を代入すると，$6=a\times(-2)^2$より，$a=\boldsymbol{\dfrac{3}{2}}$

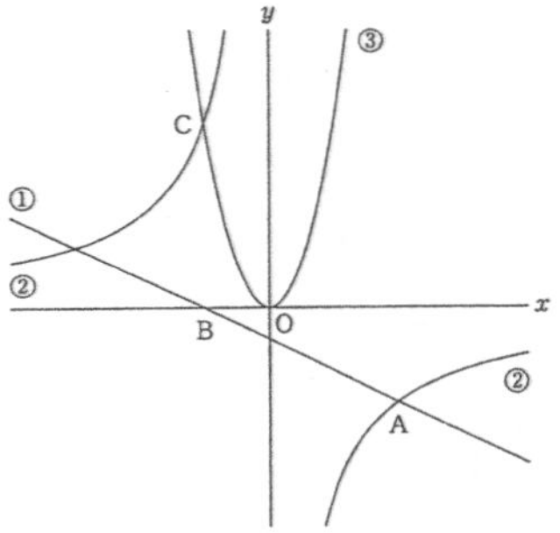

2　①よりACの中点をとりたいので，ACの垂直二等分線を引く。次に，ACの中点とBを通る直線を引く。最後に，Bを中心とする半径BAの円をかき，下線部の直線との交点のうち△ABCの内部の点をPとすればよい。

3(1)　**【解き方1】昨年度の7月にA山を訪れた人数をx人とすると，昨年度の7月にB山を訪れた人数は(14700－x)人と表せるので，今年度の人数の合計についてxの1次方程式を立てる。**

今年度の7月に，A山を訪れた人数は$1.2x$人，B山を訪れた人数は$1.1(14700-x)$人と表せるから，今年度の人数の合計について，$\boldsymbol{1.2x+1.1(14700-x)=14700+2460}$

【解き方2】昨年度の7月に，A山を訪れた人数をx人，B山を訪れた人数をy人として，連立方程式を立てる。

昨年度の人数の合計について，$\boldsymbol{x+y=14700}$

今年度の人数の合計について，$\boldsymbol{1.2x+1.1y=14700+2460}$

(2)　(1)の【解き方1】の1次方程式の両辺に10をかけて，$12x+11(14700-x)=171600$

$12x+161700-11x=171600$　　$x=9900$　　よって，今年度の7月にA山を訪れた人数は，1.2×9900＝**11880**(人)

4　90分未満の累積度数は，A中学校が4＋32＝36(人)，B中学校が3＋40＝43(人)だから，累積相対度数は，A中学校が$\dfrac{36}{80}=0.45$，B中学校が$\dfrac{43}{100}=0.43$となり，A中学校の方が大きい。累積相対度数が大きいということは割合が大きいということである。

3　1(1)　ＣＧ＝12－４＝８(cm)でＣＧ＝ＤＥだから，ＡＦ＝ＢＧ＝４cmである。

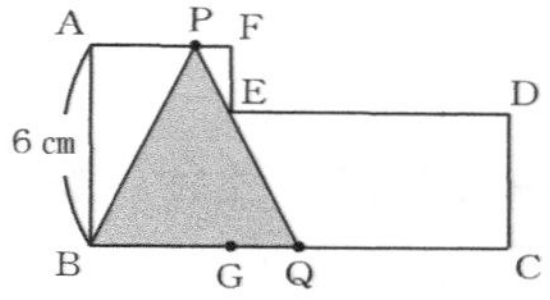

x＝３のとき，Ｐは１×３＝３(cm)，Ｑは２×３＝６(cm)進んでいるから，

右図のようになる。ＢＱ＝12－６＝６(cm)だから，$y=\frac{1}{2}\times 6\times 6=$**18**(cm²)

(2)　ＡＦ＝４cm，ＦＥ＝６－４＝２(cm)，ＥＤ＝８cmだから，ＰがＦに着くのは４÷１＝４(秒後)，Ｅに着くのは４＋２÷１＝６(秒後)，Ｄに着くのは，６＋８÷１＝14(秒後)である。ＱがＧに着くのは８÷２＝４(秒後)である。

したがって，xの変域を，$0\leqq x\leqq 4$，$4\leqq x\leqq 6$，$6\leqq x\leqq 14$に分ける。

$0\leqq x\leqq 4$のとき，ＰはＡＦ上にあり，ＢＱ＝ＢＣ－ＣＱ＝12－２x(cm)だから，

$y=\frac{1}{2}\times(12-2x)\times 6=$**$-6x+36$**　　x＝０のときy＝36，x＝４のときy＝－６×４＋36＝12となる。

$4\leqq x\leqq 6$のとき，ＰはＦＥ上にあり，ＱはＧ上で止まっている。△ＢＰＱの底辺をＢＱとしたときの高さはＰＧであり，ＰＧ＝ＡＦ＋ＦＧ－(Ｐが動いた長さ)＝４＋６－x＝10－x(cm)

したがって，$y=\frac{1}{2}\times 4\times(10-x)=$**$-2x+20$**　　x＝６のときy＝－２×６＋20＝８となる。

$6\leqq x\leqq 14$のとき，ＰはＥＤ上にあり，ＱはＧ上で止まっているから，$y=\frac{1}{2}\times 4\times 4=8$

よって，グラフは，点(０，36)，(４，12)，(６，８)，(14，８)を順に直線で結べばよい。

２　**【解き方】ＰがＥＤ上にあるとき，Ｑはすでに止まっていて，四角形ＰＱＣＤは台形である。図１の図形の面積の$\frac{1}{2}$を計算してから，台形ＰＱＣＤの面積について方程式を立てる。**

図１の図形の面積は，６×12－２×８＝56(cm²)だから，その$\frac{1}{2}$は，$56\times\frac{1}{2}=28$(cm²)

ＰＤの長さをｔcmとすると，台形ＰＱＣＤの面積が28cm²になるときについて，

$\frac{1}{2}\times(t+8)\times 4=28$　　これを解くと，ｔ＝６となる。

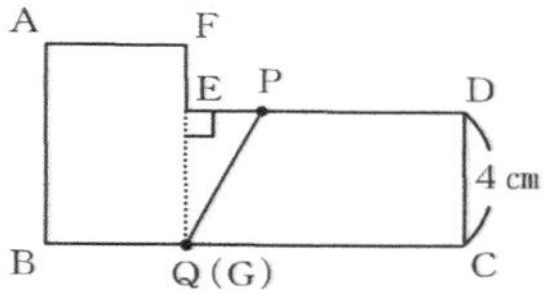

このとき，ＰがＡを出発してから，14－６÷１＝**８**(秒後)であり，右図のようになる。ＥＰ＝８－６＝２(cm)だから，三平方の定理より，

$PQ=\sqrt{EP^2+EQ^2}=\sqrt{2^2+4^2}=$**$2\sqrt{5}$**(cm)

4　１　まず，問題文の仮定を図にかきこんで，証明のために必要な条件を探そう。条件が足りない場合は，問題の内容に応じて，図形の性質，平行線の同位角・錯角などからわかることもかきこんでみよう。

２(1)　**【解き方】ＢＣ//ＤＡより，△ＡＤＧ∽△ＣＥＧとなることを利用する。**

△ＡＢＣ≡△ＥＤＡより，ＤＡ＝ＢＣ＝10cm　　ＥＣ＝ＢＣ－ＢＥ＝10－４＝６(cm)

△ＡＤＧと△ＣＥＧの相似比がＤＡ：ＥＣ＝10：６＝５：３だから，ＡＧ：ＣＧ＝５：３

よって，ＡＣ：ＣＧ＝(５－３)：３＝２：３だから，$CG=\frac{3}{2}AC=\frac{3}{2}\times 5=$**$\frac{15}{2}$**(cm)

(2)　**【解き方】△ＡＢＥの面積とＡＦ：ＡＢから，△ＡＦＥの面積を求める。**

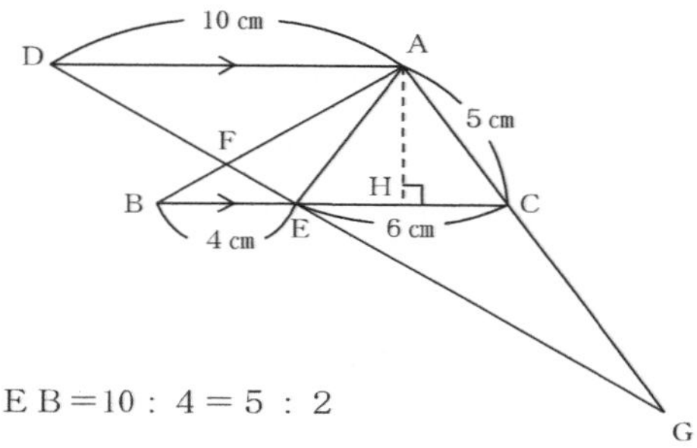

右のように作図する。△ＡＣＥは二等辺三角形だから，

$CH=\frac{1}{2}EC=\frac{1}{2}\times 6=3$(cm)

三平方の定理より，$AH=\sqrt{AC^2-CH^2}=\sqrt{5^2-3^2}=4$(cm)

$\triangle ABE=\frac{1}{2}\times 4\times 4=8$(cm²)

ＤＡ//ＢＣより，△ＡＤＦ∽△ＢＥＦだから，ＡＦ：ＢＦ＝ＤＡ：ＥＢ＝10：４＝５：２

したがって，ＡＦ：ＡＢ＝５：(５＋２)＝５：７

△ＡＦＥと△ＡＢＥは，底辺をそれぞれＡＦ，ＡＢとしたときの高さが等しいから，面積比はＡＦ：ＡＢ＝５：７なので，△ＡＦＥ＝$\frac{5}{7}$△ＡＢＥ＝$\frac{5}{7}$×８＝$\frac{40}{7}$(㎠)

《2024　社会　解説》

1　１　ア→ウ→イ　　緯線と経線が直角に交わる地図では，高緯度になるほど実際の長さより長く表されるので，ア～ウを高緯度→低緯度の順に並べればよい。

２(1)　ヒンドゥー教　　Ａのインドでは，国民の約80％がヒンドゥー教徒であり，以下イスラム教徒14.2％，キリスト教徒2.3％，シク教徒1.7％，仏教徒0.7％となっている。　(2)　Ｘ＝老年人口　Ｙ＝急速に増えている　中国では，1979年から2014年まで一人っ子政策を進めたために少子高齢化が進み，高齢化率(65歳以上の占める率)は10％を超えている。

３　ａ＝ウ　ｂ＝ア　ｃ＝イ　　オーストラリアの気候区分については，右図参照。ａは地中海性気候，ｂは砂漠気候，ｃはサバナ気候に属している。地中海性気候は，夏に乾燥し冬に雨が降る温帯気候である。砂漠気候は，１年を通じて降水量が少ない乾燥帯気候である。サバナ気候は，雨季と乾季がある熱帯気候である。

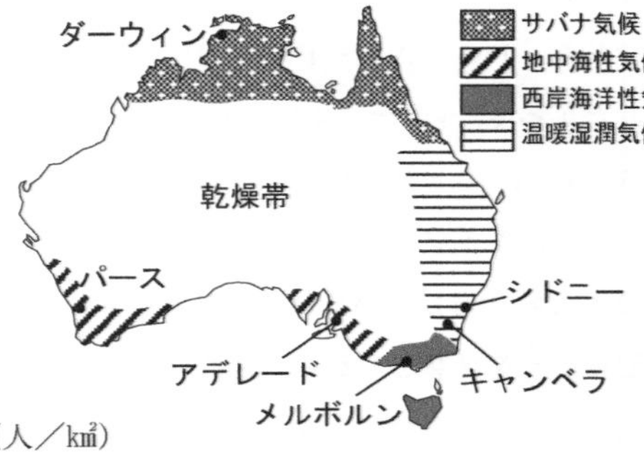

４(1)　イ　　アメリカ合衆国の人口は約3.3億人で，面積は約980万㎢だから，人口密度は33000÷980＝33.6…より，約34(人／㎢)になる。人口密度が高く１人あたりの国民総所得が少ないアはインド，人口密度が極端に少ないウはオーストラリア，エは日本である。　(2)　３　　アメリカ，オーストラリア，日本の割合が高いことから，サービス業や観光業が主体の第三次産業と判断する。

５(1)　エ　　輸出総額に占める輸出品目の上位に農作物や鉱産資源があり，その割合が高ければモノカルチャー経済である可能性がある。　(2)　2000年から2020年にかけて，アフリカ州では収穫面積が1.5倍，２倍と変化すると，生産量もほぼ1.5倍，２倍と変化している。アジア州では，収穫面積にほぼ変化が見られないのに，生産量はこの20年で約２倍に増えている。よって，アジア州では単位面積あたりの収穫量が増えていることが読み取れる。

2　１(2)　エ　　日本近海の海流については，右図参照。

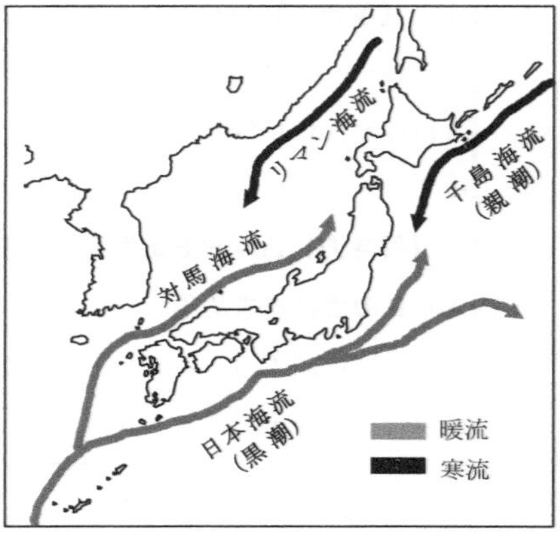

２(2)　観光資源の環境保全と観光開発を両立させるエコツーリズムの取り組みを理解しよう。　(3)　ア　　川が運んだ細かい土砂が堆積してできた地形は，三角州(デルタ)であり，水を通しにくく，稲作に適した土地になる。　(4)　ア　　４つの都道県を比較した場合，畜産の産出額が多いのは北海道と鹿児島県，海面漁業漁獲量が多いのは北洋漁業の基地がある北海道，製造品出荷額等が多いのは京浜工業地帯のある東京都だから，どれにもあてはまらないアが沖縄県である。イは鹿児島県，ウは東京都，エは北海道。

3　１　最澄　　平安時代初頭，最澄と空海は唐に渡って仏教を学んで帰国した。帰国後，最澄は比叡山に延暦寺を建てて天台宗を開き，空海は高野山に金剛峯寺を建てて真言宗を開いた。

２(1)　国ごとに置かれた守護は，御家人の統率や軍事・警察を担当し，荘園や公領ごとに置かれた地頭は，土地の管理や年貢の取り立てを担当した。 (2) エ→ウ→ア→イ　2代執権の北条義時のときに承久の乱が起き，勝利した鎌倉幕府は，朝廷の監視と西国武士の統制のために六波羅探題を設置した。3代執権の北条泰時は，御家人の裁判を公平に行うための基準となる御成敗式目を定めた。元の皇帝フビライの服属要求を8代執権の北条時宗が拒否したことから，元軍が2度に渡って侵攻してきた。元寇は防衛戦であったため，活躍した御家人に十分な恩賞を与えることができなかったこと，また，分割相続で領地が細分化していたことから御家人の生活が苦しくなっていた。そこで，鎌倉幕府は御家人の借金を帳消しにする永仁の徳政令を発したが，効果は一時的なもので，かえって混乱を招いた。

3(1) ウ　1600年，関ヶ原の戦いに勝利した家康は，1603年に征夷大将軍に任じられ，江戸幕府を開いた。

(2) 中世　古墳時代～平安時代を古代，鎌倉時代～室町時代までを中世，安土桃山時代～江戸時代を近世，明治時代～太平洋戦争までを近代，太平洋戦争以降を現代と区分することが多い。

4 イ　河村瑞賢は，酒田を拠点として東廻り航路と西廻り航路を整備した。ア．朱印船貿易で日本町がつくられたのは東南アジアである。ウ．酒田は五街道沿いにない。エ．倭館が置かれたのは朝鮮半島である。

4　1 ア，オ　1837年，異国船打払令によってモリソン号が砲撃を受けると，渡辺崋山は『慎機論』，高野長英は『戊戌夢物語』で幕府の対応を批判し，処罰を受けた(蛮社の獄)。1853年，浦賀に来航したペリーは開国を要求し，翌年日米和親条約を結んだ。生麦事件は1862年，版籍奉還は1869年，桜田門外の変は1860年，大政奉還は1867年。

2 富岡製糸場　フランス人のお雇い外国人ブリューナの提案で，群馬県の富岡に製糸工場が建てられた。

3 日清戦争の下関条約で，清は日本に，台湾・澎湖諸島・遼東半島の譲渡，朝鮮の独立，約3億1千万円の賠償金の支払いを認めた。日本が朝鮮や中国に勢力を伸ばすことを警戒したロシアは，フランス・ドイツとともに，遼東半島を清に返還するように圧力をかけた(三国干渉)。

4(1) ベルサイユ　太陽王と呼ばれたルイ14世によってベルサイユ宮殿は建てられた。

(2) エ　アメリカは議会の反対によって，国際連盟に加盟しなかった。敗戦国であったドイツは1926年に国際連盟への加盟が許された。

5 A＝ア　B＝エ　C＝オ　D＝ウ　E＝イ　ノルマントン号事件は1886年，日英同盟の締結は1902年，大西洋憲章の発表は1941年，アジア・アフリカ会議は1955年，ヨーロッパ連合の発足は1993年。

5　1(1) 最高機関　日本国憲法第41条に「国会は，国権の最高機関であって，国の唯一の立法機関である」とある。

(2) 特別(国)会　国会の種類については右表参照。

国会の種類	召集	主な議題
常会 (通常国会)	毎年1月中に召集され会期は150日間	翌年度の予算の議決
臨時会 (臨時国会)	内閣が必要と認めたとき，またはいずれかの議院の総議員の4分の1以上の要求があったとき	臨時の議題の議決
特別会 (特別国会)	衆議院解散による衆議院議員総選挙が行われた日から30日以内	内閣総理大臣の指名
参議院の 緊急集会	衆議院の解散中に，緊急の必要がある場合	緊急を要する議題の議決

2 イ，エ　社会権には，生存権，教育を受ける権利，勤労の権利，労働基本権がある。

3 平和主義　平和主義は，日本国憲法第9条に規定されている。

4(1) ウ　国会に憲法改正案の原案を発議するためには，衆議院議員100人以上，参議院議員50人以上の同意が必要である。同意が得られた場合には，それぞれの議院で憲法審査会→本会議の順に審査・審議が行われ，本会議で総議員の3分の2以上の賛成によって国会が憲法改正を発議する。国民審査は，最高裁判所の裁判官をやめさせるかどうかを国民が判断するもの。

(2) 国事行為　天皇の国事行為には，「憲法改正，法律，政令，条約の公布」「国会の召集」「衆議院の解散」「大赦・特赦などの認証」「栄典の授与」などがある。

5　憲法が国家の権力を制限して，国民の権利を守ることを立憲主義，このような憲法にもとづく政治のあり方を立憲政治という。憲法だけでなくあらゆる法にもとづいて国会の権力を制限する「法の支配」と区別して覚えたい。

[6]　1　年功序列と反対の立場にあるのが成果主義である。

2(1)　国庫支出金　　国から配分される依存財源のうち，道路や学校建設など使い道を指定して配分されるのが国庫支出金，使い道を指定されずに配分されるのが地方交付税交付金である。　(2)　イ　　ア．誤り。国税の一つである所得税は，税を納める人と負担する人が一致する直接税である。ウ．誤り。国税の一つである消費税は，すべての人が同じ税率で負担する。そのため，所得の低い人ほど負担率が高くなる逆進性の問題がある。エ．誤り。地方債は，自主財源ではなく依存財源である。

3　ウ　　アはアジア太平洋経済協力，イは東南アジア諸国連合，エは国連児童基金，オはアメリカ・メキシコ・カナダ協定の略称。

4(1)　リデュース　　３Ｒについては右表参照。　(2)　Ｙ＝排出量を減らす　Ｚ＝吸収量を増やす　　排出量と吸収量をつり合わせ，結果としてゼロカーボンを達成しようとする取り組みをカーボンニュートラルという。

	取り組み内容
リデュース	廃棄物の発生を減らす。
リユース	使用済み製品や部品を再利用する。
リサイクル	廃棄物等を原材料やエネルギー等として有効利用する。

《2024　理科　解説》

[1]　1(2)　無セキツイ動物の中でも，アサリやイカなどのように内臓が外とう膜というやわらかい膜に包まれている動物を軟体動物という。また，エビなどのように体の外側に外骨格というかたい殻をもつ動物を節足動物という。

2　メダカ(魚類)とカエル(両生類)は水中に殻のない卵を産み，ヘビ(は虫類)とハト(鳥類)は陸上に殻のある卵を産む。また，ウサギ(哺乳類)は雌の体内である程度育ってから子が生まれる(胎生である)。

[2]　2(2)　最初の実験と追加の実験のように，調べたい条件のみを変えて行う実験を対照実験という。この実験では，だ液のはたらきを調べたいから，最初の実験とだ液の有無だけが異なる実験を行えばよい。また，だ液のはたらきによってデンプンが糖に変化したことがわかったから，だ液を入れなかった追加の実験ではデンプンがそのまま残る。ヨウ素液はデンプンに反応して青紫色に変化し，ベネジクト液は加熱すると糖に反応して赤褐色に変化するので，追加の実験の結果は，ヨウ素液を加えた溶液は青紫色に変化し，ベネジクト液を加えて加熱した溶液は変化しなかったと考えられる。

3(1)　小腸内に柔毛があることで，表面積が大きくなり，効率よく養分を吸収することができる。　　(2)　デンプンが分解されてできるブドウ糖とタンパク質が分解されてできるアミノ酸は，柔毛の毛細血管に入り，門脈を通り，肝臓に運ばれる。また，脂肪が分解されてできる脂肪酸とモノグリセリドは柔毛から吸収された後，再び脂肪になってリンパ管に入る。

[3]　2　等圧線は４hPa ごとに引かれ，1000hPa を基準に 20hPa ごとに太線になる。北海道の北にある２つの低気圧を囲む太線の等圧線は，２つの低気圧の値から，1000hPa を示すとわかる。Ｘは 1000hPa の等圧線から４本目だから，1000hPa より４×４＝16(hPa)大きい 1016hPa である。

3(1)　寒冷前線が通過すると，風が南寄りから北寄りに変わり，気温が下がる。　　(2)　温暖前線付近では，暖気が寒気の上をはい上がるように進むので，広い範囲に長い時間弱い雨が降る乱層雲ができやすい。これに対し，寒冷前線付近では，寒気が暖気を押し上げるように進むので，強い上昇気流が生じ，狭い範囲に短い時間強い雨が降る積乱雲ができやすい。

4　1　太陽系の惑星は，小型で主に岩石からなる密度の大きい地球型惑星(水星，金星，地球，火星)と，大型で主に気体からなる密度の小さい木星型惑星(木星，土星，天王星，海王星)に分けられる。また，木星型惑星は，氷や岩石の粒でできた環をもち，惑星の周りを公転する衛星の数が多い。

5　1か月後の同じ時刻に見える星座の位置は，東から西に$\frac{360}{12}=30$(度)動いて見える。また，地球の自転により，星座は1日(24 時間)におよそ1周(360 度)動いて見えるから，1時間で東から西に$\frac{360}{24}=15$(度)動いて見える。よって，1か月後にふたご座とオリオン座が 10 月 12 日の午前0時と同じ位置にくる時刻は，$\frac{30}{15}=2$(時間前)の午後10時である。

5　1　Pが空気調節ねじ，Qがガス調節ねじである。また，ねじはXの方向に回すと閉まり，Yの方向に回すと開く。

2　加熱して二酸化炭素が発生する物質を有機物といい，有機物以外の物質を無機物という。実験の結果から，石灰水が白くにごった(二酸化炭素が発生した)ショ糖は有機物，ショ糖以外の塩化ナトリウムとスチールウール(鉄)は無機物とわかる。なお，スチールウールは加熱すると，空気中の酸素と結びついて酸化鉄になる。

3　非電解質に対し，塩化ナトリウムのように水に溶かすと電流が流れる物質を電解質という。

6　1　マグネシウムに結びついた酸素の質量は，得られた酸化マグネシウムの質量からマグネシウムの粉末の質量を引いた値に等しい。よって，マグネシウムの粉末の質量が 0.3g，0.6g，0.9gのときの，マグネシウムに結びついた酸素の質量は，それぞれ0.2g，0.4g，0.6gである。

2　マグネシウム〔Mg〕と酸素〔O_2〕が結びついて，酸化マグネシウム〔MgO〕になる。化学反応式では，矢印の前後で原子の組み合わせは変わるが，原子の種類と数は変わらないことに注意して係数をつけると，〔$2Mg+O_2 \rightarrow 2MgO$〕となる。

3(1)　得られた酸化マグネシウムの質量は，マグネシウムの粉末の質量に比例する。表より，マグネシウムの粉末の質量を 0.3gの7倍の 2.1gにすると，得られる酸化マグネシウムの質量は 0.5gの7倍の 3.5gになるはずである。　(2)　実際に結びついた酸素の質量は 2.9－2.1＝0.8(g)である。1解説より，結びついた酸素の質量が0.2gの4倍の 0.8gのとき，酸化されたマグネシウムの粉末の質量は 0.3gの4倍の 1.2gとわかる。よって，酸化されていないマグネシウムの質量は 2.1－1.2＝0.9(g)である。なお，加熱後の物質にふくまれる酸化マグネシウムの質量は0.5gの4倍の2.0gである。

7　1　動滑車とおもりの重さは，BとCにつながる糸に等しく分かれてかかるから，5÷2＝2.5(N)ずつかかる。

3(1)　Bが動滑車とおもりを引く力は，Aが滑車とおもりを引く力の半分だから，仕事の原理より，Bが引く長さはAが引く長さ 20 cmの2倍の 40 cmである。よって，Bを5秒で 40 cm引き上げたから，その平均の速さは$\frac{40}{5}=8$(cm/s)である。　(2)　仕事の原理より，実験2の仕事の大きさは実験1の仕事の大きさに等しい。したがって，〔仕事(J)＝力の大きさ(N)×力の向きに動かした距離(m)〕，20 cm→0.2mより，5.0×0.2＝1.0(J)である。また，実験2で仕事をした時間は5秒だから，〔仕事率(W)＝$\frac{\text{仕事(J)}}{\text{時間(s)}}$〕より，仕事率は$\frac{1.0}{5}=0.2$(W)である。

8　2(1)　音源が1秒間に振動する回数を振動数という。図2より，1回振動するのに5目盛り→0.005 秒かかっているから，振動数は1÷0.005＝200(Hz)である。　(2)　結果より，はじく弦の長さが同じ場合，細い弦の振動数は太い弦の振動数の約2倍になったとわかるから，図2のときより，波の数が2倍になっているオが正答となる。

3　弦を強く張るほど，振動数が大きくなる(音は高くなる)。また，弦を強くはじくほど，振幅は大きくなる(音は大きくなる)。図３は図２より波の数が多く(振動数が大きく)，振幅が大きいから，弦を強く張り，強くはじいたと考えられる。

《2024　英語　解説》

[1]　１【放送文の要約】参照。No. 1　質問「スミス先生は２日目に何をしましたか？」

No. 2　質問「プレゼントを買うために，エミリーはショウタと一緒に最初にどこへ行きますか？」

【放送文の要約】

No. 1　ミユキ：スミス先生，北海道旅行はどうでしたか？

先生　：楽しかったです。初日は動物園へ行き，エ翌日は山でハイキングを楽しみました。

ミユキ：北海道では海鮮ラーメンを食べましたか？

先生　：いいえ，でも３日目に美味しいアイスクリームを食べましたよ。

No. 2　ショウタ：今日はテニスラケットを買うつもりだよ。エミリー，君は？

エミリー：私は靴が欲しいな。弟へのプレゼントだよ。このお店に行ってもいいかな，ショウタ？

ショウタ：うん。ちょっと待って。イ君の弟は１歳だよね？書店の隣のお店もよさそうだ。先にそこへ行こうよ。

エミリー：イうん！

２【放送文の要約】参照。

【放送文の要約】

美穂：トム，この町にはア自然(＝nature)を楽しめるいい場所があるかな？

トム：もちろん。ブルーパークがおすすめだよ。その公園にはたくさんの美しいイ鳥(＝birds)がいるんだ。

美穂：自転車で行ける？

トム：うん，でも１時間かかるよ。バスで行けば 30 分だよ。もしウ列車(＝train)で行くなら，15 分だよ。でもバスより高いよ。

美穂：うーん，３つの中で一番はやい方法にするよ。

３【放送文の要約】参照。No. 1　質問「生徒たちは祐子のスピーチから何を学ぶことができますか？」…ア「お祭りにどれくらいの歴史があるか」が適切。　No. 2　質問「祐子は生徒たちに何を伝えたいですか？」…ウ「ボランティアグループにより多くのメンバーが必要です」が適切。

【放送文の要約】

この街には伝統的なお祭りがあります。No. 1アそれは 200 年前に始まりました。お祭りは８月に川のそばの神社の近くで行われる予定です。

No. 2ウ私はそのお祭りのボランティアグループの一員です。私たちを手伝ってくれる人がもっとたくさん必要です。お祭りの前に，私たちは神社の清掃をして，演技のためのステージを設営します。興味がある方は，参加してください。いい経験になりますよ。

４　I was so tired that I went to bed early.の下線部を聞き取る。文意「とても疲れていたから早く寝てしまったよ」
・so … that＋主語＋動詞「とても…だから～」　・go to bed「寝る／ベッドに行く」

[2]　１(1)　ナナミ「ピーター，あなたはどんな食べ物が好き？」→ピーター「うどんやそばなどの日本の麺類が好きだよ」…直後に「うどんやそば」という具体例を挙げていることに着目する。　・such as ～「～などの」

(2)　ボブ「１年には 12 か月（＝months）あるね。全部の月の名前を英語で書ける？」→カオリ「いいえ。May と June しか書けないよ」…12 か月だから，months と複数形にする。　(3)　ツヨシ「今日は僕の父の弟が，息子を連れてパーティーに来るよ。そのふたりに会ったことある？」→アン「あなたの叔父さんには一度会ったことがあるけど，あなたのいとこ（＝cousin）には一度も会ったことがないよ」…叔父の息子はいとこである。

２(1)　母「どこへ行くの？」→息子「友達のベンと博物館に行くよ」→母「イ家には何時に帰ってくるの？」→息子「たぶん正午ごろ帰ってくるよ。でもはっきりわからないよ」　(2)　フレッド「インターネットって便利だね。よく使うの？」→チエ「うん，使うよ。必要な情報を素早く手に入れたい時に使うよ」→フレッド「僕もだよ。ウでも，インターネット上の情報はいつも正しいとは言い難いね。インターネットは時として危険だよ」→チエ「そうだね。それを使う時は気をつけないとね」

３(1)　Please go without me because I need to stay at home all day.：文意「僕は１日中家にいる必要があるから，僕抜きで行ってよ」　・without ～「～無しで」　・need to ～「～する必要がある」

(2)　I hope a bridge will be built between them.：文意「それらの間に橋がつくられたらいいね」　I hope 以下は a bridge が主語の受け身の形〈be 動詞＋過去分詞〉にする。助動詞がある受け身の文は〈助動詞＋be 動詞＋過去分詞〉の語順。

3【本文の要約】と問題にある図参照。

１　悠斗の４回目の発言の１文目より，2018 年にしかないＺがタイ，２文目より，2022 年に 2000 人以上だったＸがベトナム，残ったＹがインドネシアである。

２　ルーシーの５回目の発言の内容を日本語で答える。

３　ア○「グラフＡは，2019 年に 8000 人近い外国人が山形県に住んでいたことを表している」…グラフＡと一致。イ「ルーシーとタイ出身の女の子は，ルーシーが山形県に×住み始める前に友達になった」　ウ「表は，2018 年よりも 2022 年に×より多くの韓国出身の人が山形県に住んでいたことを表している」　エ○「グラフＢの，250 人以上の外国人が地域活動に参加したいと思っていた」…500 人以上が回答した調査で，57.6 パーセントが「はい」と答えているから一致。　オ「ルーシーは，×自分が撮った動画を送ることで悠斗にもっと情報を与えることができると言っている」

【本文の要約】

悠斗　　：先週，通りで多くの外国人を見かけました。僕は，山形県に住んでいる外国人が何人いるのか知りたいと思ったので，グラフＡを作りました。

ルーシー：あら！2022 年にはここに約 8000 人いたのね。

悠斗　　：この表を見てください。彼らの多くがどの国から来たのかを表しています。

ルーシー：2018 年は，私の国のアメリカは見当たらないわね。私はその年に山形県に住み始めたわ。

悠斗　　：2018 年はアジアの国しかありません。Yインドネシア 2018 年は，インドネシア出身の人よりフィリピン出身の人の方が山形県に多く住んでいました。

ルーシー：そうだ，私はタイから来た女の子を知っているわ。去年友達になったの。

悠斗　　：Zタイ その国（＝タイ）は 2018 年にはありますが，2022 年にはありませんね。先生は，Xベトナム 2022 年にベトナム出身の人が 2000 人以上山形県に住んでいたということを知っていましたか？

ルーシー：知らなかったわ。悠斗，グラフＢは何についてのものかしら？

悠斗　　：3ｴこれは，山形県在住の外国人 500 人以上が回答した調査です。彼らは「地域活動に参加したいですか？」と質問されました。何人の人が「はい」と答えたかがわかります。先生はここで地域活動に参加したことはありますか？

ルーシー：ええ。2私はこの町の最も大きな行事で地元の人々と歌を歌ったわ。

悠斗　　：興味深いです。もっと教えてください。

ルーシー：いいわよ。そこで友達が撮った動画を持っているわ。私のパソコンで見せてあげるわ。

4【本文の要約】参照。

1　下線部①は〈it is＋…《形容詞》＋for＋人＋to ～《動詞の原形》〉「人にとって～することは…だ」の文。文末の do that は直前の文の explain it to Jim in English「ジムにそれを英語で説明する」を指す。また，explain it の it は his way of making washi を指すから，まとめると「ジムに政夫の和紙の作り方を英語で説明すること」となる。

2　ジムが政夫の工房を去った後の場面であるDが適切。

3　前後の文から里香は，英語でサポートしたことに対してジムが感謝してくれたと思っていることがわかる。ウ「工房でジムをサポートするために英語を使うことができてうれしい」が適切。ア「ジムが自分たちの文化の素晴らしいことを人々に話してくれてうれしい」，イ「ジムの夢が和紙職人になることだとは信じられない」，エ「祖父がどうやってもっと上手に英語を話せるようになったかを知りたい」は話の流れに合わない。

4(1)　質問「政夫は里香がジムに会う前に，日本におけるジムの計画について彼女に話しましたか？」…第２段落２～４行目より，ジムの来訪の前日に話したので，Yes で答える。　(2)　質問「政夫の工房でのすべてのレッスンが終わった時，里香はジムにどうしてほしかったですか？」…第５段落１～２行目にレッスンが終わった時のことが書かれている。“I wish he could stay at the studio longer ....”「ジムがもっと長く工房にいれたらいいのに…」という仮定法過去で書かれた里香の願いを，質問に合わせて She wanted him to ....の形で答える。

5　ウ「里香は図書館にいる時，ある質問への自分の答えについて考えた」→イ「里香は，政夫がジムに製紙について教えるのを手伝うことにした」→エ「ジムは里香に，彼女の祖父の紙が一番好きだと言った」→オ「政夫は製紙にはいい土が大事だと言った」→ア「里香は，自分が本に書かれた質問の答えを見つけつつあることに気づいた」

6【里香とビルの対話の要約】参照。それぞれ４語以上で答える。　Ⅰ　直後の里香の返答より，When を使ってジムが町を去ったのがいつかを尋ねる文にする。　Ⅱ　第４段落４行目の he did many things for the forest を空欄に合う形に書き換える。[Ⅱ]の前半に合わせて現在形にするから，did many things は does many things となる。

【本文の要約】

夏休みのある日，里香は図書館で本を読んでいました。それは海外で働く日本人についての本でした。5ｳ本の最後に，彼らの１人が読者に向けて次のように言っていました。「英語は道具です。あなたは英語を使って何をしたいですか？」里香は考えました。「私は英語が大好き。でも，それを使って何をしたいのかな？」

里香が帰宅すると，政夫が彼女を待っていました。彼は困った様子でした。彼は彼女に言いました。「明日オーストラリアからジムという訪問者が来るんだ。彼は和紙職人になりたいと思っていて，日本でたくさんの和紙工房を訪れる計画を立てている。彼はこの町に１週間滞在して，私の工房で製紙を学ぶことになっているんだが，私は彼に英語で教えられないと思う…」里香は，これは英語を使ういい機会だと思いました。5ｲ彼女はうれしくなって政夫に言いました。「私が手伝うわ！」

翌日，ジムが工房にやってきて，彼の製紙のレッスンが始まりました。1政夫は彼に和紙の作り方を教え，里香にそれをジムに説明するよう頼みました。彼女にとってそれをするのは簡単ではありませんでした。しかし，彼女は最善を尽くし，また，ジムは彼女の話を注意して聞きました。ジムは言いました。「里香，僕は和紙について楽に学ぶことができました。ありがとう。日本では多くの種類の和紙が作られていますが，5エ僕は政夫さんの和紙が一番好きです。手ざわりが素晴らしいのです！」里香は言いました。「ええと，私もそう思います…」彼女は自分が政夫の和紙についてよく知らないことに気づきました。彼女はもっと勉強するべきだと感じました。

その晩，里香は政夫に，政夫の和紙について話してくれるように頼みました。彼は，何でも質問していいよと言いました。5オ「おじいちゃんの製紙で大切なことは何？」と彼女は尋ねました。「良質な土だね。和紙は木から作られ，木は土の中で育つからね」と彼は答えました。彼はまた，町の森を守ることも，自分の仕事にとって必要なことだと言いました。里香は彼が6Ⅱ森のために多くのことをしているのを知って驚きました。彼女は彼の製紙を理解し始めました。彼女の質問は続きました。彼女はもっといろいろなことを知って，それをジムと共有したいと思いました。

一週間後，その工房におけるジムのレッスンがすべて終わりました。「ジムがもっと長く工房にいれたらいいのに…」と里香は思いました。工房を出発する時，ジムはこう言いました。「里香，手伝ってくれてありがとうございました。君のような人に会えてとてもよかったです」彼女は，ジムが自分の英語のことを言っているのだと思いました。彼女は笑顔で言いました。「え，本当ですか？私はもっと英語がうまく話せるように勉強し続けます」彼が言いました。「もちろんそれは大切です。でももっと大切なことがあります。あなたは自分たちの文化について，素晴らしいことをたくさん学び，そしてそれを英語で人に伝えることができます。僕は，それが素晴らしいと思います」

数日後，里香は政夫からもっと学ぶために工房にいました。Dジムはその時には他の町にいたので，彼女は工房にいる必要はありませんでした。しかし彼女はそこにいたいと思ったのです。彼女はそこで学んでいる時，例の「あなたは英語を使って何をしたいですか？」という質問を思い出しました。5ア「私の答えは見つかりつつあるわ」と彼女は思いました。

【里香とビルの対話の要約】

ビル：ジムと楽しい時間が過ごせてよかったね。Ⅰ彼はいつこの町を出発したの？（＝When did he leave the town?）

里香：５日前です。彼がいなくてさみしいですが，彼は祖父からもっと学ぶためにまたこの町にやって来るそうです。ジムは祖父の大ファンなんですよ。

ビル：すごいね。彼は君のおじいさんを本当に尊敬しているんだね。君も同じかな？

里香：はい！祖父の製紙への愛はすごいんです。祖父は工房で一生懸命働いていますが，町の森をⅡ守るためにたくさんのことを行っています（＝does many things to protect）。

ビル：そうなの？おじいさんについてもっと教えてくれるかな？

5　無理に難しい表現を使わなくてもいいので，自信のある単語や文法を使って，ミスのない文を書くこと。４文以上の条件を守ること。「英語を学ぶ良い方法について知りたいです。私はよく英語で映画を見るのですが，それは良い方法の１つだと思っています。英語を学ぶ他の有用な方法は何でしょうか？そしてそれはなぜでしょうか？アイデアをください」への自分の答えを書く。（例文）「オンラインで英語を話す人と話すといいと思います。これは英語を学ぶ簡単な方法の１つです。自宅で彼らとコミュニケーションを取ることができます。また，自分が話したい時に話すことができます」

2023 解答例 令和5年度 山形県公立高等学校

《2023 国語 解答例》

一 問一．a．こんわく b．やわ 問二．ア 問三．オルガンを見上げていた 問四．エ 問五．Ⅰ．個性がない Ⅱ．コンクールのために選んだ曲が持っている様々な魅力 問六．オルガンを作ることで見つけられたものがない〔別解〕オルガン制作を通して自分の武器が見つけられていない 問七．ウ，カ

二 問一．a．たく b．きょり 問二．イ 問三．仕事の評価のほぼ全て 問四．オ 問五．Ⅰ．勝利を義務 Ⅱ．自分の考えを客観的に把握する 問六．アスリートがゾーンに入ることの阻害要因になり得るが、アスリートの主観的な体験を知るための唯一の手段にもなると考えている。 問七．エ

三 問一．たまいて 問二．ア 問三．平和に治まっている時代。〔別解〕戦乱が起こることがない時代。
問四．罰を与えなかった

四 問一．1．額 2．垂 3．改革 4．統計 5．雑誌 問二．(1)エ (2)ウ

五 〈作文のポイント〉
・最初に自分の主張、立場を明確に決め、その内容に沿って書いていく。
・わかりやすい表現を心がける。自信のない表現や漢字は使わない。
さらにくわしい作文の書き方・作文例はこちら！→https://kyoei-syuppan.net/mobile/files/sakupo.html

《2023 数学 解答例》

1 1．(1)4 (2)$-\frac{1}{10}$ (3)$-18a$ (4)$1-\sqrt{7}$ ※2．$x=-2\pm\sqrt{5}$ 3．25 4．エ 5．イ

2 1．(1)6 (2)$\frac{2}{7} \leqq b \leqq 2$ 2．記号…イ 理由…2個とも白玉が出る確率は，純さんが$\frac{2}{9}$，友子さんが$\frac{1}{4}$であり，友子さんのほうが純さんより大きいから。

3．(1)商品Aの箱の数をx箱とする。

$8x+12\times10=12(40-x-10)+15\times10-50$

〔別解〕商品Aの箱の数をx箱，商品Bの箱の数をy箱とする。

$$\begin{cases} x+y+10=40 \\ 8x+12\times10=12y+15\times10-50 \end{cases}$$

(2)256 4．右図

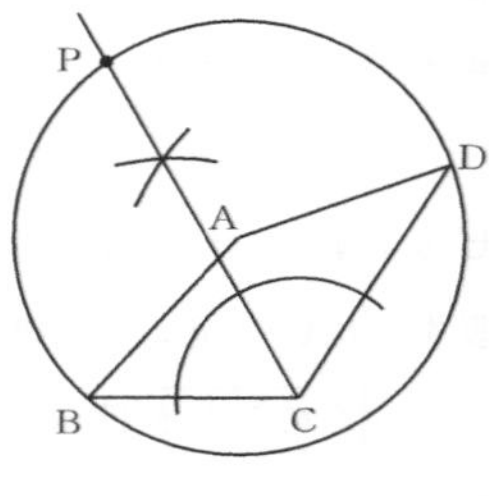

3 1．(1)1 (2)ア．$\frac{1}{4}x^2$ イ．9 ウ．$-2x+32$／右グラフ 2．$\frac{20}{3}$

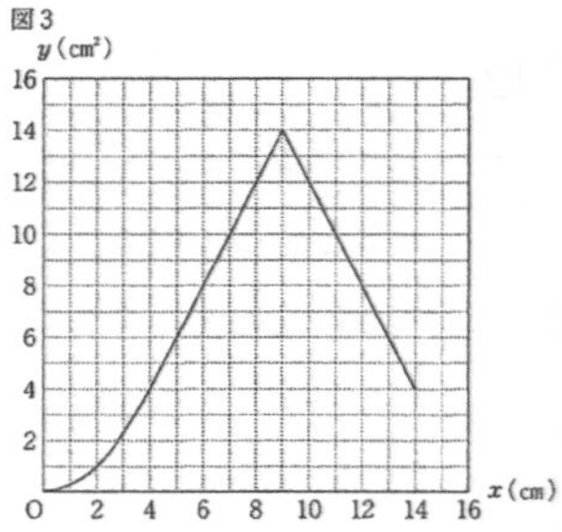

4 1．△AGCと△CEDにおいて

仮定より AC＝CD…①

AC//EDで，同位角は等しいから ∠ACG＝∠EDB＝90°…②

②より，∠CDE＝90° よって，∠ACG＝∠CDE…③

△AFCは∠AFC＝90°の直角三角形だから ∠CAG＝90°－∠ACF…④

また，∠DCE＝∠ACG－∠ACF＝90°－∠ACF…⑤

④，⑤より ∠CAG＝∠DCE…⑥

①，③，⑥より，1組の辺とその両端の角がそれぞれ等しいので △AGC≡△CED

2．(1)$\frac{10}{3}$ (2)30π

※の解き方は解説を参照してください。

《2023　社会　解答例》

1　1．記号…エ　海洋名…太平洋　2．(1)イ　(2)記号…D　国名…タイ　3．キ　4．a．ア　b．オ
5．スペインの植民地　6．(1)二期作　(2)d．高い　e．消費に向けられる割合が低い

2　1．(1)ア　(2)日本アルプス　2．(1)記号…オ　県名…栃木　(2)ウ　3．(1)イ　(2)等高線の間隔がせまく，傾斜が急である

3　1．(1)201，300　(2)ウ　2．(1)ウ，カ　(2)桓武天皇　3．お金を貸しつけること。　4．(1)ア
(2)一年おきに江戸と領地を往復すること。

4　1．殖産興業　2．エ　3．イ　4．25歳以上の男子　5．教育基本法　6．イ→ウ→エ→ア
7．パリ協定

5　1．(1)内閣　(2)委員会　(3)衆議院が先に審議する　2．(1)控訴　(2)カ　3．自己決定権

6　1．(1)エ　(2)企業どうしの競争が弱まり，極端に高い価格で商品を購入しなければならないこと。　2．ウ
3．(1)社会福祉　(2)ア

《2023　理科　解答例》

1　1．(1)器官　(2)デンプン　2．(1)二酸化炭素をとり入れているかどうかを調べるため。　(2)イ

2　1．(1)栄養生殖　(2)親の遺伝子をそのまま受けつぐため，形質は親と同じになる。
2．DNA〔別解〕デオキシリボ核酸　3．(1)ア　(2)オ

3　1．ア，ウ，オ　2．カ　3．砂は泥よりも速く沈む　4．示相化石

4　1．大きく　2．ア　3．あたたかく湿っている。〔別解〕高温，湿潤である。
4．秋雨前線　5．ウ

5　1．ウ　2．電流が流れるようにするため。
3．(1)水素　(2)イ　4．165

6　1．イ　2．エ　3．0.28　4．3.72

7　1．慣性　2．0.5　3．イ　4．ア

8　1．15　2．エ　3．右図　4．像の全体が暗くなった。

図2

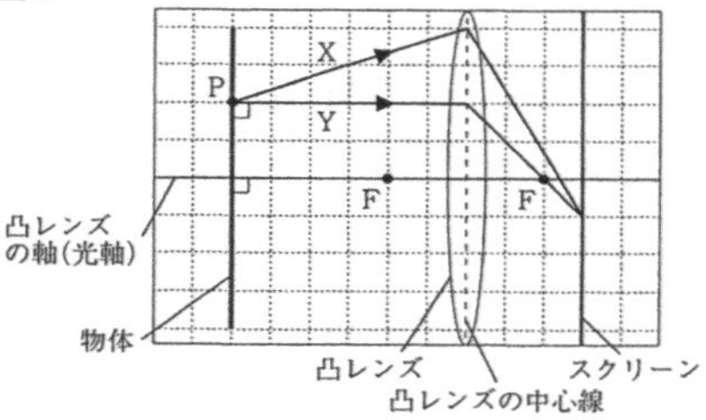

《2023　英語　解答例》

1　1．No. 1．ア　No. 2．イ　2．ア．郵便局　イ．駅　ウ．15　3．No. 1．エ　No. 2．ウ
4．one of the most famous places in

2　1．(1)long　(2)weather　(3)half　2．(1)エ　(2)イ　3．(1)X．ア　Y．イ　Z．エ
(2)X．エ　Y．ウ　Z．ア

3　1．X．フランス　Y．ドイツ　Z．スペイン　2．ミラさんがイギリスで使っていた日本語の教科書。
3．ウ，オ

4　1．エ　2．C　3．町の行事で自分たちの紙芝居を上演すること。　4．(1)They went to the school library.
(2)No, she didn't.　5．ウ→オ→イ→エ→ア　6．Ⅰ．Why did you write
Ⅱ．make more people interested

5　Summer is the best season. In summer, we have exciting festivals. Your friend can try our traditional dance with a dance group. He can also eat many kinds of local food.

《2023　国語　解説》

一　**問二**　「場所」とアの「樹木」は、同じような意味の漢字の組み合わせ。　イ．「最高」（最も高い）は、上の漢字が下の漢字を修飾している。　ウ．「善悪」は、反対の意味の漢字の組み合わせ。　エ．「洗顔」（顔を洗う）は、下の漢字から上の漢字に返って読むと意味がわかる。

問三　続く部分に、その理由が語られている。陽菜《はるな》が「オルガンを見上げていた」ことに気づき、「私」はハッと息を呑《の》んだのである。

問四　亜季《あき》さんは、「ただ対象を観察するように、陽菜の姿を見つめ」、その表情から「『もう、大丈夫。』」「『陽菜、笑ってるね。』～『笑ってないけど、笑ってるんだよ』」と陽菜の心情を深く読み取っている。よって、エが適する。イがまぎらわしいが、「妹に対する感情を表に出さないで」が「全く、冷や冷やさせるなあ、あいつ」という言葉と合わない。

問五Ⅰ　陽菜が以前抱えていた悩みを読み取る。――部２の４行後に「〈私には、個性がないんだよ。〉陽菜はかつて悩んでいた」とある。　　Ⅱ　――部２の２～３行後に「バッハの曲に含まれている色々な側面が表現されていく」、８～９行後に「この曲が持っている様々な魅力を、陽菜は持てる引きだしをフルに使って表現している」とある。この部分をふまえて、「個性がない」と悩んでいた陽菜が、「オルガンを作ること」でできるようになった演奏をまとめる。

問六　直前に「私は、オルガンを作ることで、何かを見つけられたのだろうか」とある。これは――部３を合わせると、「私」は〝オルガンを作ることで、何も見つけられていない〟と感じていると考えられる。「何か」は、陽菜が見つけた「自分の武器」と同じことである。

問七　陽菜の吹くフルートの描写に、「春風のようなフルートだった」「バッハは～水彩画のような穂先を持つ作曲家だったのだ」などの直喩や、「彼女が彩色する美しい風」「美しい球体」などの隠喩が用いられているので、ウが適する。また、陽菜の演奏について、「フルートは発音の難しい楽器だと聞くが～クリアだった。難易度が高いはずのソロなのに、全く難しさを感じさせない」とあるので、カが適する。　ア．「『陽菜』が緊張感の中で」以降が本文と合わない。　イ．「会場に一体感が」以降が本文にない。　エ．「陽菜」の視点から描写した部分はない。オ．「五感のすべてに訴える表現」が本文と合わない。

二　**問二**　「副詞」は、自立語で活用がなく、主に動詞や形容詞、形容動詞を修飾する語。また、「もし」の後に「あれば」という仮定条件を表す表現がきている。このように、後に決まった言い方を要求する副詞を、呼応の副詞という。

問三　――部１に続く具体例の後に、「私たちの世界（＝アスリートの世界）では、『その動きができる』ことが仕事の評価のほぼ全てで」あると述べられている。

問四　Ⅰ．――部２に「言葉を扱う」とは「世界を分ける行為」だとある。「雲」と言葉にすることで、「雲とそれ以外が分けられる」し、「ハムストリングス」というと、その部分に注意が向くのだから、「区別する」が適当。

Ⅱ．「踏む」「踏み込む」「弾む」「乗り込む」などの言葉の違いによって、「力感が変わる」ことから、言葉によって「身体感覚の違いを認識する」ことができると言える。――部２を含む段落の最後の２文に「自分自身の身体感覚を言語に置き換えることができれば～適切な部分に注意を向けることも、身体感覚を言語で保存し再現可能にすることも～」とある。

問五Ⅰ　第６段落に「自分が書いた文章を読んでいて違いに気がついたことがある」とあり、その内容が最後の１

文に「勝利を義務だと感じ始めていた自分自身の心理が最初に現れたのが文章だった」とまとめられている。

Ⅱ　第７段落の１文目に「人間は自分で書いてその文章を観察してみるまでは、自分が何を考えていたのか客観的に把握していない」とある。これを言いかえると、〝人間は、自分の文章を観察することにより、自分の考えを客観的に把握することができるようになる〟ということになる。

問六　――部４で「言葉にすることで世界を分けてしまう」ことは「良いことばかり」ではないと述べている。よって、アスリートが自身の体験を言葉にすることの良い面とそうではない面をまとめる。筆者は、オイゲン・ヘリゲルの文章を引用し、良くない面として、言葉にすることは世界と自分を分けることなので、「(自分と世界が一つになる)ゾーンに入ることの阻害要因になり得る」と述べている。一方、良い面として「オイゲン・ヘリゲルが書き記さなければこのような没入体験を後世の人間が知ることもできない」と述べ、このことを、最後の段落で「言葉はアスリートの主観の世界を知るための唯一の手段なのだ」とまとめている。

問七　第１段落で「書くという行為は、パフォーマンスの向上には寄与しないのだろうか」と問題提起をしている。そして、言葉にするメリットを述べた後、「一体なぜ書く必要があるのか」(第４段落)と再び問題提起をし、そのメリットを中心に論を展開している。最後に、問六で確認したように、書くことの良くない面も挙げながら、「書くという行為」が他の人にアスリートの主観を伝えるということを主張している。この流れを押さえた、エが適する。

三　**問一**　古文で言葉の先頭にない「はひふへほ」は、「わいうえお」に直す。

問二　「君」が、「一領《いちりょう》の御鎧《よろい》」(＝自分の鎧)の縅《おどし》の糸が「多くほつれて」いたのを見て、「我が鎧さへかくのごとくなれば、家来の鎧は思ひやらるることぞかし」と言ったのを参照。

問三　和歌の現代語訳に「再び戦乱が起こるような時代ではありませんから」とあり、続く部分にも「平和に治まっている時代のありのままの様子をお祝い申し上げた」とある。

問四　最後から２行目に「その係の人々も御咎《とが》めをのがれ、いとありがたく覚え」とある。つまり、君主が罰を与えなかったことを、とてもありがたく思ったのである。

【古文の内容】

昔、ある高貴な君主の鎧を家来が虫干ししていた時に、一着の鎧の縅《おどし》の糸がどのようにしてほころびたのだろうか、たくさんほつれていた。その君主は何気なく虫干しの場所へいらっしゃって、鎧をご覧になって、きわめてご機嫌が悪くなり、君主の近くに仕える人々に向かいなさって、「私の鎧さえこのようであるのだから、家来の鎧(がどのような状態であるかが)思いやられることだ」とおっしゃった。(君主の)側近くに控えていたある家来は、恐れ入りながらもすぐに、「朽ちぬとも……(朽ちてしまってもよいことです、鎧の縅の糸は。再び戦乱が起こるような時代ではありませんから。)」と平和に治まっている時代のありのままの様子をお祝い申し上げたので、君主もご機嫌が直られたのだった。その係の人々も罰を逃れ、とてもありがたく思い、早々に君主の武具の破損を直し備えて怠りなく仕事に励んだということだ。

四　**問二**(1)　――部にある内容を分け、それぞれをグラフの項目と照らし合わせると、「大きいのが特長Ⓐ」→「糖分の割合Ⓒ」→「酸味が少ないⒹ」→「甘味を感じやすいⒷ」という順序になる。　(2)　「話の内容」の中で「話題が変わるところ」を読み取る。すると、(ウ)の直前までは「やまがた紅王」の特長について、(ウ)の後からは、令和五年から本格的に販売される「やまがた紅王」を勧める内容が書かれている。

1　1(1)　与式$=1-(-3)=$**4**

(2)　与式$=\frac{3}{5}\times(\frac{3}{6}-\frac{4}{6})=\frac{3}{5}\times(-\frac{1}{6})=$**$-\frac{1}{10}$**

(3)　与式$=-12ab\times9a^2\times\frac{1}{6a^2b}=$**$-18a$**

(4)　与式$=(7+\sqrt{7}-6)-2\sqrt{7}=$**$1-\sqrt{7}$**

2　与式より，$x^2-5x-14=-9x-13$　$x^2+4x-1=0$　２次方程式の解の公式より，

$x=\frac{-4\pm\sqrt{4^2-4\times1\times(-1)}}{2\times1}=\frac{-4\pm\sqrt{16+4}}{2}=\frac{-4\pm\sqrt{20}}{2}=\frac{-4\pm2\sqrt{5}}{2}=$**$-2\pm\sqrt{5}$**

3　$x^2-2xy+y^2=(x-y)^2$より，$x=23$，$y=18$を代入すると，$(23-18)^2=5^2=$**25**

4　**【解き方】箱ひげ図からは，右図のようなことがわかる。半分にしたデータ(記録)のうち，小さい方のデータの中央値が第１四分位数で，大きい方のデータの中央値が第３四分位数となる(データ数が奇数の場合，中央値を除いて半分にする)。**

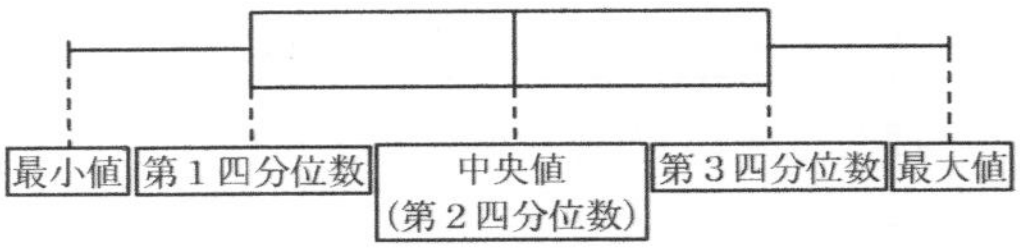

①中央値は山形市が19℃より大きく20℃未満，酒田市が16℃より大きく17℃未満だから，正しい。

②四分位範囲は箱の長さだから，米沢市より山形市の方が大きい。よって，正しくない。

③30日間のデータだから，30÷２＝15より，第３四分位数は大きい方から15個のデータの中央値，つまり15÷２＝7.5より，大きい方から８番目の値である。第３四分位数が21℃に満たないのは酒田市のみであり，酒田市以外は最高気温が21℃以上の日が少なくとも８日ある。酒田市は最高気温が21℃以上の日が７日以下だから，正しくない。

以上より，**エ**が正しい。

5　**イ**の立面図のみ，右図のようになるので正しくない。

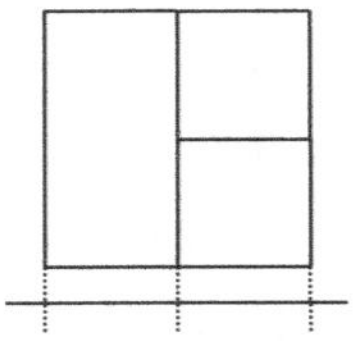

2　1(1)　ＡとＢのy座標は等しいので，Ａのy座標は２だから，Ａ(３，２)である。

Ａは①のグラフ上にあるから，$y=\frac{a}{x}$に座標を代入すると，$2=\frac{a}{3}$より$a=$**6**である。

(2)　**【解き方】②のグラフが四角形ＡＢＣＤの辺上の点を通るとき，右図より，傾きが最小となるのはＢを通るときであり，最大となるのはＤを通るときである。**

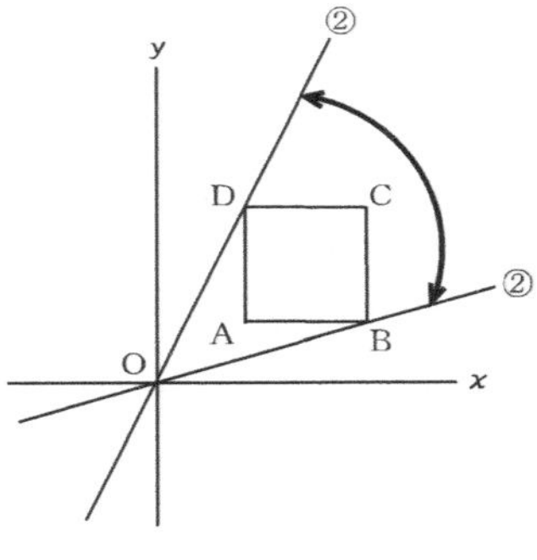

Ｂ(７，２)より，$y=bx$にＢの座標を代入すると，$2=7b$より

$b=\frac{2}{7}$となる。

ＡとＤのx座標は等しいので，Ｄのx座標は３，ＣとＤのy座標は等しいので，Ｄのy座標は６である。よって，Ｄ(３，６)より，

$y=bx$にＤの座標を代入すると，$6=3b$より$b=2$となる。

したがって，bのとる値の範囲は，**$\frac{2}{7}\leqq b\leqq2$**である。

2　同じ箱の中の同じ色の玉に番号をつけて，２人の取り出し方をそれぞれ樹形図にまとめると，右のようになる。

２個とも白玉が出る確率は，純さんが$\frac{2}{9}$，友子さんが$\frac{2}{8}=\frac{1}{4}$となる。$\frac{2}{9}<\frac{1}{4}$だから，正しいのは**イ**である。

3(1)　１次方程式を立てる場合，商品Ａの箱の数をx箱とすると，商品Ｂの箱の数は，$(40-x-10)$箱と表せる。

ドーナツの個数の合計は（8x＋12×10）個，クッキーの個数の合計は{12(40－x－10)＋15×10}個と表せるから，これらの差が50個になることについて1次方程式を立てる。

(2)　8x＋12×10＝12(40－x－10)＋15×10－50を解くと，x＝17となる。よって，使ったドーナツの個数は，8×17＋12×10＝**256(個)**である。

4　【解き方】同じ弧に対する円周角の大きさは中心角の大きさの$\frac{1}{2}$である。∠ＢＰＤ＝$\frac{1}{2}$∠ＢＡＤであり，ＡＢ＝ＡＤだから，ＰはＡを中心とし，半径がＡＢ，ＡＤとなる円の円周上の点だとわかる。

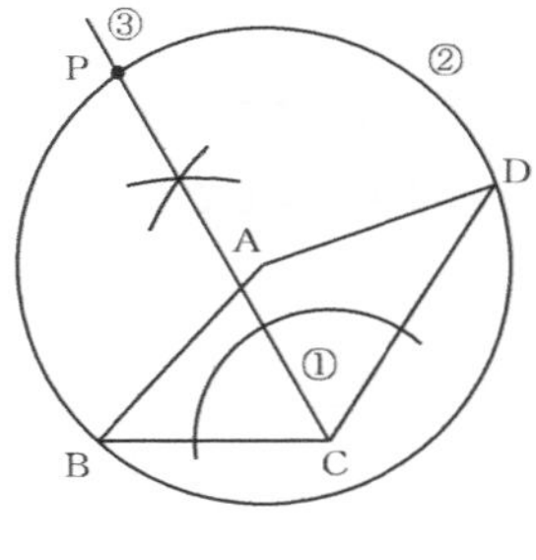

以下の手順で作図する。

手順①：∠ＢＣＤの二等分線を引く。

手順②：Ａを中心とし，半径がＡＢとなるような円をかく。

手順③：手順①の直線と手順②の円の交点をＰとする。

3　1(1)　**【解き方】x＝2のとき，2つの四角形が重なっている部分の面積は，図 i の直角二等辺三角形ＥＢＲの面積である。**

図 i

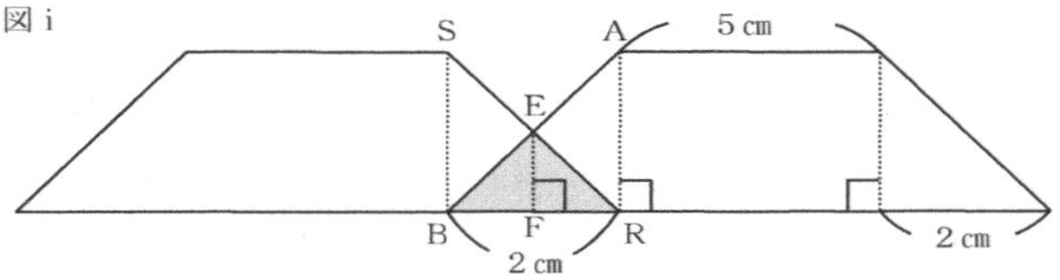

三角形ＥＢＲはＥＦによって2つの合同な直角二等辺三角形に分けられるので，ＥＦ＝$\frac{1}{2}$ＢＲ＝1(cm)

よって，求めるyの値は，$\frac{1}{2}$×2×1＝**1**である。

(2)　**【解き方】重なっている部分がどのような形の図形か順に考えていく。また，図 i で△ＡＢＲは直角二等辺三角形だから，台形ＡＢＣＤと台形ＰＱＲＳの高さはＡＲ＝2cmである。**

図 ii

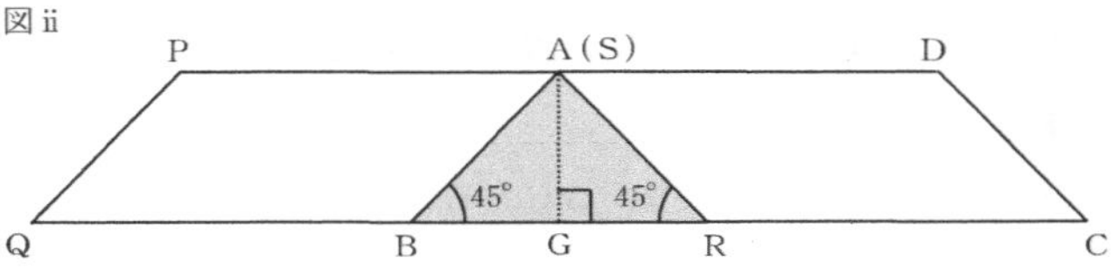

図 i でＳとＡは2cm離れているので，x＝4のときＳとＡが重なり，図 ii のようになる。ＢＧ＝ＲＧ＝ＡＧ＝2cmだから，△ＡＢＲの面積は確かに，$\frac{1}{2}$×4×2＝4(cm²)となる。

したがって，0≦x≦4のとき，yの値は斜辺の長さが$x$cmの直角二等辺三角形の面積だとわかる。この直角二等辺三角形の斜辺を底辺としたときの高さは$\frac{1}{2}x$cmだから，$y=\frac{1}{2}\times x\times\frac{1}{2}x=\frac{1}{4}x^2$となる。

4≦xのときを考えると，2つの台形がぴったり重なるまでは，yの値は図 iii のような台形の面積となる。

図 iii

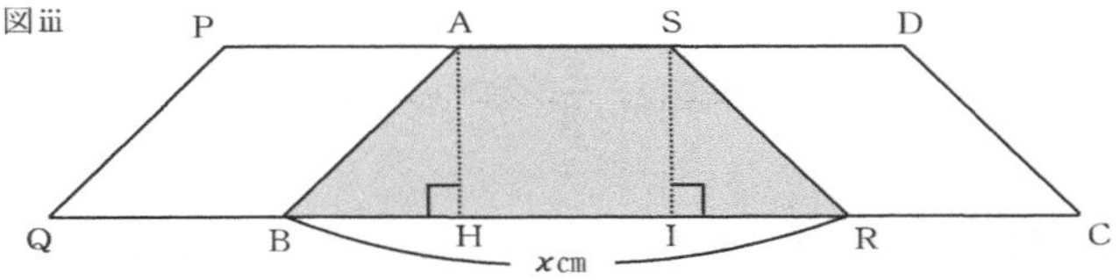

ＡＳ＝ＨＩ＝x－2×2＝x－4(cm)だから，y＝$\frac{1}{2}$×(ＡＳ＋ＢＲ)×2＝(x－4)＋x＝2x－4となり，表2に合う。

9秒後に台形ＡＢＣＤと台形ＰＱＲＳはぴったり重なるから，xの変域は4≦x≦**9**と**9**≦x≦14に分けられる。

9≦x≦14のとき，yの値は図 iv のような台形の面積となる。ＣＲ＝ＢＲ－ＢＣ＝x－9(cm)，ＱＣ＝ＱＲ－ＣＲ＝9－(x－9)＝－x＋18(cm)，

図 iv

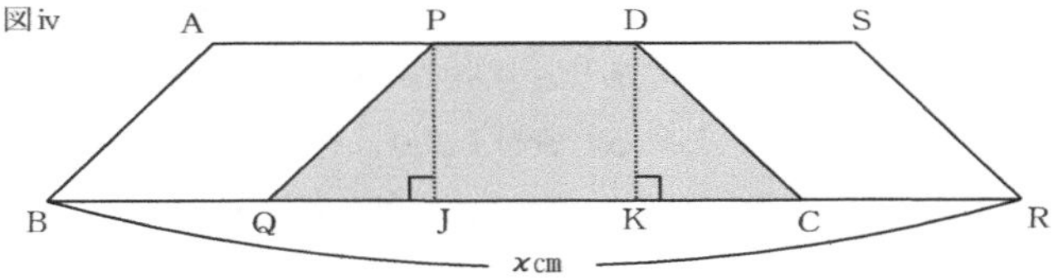

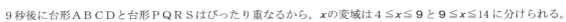

ＰＤ＝ＪＫ＝ＱＣ－２×２＝$-x+18-4=$
$-x+14$(cm)だから，$y=\frac{1}{2}\times$(ＰＤ＋ＱＣ)$\times 2=(-x+14)+(-x+18)=$ $\boldsymbol{-2x+32}$ である。
また，グラフについて，表１より，$x=4$，14のとき，$y=4$となり，$x=9$のとき，$y=2\times 9-4=14$となるから，(０，０)(２，１)(４，４)を通る放物線の一部と，(４，４)(９，14)を通る直線と，(９，14)(14，４)を通る直線をつなげればよい。

２　【解き方】図４で(四角形ＡＢＲＳの面積)：(四角形ＳＲＣＤの面積)＝２：１だから，四角形ＡＢＲＳの面積は台形ＡＢＣＤの面積の$\frac{2}{2+1}=\frac{2}{3}$になっている。
台形ＡＢＣＤの面積の$\frac{2}{3}$は，$\{\frac{1}{2}\times(5+9)\times 2\}\times\frac{2}{3}=\frac{28}{3}$だから，$y=\frac{28}{3}$となる最小の$x$の値を求める。
前の問題でかいたグラフを見ると，$y=\frac{28}{3}$となる最小のxは，$4\leqq x\leqq 9$の範囲にある。
$y=2x-4$に$y=\frac{28}{3}$を代入すると，$\frac{28}{3}=2x-4$より，$x=\boldsymbol{\frac{20}{3}}$となる。

4　１　まず，問題文の仮定を図にかきこんで，証明のために必要な条件を探そう。条件が足りない場合は，問題の内容に応じて，図形の性質，平行線の同位角・錯角，円周角の定理などからわかることもかきこんでみよう。
２(1)　ＡＣ//ＥＤだから△ＡＢＣ∽△ＥＢＤである(図１参照)。
したがって，ＡＣ：ＥＤ＝ＢＣ：ＢＤより，10：ＥＤ＝15：(15－10)
これを解いて，ＥＤ＝$\boldsymbol{\frac{10}{3}}$(cm)である。

図１

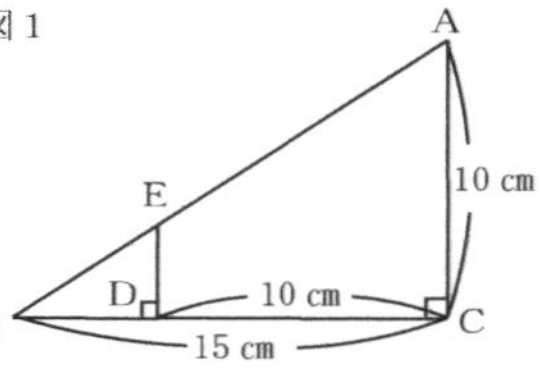

(2)　【解き方】△ＡＦＣを，直線ＡＣを軸として１回転させてできる立体は，図２のように２つの円すいをつなげた図形になる。図３において，△ＡＧＣと相似な三角形を利用して，線分の長さを求めていく。
△ＡＧＣ≡△ＣＥＤより，ＧＣ＝ＥＤ＝$\frac{10}{3}$cmだから，△ＡＧＣにおいて直角をはさむ２辺の比は$\frac{10}{3}$：10＝１：３である。
２組の角がそれぞれ等しいことから，
△ＡＧＣ∽△ＡＣＦ，△ＡＣＦ∽△ＦＣＨ，
△ＡＣＦ∽△ＡＦＨだから，これらの直角三角形の直角をはさむ２辺の比は１：３なので，ＣＨ＝$x$cmとすると，
ＦＨ＝３ＣＨ＝$3x$(cm)，ＡＨ＝３ＦＨ＝$9x$(cm)，ＡＣ＝$x+9x=10x$(cm)
よって，$10x=10$より$x=1$だから，ＣＨ＝１cm，ＦＨ＝３cm，ＡＨ＝９cmである。
以上より，求める体積は，$\frac{1}{3}\times 3^2\pi\times 9+\frac{1}{3}\times 3^2\pi\times 1=27\pi+3\pi=\boldsymbol{30\pi}$(cm³)である。

図２

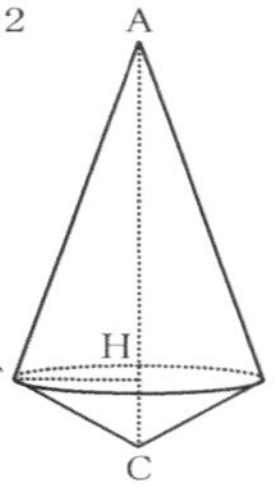

図３

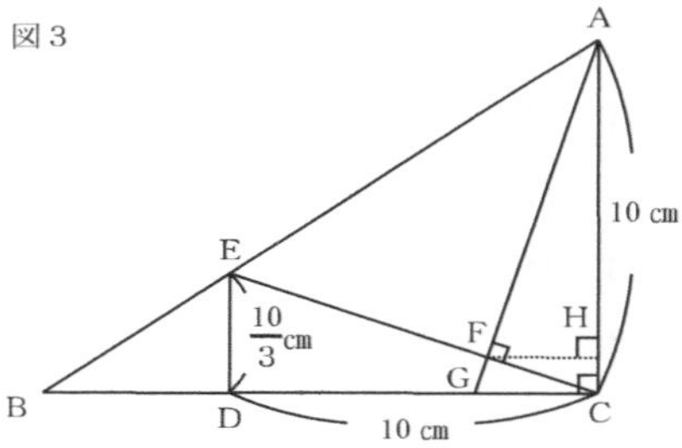

《2023　社会　解説》

1　１　三大洋は太平洋・大西洋・インド洋であり，①は大西洋，④はインド洋の一部である。Ａ国はヨーロッパ州のフランス，Ｂ国は北アメリカ州のカナダ，Ｃ国は南アメリカ州のペルー，Ｄ国はアジア州のタイ。
２(1)　先進国であるフランスとカナダは，１人あたりの国民総所得が多いと考えられるので，イ・エのどちらかであり，国土面積が小さいほうのイをフランス，大きいほうのエをカナダと判断する。日本への輸出額が最も多いウは，日本と同じアジア州にあり，日本の企業が多く進出しているタイ，残ったアはペルーである。　**(2)**　人口密度は人口÷面積(km²)で求められる。資料Ⅰより，タイは面積が最も小さく，人口が最も多いので，人口密度が最も高くなる。
３　フランスの首都パリは西岸海洋性気候に属していて，低緯度から高緯度に流れる暖流の北大西洋海流と，その上空をふく偏西風の影響で，高緯度の割に暖かい。

4　日本の輸入相手国１位が中国であることは覚えておきたい。残ったアメリカ・イギリス・ブラジル・韓国のうち，カナダ・日本ともに結びつきが強い国はアメリカである。

5　大航海時代を経て，南アメリカ大陸はスペインとポルトガルの植民地支配を受け，ポルトガルはブラジル，スペインはブラジルを除く南アメリカ大陸の大半を支配した。そのような歴史から，ペルーをはじめとする南アメリカ大陸の多くの国がスペイン語を公用語とし，ブラジルではポルトガル語を公用語としている。

6(1)　異なる作物を年に１回ずつ栽培・収穫する二毛作と間違えないようにしよう。　(2)　中国の米の生産量は世界１位であり，資料Ⅳ中でも最も多いことがわかるが，人口が多いために米の国内での消費量も多くなり，輸出量は少ない。タイではその逆で，米の生産量は中国などと比べて少ないが，国内の消費量も少ないため，輸出量に向けられる割合が高くなる，と考える。

2　1(1)　①日本の国土は山地が多く，平野部が少ないことは覚えておきたい。②カルデラは，火山噴火でできた巨大な凹地である。カルデラ内部に水がたまるとカルデラ湖ができる。　(2)　北から順に位置する，飛騨山脈(北アルプス)，木曽山脈(中央アルプス)，赤石山脈(南アルプス)をあわせて日本アルプスとよぶ。

2(1)　Ａ県は栃木県，Ｂ県は長野県，Ｃ県は山梨県，Ｄ県は鳥取県である。栃木県では，いちごをはじめ，大都市に向けた野菜の生産がさかんであり，また，乳用牛の飼育頭数は全国でも上位に入り，畜産がさかんである。５県のうち，最も畜産がさかんな県であるから，畜産の産出額が最も多いオを選ぶ。アは長野県，イは山形県，ウは山梨県，エは鳥取県。

(2)　水力，風力，太陽光，地熱，太陽熱，大気中の熱・その他の自然界に存在する熱，バイオマス(動植物に由来する有機物)の７種類が再生可能エネルギーとされている。

3(1)　ａ地点は標高 1400ｍの計曲線上に位置している。ｂ地点は，右ななめ下に標高 1510ｍの地点，真下に標高 1705ｍの地点があり，その間の計曲線上に位置している。25000 分の１の地図では，計曲線は 50ｍごとに引かれるから，ｂ地点付近の計曲線ごとの標高は，右図のようになり，ｂ地点の標高は 1550ｍであるとわかる。

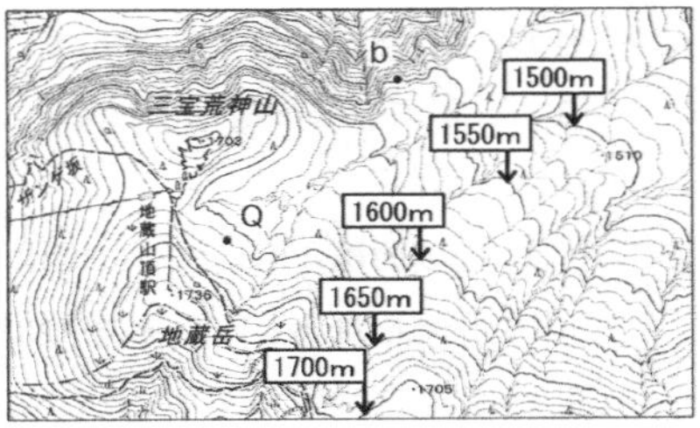

3　1(2)　『魏志』倭人伝に，邪馬台国と卑弥呼についての記述があり，卑弥呼は，魏の王から「親魏倭王」の称号と金印，100 枚あまりの銅鏡を授かったと記されている。

2(1)　８世紀は 701 年～800 年で，この頃の日本は飛鳥時代末～平安時代初頭である。アの大化の改新は飛鳥時代後期(645 年～)，イは４世紀頃，ウは奈良時代(743 年)，エは鎌倉時代，オは平安時代中期，カは奈良時代(712 年)。

3　資料は，正長の土一揆の成果を記した石碑の文章である。1428 年，近江国(滋賀県)の馬借が中心となり，幕府に徳政令による借金の帳消しを要求して土一揆を起こした。高利貸しを行っていた土倉や酒屋を襲い，土地売買や貸借の証文を破り捨てて，質に入れた品物を奪った。

4(1)　17 世紀は 1601 年～1700 年だから，この頃は江戸時代前期～江戸時代中期頃である。アは江戸時代中期の元禄文化の頃に，菱川師宣によって描かれた『見返り美人図』である。イは室町時代の金閣，ウは鎌倉時代の金剛力士像(吽形《うんぎょう》)，エは江戸時代後期の化政文化の頃に，葛飾北斎によって描かれた『富嶽三十六景ー神奈川沖浪裏』。

(2)　参勤交代は将軍と大名の主従関係の確認という意味合いを持ったが，参勤交代にかかる費用などのために，藩の財政は苦しくなった。「往復」のほかに，「１年おき」「江戸と領地」の言葉を必ず盛り込もう。

4　2　第一回帝国議会は 1890 年に開かれた。アは太平洋戦争後の 1946 年，イは江戸時代末の 1867 年，ウは大正時代の 1918 年のできごと。

3　津田梅子は，６歳で渡米し，その後女子英学塾(現在の津田塾大学)を開いた。樋口一葉は著書『たけくらべ』，与謝野晶子は歌集『みだれ髪』や，「君死にたまうことなかれ」という詩の発表，平塚らいてうは，女性文芸誌『青鞜』の刊行，新婦人協会の創設で知られる。

4　選挙権年齢の変遷については，右表を参照。全人口に占める有権者の割合は，1890 年が約 1.1％，1946 年が約 48.7％であった。

選挙法改正年 (主なもののみ抜粋)	直接国税の要件	性別による制限	年齢による制限
1889 年	15 円以上	男子のみ	満 25 歳以上
1925 年	なし	男子のみ	満 25 歳以上
1945 年	なし	なし	満 20 歳以上
2015 年	なし	なし	満 18 歳以上

5　1947 年，小学校・中学校・高等学校・大学の「六・三・三・四制」を定めた学校教育法とともに制定された教育基本法によって，義務教育は小学校・中学校の９年となった。

6　イ(1951 年)→ウ(1956 年)→エ(1964 年)→ア(第１次石油危機 1973 年)

5　1(1)　法律案の提出は，国会議員と内閣が行う。

(3)　法律案は衆議院と参議院のどちらに先に提出してもよく，先に提出されたほうから審議されるが，予算案の審議は衆議院の優越によって，必ず衆議院が先に行う。

2(1)　高等裁判所・地方裁判所・家庭裁判所・簡易裁判所をまとめて下級裁判所とよぶ。第二審を求めることが控訴，第三審を求めることが上告である。

(2)　裁判員裁判は，重大な刑事裁判の第一審で行われ，６人の裁判員と３人の裁判官で，被告人が有罪か無罪か，有罪の場合はどのような刑にするかを決める。

3　日本国憲法に規定されていない新しい人権には，自己決定権のほか，知る権利・プライバシーの権利・環境権などがある。

6　1(1)　需要曲線，供給曲線，均衡価格については右図参照。価格がＰのとき，数量を表す横軸を見ると需要量＞供給量となっており，品不足であることを表している。

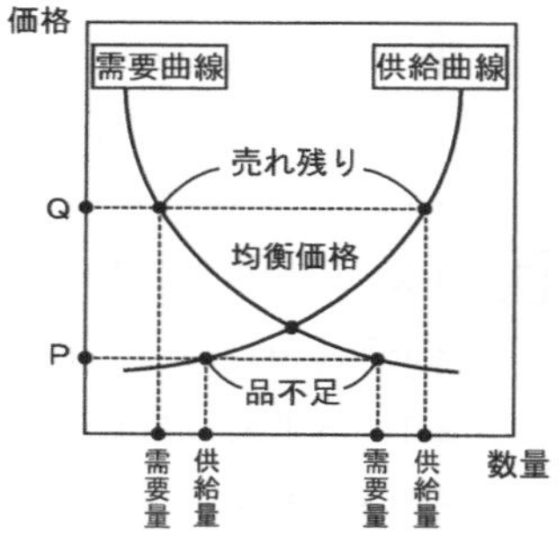

(2)　例えば携帯電話市場は長らく，大手３社による寡占状況が続いていて，他国に比べて高額な通信料などが問題となっていた。近年，法整備が行われ，各社の契約プランの見直し，いわゆる格安ＳＩＭ(スマホ)会社の参入が進んだ。

2　公共事業などの歳出を増やし，減税を行うことで，雇用の創出，消費の拡大が期待できる。

3(1)　社会保障の４つの柱については右表。

(2)　低負担・低福祉が小さな政府，高福祉・高負担が大きな政府である。

社会保険	社会福祉	公衆衛生	公的扶助
医療保険 年金保険 雇用保険 労災保険 介護保険など	児童福祉 母子福祉 身体障がい者福祉 高齢者福祉など	感染症予防 予防接種 廃棄物処理 下水道 公害対策など	生活保護 (生活・住宅・教育・医療などの扶助)
加入者や国・事業主が社会保険料を積み立て，必要なときに給付を受ける	働くことが困難で社会的に弱い立場の人々に対して生活の保障や支援のサービスをする	国民の健康増進をはかり，感染症などの予防をめざす	収入が少なく，最低限度の生活を営めない人に，生活費などを給付する

《2023　理科　解説》

1　1(1)　はたらきが同じ細胞が集まって組織がつくられ，いくつかの組織が集まって器官が作られる。　(2)　葉緑体では光合成によってデンプンがつくられる。ヨウ素液はデンプンに反応して青紫色に変化する。

2(1)　石灰水は二酸化炭素を調べるために用いる。結果より，石灰水が変化しなかったAでは，アジサイの葉が二酸化炭素をとり入れたことがわかる。　(2)　光が必要であることを調べるので，AとCの光以外の条件を同じにして実験を行う。よって，葉を入れ，息をふきこみ，光を当てないイが正答となる。

[2]　1(2)　無性生殖は受精が関係しないふえ方で，子は親の遺伝子をそのまま受けつぐため，子の形質は親と同じになる。

2　染色体に含まれる遺伝子の本体をDNA(デオキシリボ核酸)という。

3(1)　精細胞や卵細胞などの生殖細胞がつくられるとき，染色体の数が半分になる減数分裂が行われる。丸い種子の純系がもつ遺伝子はAAだから，減数分裂によってつくられる卵細胞に存在する遺伝子はAである。　(2)　丸い種子をつくる純系(AA)としわのある種子をつくる純系(aa)からできる子の代の遺伝子の組み合わせはすべてAaだから，子の自家受粉によってできた孫の代の遺伝子の割合はAA《丸》：Aa《丸》：aa《しわ》＝1：2：1である。

[3]　1　安山岩と花こう岩は火成岩である。

2　ある時期にだけ栄えて広い範囲にすんでいた生物の化石を示準化石という。主な示準化石は表i参照。

表i

時代	示準化石
古生代 (約5億4000万年前～約2億5000万年前)	サンヨウチュウ フズリナ
中生代 (2億5000万年前～6600万年前)	アンモナイト 恐竜
新生代 (6600万年前～現代)	ビカリア ナウマンゾウ

3　れき(直径2mm以上)，砂(直径0.06mm～2mm)，泥(直径0.06mm以下)は粒の大きさで区別する。粒が大きいほど速く沈むので，砂は泥よりも先に沈む。

4　サンゴの化石(浅くあたたかい海)のように，地層ができた当時の環境が推定できる化石を示相化石という。

[4]　1　水蒸気を含む空気のかたまりが上昇すると，まわりの気圧が低くなって膨張し，体積が大きくなる。熱を加えずに空気の体積が大きくなると温度が下がる。

2　気象現象が起こるのは地表から約10km程度までであり，地球の半径約6400kmと比べるときわめてうすい。

3　小笠原気団は日本の南海上で発達するので，あたたかく湿っている。なお，オホーツク海気団は冷たく湿っており，シベリア気団は冷たく乾いている。

4　秋雨前線に対し，梅雨の時期にできる停滞前線を梅雨前線という。

5　図3の西(左)側にある寒冷前線付近では，寒気が暖気を激しく持ち上げるので，積乱雲が発達して狭い範囲に激しい雨が降りやすい。一方，図3の東(右)側にある温暖前線付近では，暖気が寒気の上をゆるやかにのぼっていくので，乱層雲が発達して広い範囲におだやかな雨が降りやすい。

[5]　1　塩化ナトリウム水溶液は塩化ナトリウムと水の混合物である。

2　純粋な水は電流を流さないので，電解質の塩化ナトリウムの水溶液でろ紙をしめらせる。

3(1)　塩酸は電離して，塩化物イオン〔Cl^-〕と水素イオン〔H^+〕に分かれる。これらのうち，陽イオンの水素イオンが陰極に引かれ，陰極側の青色リトマス紙が赤色に変わる。このことから，青色リトマス紙を赤色に変える酸性の性質を示すイオンは水素イオンだとわかる。　(2)　水酸化物イオン〔OH^-〕は陰イオンだから陽極に引かれる。アルカリ性の水溶液は赤色リトマス紙を青色に変えるので，陽極側の赤色リトマス紙が青色に変われば，アルカリ性を示すイオンが水酸化物イオンであるといえる。

4　質量パーセント濃度35％の塩酸10gにふくまれる塩化水素は10×0.35＝3.5(g)だから，つくる水溶液の質量は3.5÷0.02＝175(g)であり，必要な水は175－10＝165(g)となる。

[6]　1，2　酸化銀(黒色)を加熱すると，銀(白色)と酸素に分解する〔$2Ag_2O \rightarrow 4Ag + O_2$〕。

3　表より，発生した酸素の質量は〔試験管に入れた酸化銀の質量(g)－試験管に残った固体の質量(g)〕で求めることができる。よって，酸化銀の質量が1.00gのときに発生した酸素の質量は1.00－0.93＝0.07(g)で，発生した酸素の質量は反応した酸化銀の質量に比例するので，酸化銀の質量が4.00gのときに発生した酸素の質量は

$0.07\times\frac{4.00}{1.00}=0.28$(g)となる。

4　このとき発生した酸素の質量は 5.00－4.72＝0.28(g)であり，3より，4.00gの酸化銀が反応したことを示しているので，残っている酸化銀は5.00－4.00＝1.00(g)である。よって，試験管に残った固体のうち銀の質量は4.72－1.00＝3.72(g)となる。

7　2　おもりが水中にあっても，重力の大きさは空気中と変わらないので，50g→0.5Nとなる。

3　水中にあるおもりには上向きの浮力がはたらくので，表のようにばねののびが小さくなる。浮力によってばねののびが17.5－15.4＝2.1(cm)小さくなったので，浮力の大きさは$0.5\times\frac{2.1}{17.5}=0.06$(N)となる。

4　おもりを水中に入れると，電子てんびんはおもりにはたらく浮力の反作用の力を受けるので，電子てんびんが示す値は水中に沈めたあとのほうが大きい。

8　1　物体を焦点距離の2倍の位置に置いたとき，反対側の焦点距離の2倍の位置に実像ができる。グラフで凸レンズとスクリーンの距離が30cmのとき，物体と凸レンズの距離も30cmだから，焦点距離の2倍の距離は30cmとわかる。よって，焦点距離は15cmとなる。

2　凸レンズを通ってスクリーンにできる像(実像)は，実物と上下左右が反対になる。よって，エが正答である。

3　Yのような光軸に平行な光は，凸レンズで屈折して焦点を通ってスクリーンに達する。最初にこの光を作図すると，スクリーンにできるPの実像の位置がわかるので，Xが凸レンズで屈折したあとの光もスクリーン上の同じ位置に達する。

4　凸レンズの上側半分を黒いシートでおおうと，スクリーンに集まる光の量が半分になるので，できる像の形は変わらないが，像全体が暗くなる。

―《2023　英語　解説》―

1　1【放送文の要約】参照。No. 1　質問「彼らはどのポスターを見ていますか？」

No. 2　質問「彼らはいつその映画を見ますか？」

【放送文の要約】

No. 1　スティーブ：見て，トモコ。君はこのコンテストのために練習しているの？

トモコ　：ええ，私のテーマは私のダンスチームよ。来てくれるの？

スティーブ：もちろんだよ。ァグリーンホールに行くよ。君はいいスピーチができると思うよ。

トモコ　：ありがとう。

No. 2　ユウタ：僕らが見たかった映画を覚えてる？明日見に行かない？

ニナ　：明日は8月5日だよね？ごめん。行けないよ。でも，ィ今週の金曜日から来週の月曜日までは空いてるよ。

ユウタ：映画はもうすぐ終わるんだ。ィ最終日は8月7日だよ。うーん…。ィ毎週土曜日は忙しいから行けないな。この日はどう？

ニナ　：いいよ！

2【放送文の要約】参照。

【放送文の要約】

早紀　：ジョン，私たちは次の休日に動物園に行くね。待ちきれないよ！

ジョン：早紀，僕はこの街のことをあまり知らないよ。ァ郵便局(＝post office)の近くの本屋で待ち合わせして，一緒に動物園に行ってもいい？

早紀　：ええ。店で待ち合わせしましょう。それならィ駅(＝station)まで歩いて行けるね。9時40分発の電車に乗りたいから，9時ゥ15(＝fifteen)分に待ち合わせしない？

ジョン：いいね！

3【放送文の要約】参照。No. 1　質問「観光客はどこに行きたかったのですか？」…エ「スタジアムへ」が適切。No. 2　質問「なぜ裕司はうれしかったのですか？」…ウ「観光客が彼の英語のおかげで助かったと言ったからです」が適切。

【放送文の要約】

先月，父と美術館の近くを歩いていると，No. 1エ2人の外国人観光客からスタジアムへの行き方を聞かれました。彼らが私の英語を理解してくれるかどうか，確信は持てませんでしたが，私は「分かりました」と言いました。私は彼らに地図を見せて，最善を尽くしました。彼らはついにそこへの行き方を理解してくれました。No. 2ウ彼らは私の英語のおかげで助かったと言いました。うれしかったです。その日，私は日常生活でもっと英語を使おうと決めました。

4　It is one of the most famous places in Japan.「それは日本で最も有名な場所のひとつです」

2　1(1)　ルーシー「あなたはすばらしい野球選手ね。どれくらいの間(＝How long)それをやっているの？」→アキラ「6歳の時からだよ。好きなスポーツなんだ」…直後にアキラが「6歳の時から」と答えたので，期間を尋ねるHow long ~?「どのくらいの間～？」が適切。　(2)　ビル「昨日の京都の天気(＝weather)はどうだった？」→ケイコ「最初は晴れていたけど，私が京都を出るころ雨が降ってきたの」…直後にケイコが天気を答えているので，ビルは天気について尋ねたと考えられる。　(3)　サクラ「私たちの調査によると，クラスの48%が自転車で登校しているよ」→ケビン「クラスの半数(＝half)くらいが，ここまで来るのに自転車を使っているの？多いね」…48%は約半数であることから，half「半分／半数」が適切。

2(1)　ケイト「あなたはもうこの本を読んだ？」→シンジ「いや。まだだよ。君はどう？」→ケイト「昨日読んだよ。とてもわくわくしたよ。だって…」→シンジ「ストップ！エ明日僕もそれを読むよ」…シンジは自分が読むまでは話の内容を言ってほしくないので，エが適切。　(2)　ピーター「お昼にサンドイッチをたくさん持ってきすぎたよ」→ヒトミ「すごい！全部食べられると思ったの？」→ピーター「うん。買ったときは食べられると思ったんだけど，今は食べられないよ。僕の代わりに食べてくれない？」→ヒトミ「いいよ。イ私も1つもらうけど，他の人にも手伝ってもらったほうがいいわね」

3(1)　I stayed at home and helped my sister finish her homework.：「僕は家にいて妹が宿題を終わらせるのを手伝ったよ」　・help＋人＋動詞の原形「(人)が～するのを手伝う」　(2)　I want to know which shirt you will buy for Jim.：「私はあなたがジムのためにどのシャツを買うつもりなのか知りたいの」…文中に疑問詞を含む間接疑問の文。which shirt の後ろは you will buy のように肯定文の語順になる。

3【本文の要約】と問題にある図参照。

1　健の2回目の発言より，日本語学習者が3000人以上増えているのはXとZである。ミラの2回目の発言より，2015年に日本語学習者が最も少ないZがスペイン，Xがフランスとわかる。残ったYがドイツである。

2　直前のミラの発言より，健が見たいものはイギリスでミラが使っていた日本語の教科書である。

3　ア「健は表とグラフを作った×後，ミラがイギリスで日本語を学んだことがわかりました」　イ「ミラは表を見て，×イギリスには日本語学習者があまりいないと言いました」　ウ○「表は，2018年よりも2015年に，イギリスで日本語を学んだ人が多いことを示しています」…表より，イギリスでは2015年の方が日本語学習者が多いことがわかる。　エ「2015年には，ヨーロッパの学習者の×80%以上が歴史や芸術に興味を持っていました」…グラフより，2015年に歴史や芸術に興味を持っていた人は80%未満である。　オ○「ミラは日本語に興味を持つ前にアニメファンになったと言っています」

【本文の要約】

健　：君は自分の国，イギリスにいたときに日本語を学び始めたんだよね。そして先週，ヨーロッパには日本語を学ぶ人がたくさんいると教えてくれたね。そういう人々についてもっと知りたくなったから，この表とグラフを作ったよ。

ミラ：表が興味深いわ。イギリスにこんなに多くの日本語学習者がいるとは知らなかったよ。2018 年に私の国ではドイツよりも日本語を学ぶ人が多かったのね。

健　：1フランスでは，2015 年から 2018 年にかけて，大きな変化が見られるよ。学習者が 3000 人以上増えている。

ミラ：1スペインでも人数が大幅に増えたね。また，2015 年にスペインは５か国の中で最も人数が少ないことがわかったわ。じゃあ，このグラフはヨーロッパの人々がなぜ日本語を学んだかを示しているの？

健　：うん。アニメが人気なのは知っているよ。でも，2018 年は 80%以上の学習者が日本語そのものに興味を持っていたことに驚いたよ。

ミラ：3オ私はアニメの大ファンだったので日本語を学び始めたけど，すぐに言語にも興味を持つようになったよ。2イギリスで使っていた日本語の教科書を今でも読んでいるの。

健　：本当に？見てみたいな！

ミラ：いいよ。明日持ってくるね。

4【本文の要約】参照。

1　下線部①では，去年この町に引っ越してきた加奈の企画に対する不安な気持ちが現れている。エ「私はこの町についてあまり知らないから，企画のアイデアを出すことに自信がありません」が適切。

2　「クラブのメンバーは親切ですばらしい話をたくさん教えてくれました」は，加奈たちが町の民話クラブのメンバーに会いに行く場面のＣが適切。

3　文末の that は紙芝居を指している。直前のサトウ先生の話より，町役場の人々からの依頼を受けて，町の行事で自分たちの紙芝居を上演する準備ができているということである。

4(1)　質問「加奈とメンバーは企画の情報を得るために，最初にどこに行きましたか？」…第２段落２～３行目より，最初に学校の図書室に行ったことがわかる。　(2)　質問「芽衣は彼女のグループが紙芝居を計画したとき，絵を描くことができると言いましたか？」…第５段落２～３行目より，No で答える。

5　ウ「サトウ先生は生徒たちにグループ活動の目的を話しました」→オ「サトウ先生は加奈のグループに，彼らの町のクラブについての情報を与えました」→イ「武史は物語を共有する方法について話し，加奈はそれが気に入ったと言いました」→エ「武史は企画のために絵を何枚か描くことができると言いました」→ア「町役場の人々は授業に参加し，加奈のグループによる発表を見ました」

6【加奈さんとノアさんの対話の要約】参照。　Ⅰ　直後の加奈の返答より，理由を尋ねる文にする。　Ⅱ　第４段落３行目の民話クラブの人の発言内容を空欄に合う形に書き換える。　・make＋人＋状態「(人)を(状態)にする」

【本文の要約】

5ウ加奈の担任のサトウ先生は生徒たちに，グループ活動の目的は町をより人気にするための企画を作ることだと話しました。「クラスでの発表まであと２か月です。その日は町役場の人も何人か参加します」とサトウ先生は言いました。加奈は町のことをよく知らないので心配になりました。彼女は昨年，町に引っ越してきました。「どうすれば企画のアイデアを得ることができるだろう？」と彼女は思いました。

加奈のグループのメンバーは芽衣と武史でした。芽衣は「加奈。準備はいい？」と言いました。加奈は「たぶん…でも，私は…」と言いました。「心配しないで。4(1)学校の図書室に行きましょう。私たちの企画に何らかのヒントが得られるわ」と芽衣は言いました。加奈は少しうれしそうに，「うん！」と言いました。芽衣は「それでいいかな，武史？」と尋ねました。武史は弱々しい声で同意しました。加奈は彼が少し内気だと思いました。

学校の図書館で，加奈と芽衣は話をしながら本を集め，武史はパソコンを使いました。そこで多くの時間を過ごした後，彼らは自分たちの町には面白い民話がたくさんあることに気づきました。加奈は驚いて「この話をたくさんの人に楽しんでもらえば，この町はもっと人気が出ると思うよ」と言いました。5オそのときサトウ先生が来て，自分たちの町に民話クラブがあることを教えてくれました。「部員は長年民話を勉強しているよ。彼らのところを訪問すれば，もっとたくさんの話を教えてくれるよ」と先生は言いました。

３日後，加奈のグループはクラブを訪れました。Cクラブのメンバーは親切ですばらしい話をたくさん教えてくれました。加奈がそれらを書き留めていたとき，とあるクラブの人が「君たちのような若者が私たちの民話に興味を持ってくれてうれしいよ。君たちのおかげでもっと多くの人が興味を持つようになると思うよ」と言いました。彼の言葉は加奈をとても喜ばせました。

彼らは歩いて学校に戻るとき，もっと多くの人々と民話を共有する方法について話しました。5イ「どうかな…紙芝居は？」武史は静かな声で言いました。加奈は微笑みながら「それはいいね！子どもたちでも話を楽しむことができるよ」と言いました。芽衣は「私はこの話を英語でも書きたいな。海外の人にも紹介できるよ」と言いました。彼らは多くのアイデアを出し，わくわくしていました。

彼らが紙芝居を計画していたとき，芽衣が「ところで，２人は絵は描ける？」と言いました。加奈は自分に絵は描けないと思い，芽衣なら描けると言いました。4(2)芽衣は笑いながら「描けたらいいのに。美術の授業で私の絵を覚えていないの？」と言いました。すると，5エ武史が突然「僕が手伝えるかも。スケッチを何枚か見せるよ。子どもたちのためにかわいい絵も描けるよ」と言いました。

２か月後，彼らはついに企画を完成させ，クラスで発表しました。5アクラスメイトも町役場の人たちもとても楽しんでいました。加奈はメンバーと一緒に過ごした２か月を思い出し，幸せな気持ちになりました。

翌月のある日，サトウ先生は加奈のグループに「今日，町役場の人々が訪ねてきて，君たちの紙芝居は素晴らしいと言ってくれたよ。3彼らは君たちに町の行事でそれを上演してほしいとも言っていたよ。どう思う？」と言いました。３人の生徒が顔を見合わせると，加奈は笑顔で「私たちはそれをやる準備ができています！」と言いました。

【加奈さんとノアさんの対話の要約】

ノア：すごいわ！Ⅰどうしてこの民話を英語で書いたの？（＝Why did you write this folk tale in English?）

加奈：外国人も楽しめると思ったからです。それは私たちにとって簡単なことではなかったのですが，お互いに助け合いました。

ノア：なるほど！この民話も，みんなで協力して見つけたのね？

加奈：ええ。でも，民話クラブの方々も手伝ってくれました。クラブのメンバーのひとりが，私たちはⅡより多くの人々に町の民話に興味を持ってもらう（＝make more people interested in the town's folk tales）ことができると言ってくれました。クラブを訪れた後，そのために何をすべきか話しました。

5 無理に難しい表現を使わなくてもいいので，自信のある単語や文法を使って，ミスのない文を書くこと。４文以上の条件を守ること。「私の友人は日本の私たちの町に来たいと思っています。彼は日本を訪れたことがありません。彼は私にここに来るのに最適な季節について尋ねています。私はここに来てまだ３か月しか経っていないので，あなたのアイデアが必要です。どの季節が一番いいですか？またそれはなぜですか？」へのあなたの答えを書く。(例文)「夏が一番いい季節です。夏には，わくわくするお祭りがあります。あなたの友人はダンスグループと一緒に伝統的な踊りに挑戦することができます。たくさんの種類の地元の食べ物を食べることもできます」

2022 解答例　山形県公立高等学校

令和４年度

《2022　国語　解答例》

一　問一．ａ．かんたん　ｂ．あわ　　問二．ア　　問三．想いを活かせる場所であることを「お母さん」に伝えよう
問四．ウ　　問五．やわらげる　　問六．Ⅰ．思い描く幸せ　Ⅱ．味方してくれている　　問七．イ

二　問一．ａ．ひっす　ｂ．と　　問二．ア　　問三．エ　　問四．Ⅰ．生活の基盤　Ⅱ．子孫の代まで維持する必要
問五．自分や家族が使用するモノを自分たちで作るという労働から、食品や必要なモノを購入するために他の人に雇われて賃金を受け取るという労働に変化した。　　問六．イ　　問七．ウ

三　問一．いたる　　問二．Ｂ，Ｄ　　問三．ウ　　問四．天より人間　　問五．尊い考えにすっかり感心した

四　問一．１．肺　２．貸　３．倉庫　４．盟約　５．推測　　問二．エ

五　（例文）

グラフを見て気づいたことは、「相手や場面を認識する能力」と回答した人の割合が大幅に増えたことだ。

これからの時代は、価値観の多様化、国際化、情報化など、社会の変化が急速に進み、その変化に対応していかなければならない。人間関係を成立させるコミュニケーションの手段として用いられる国語が果たす役割は大きいと思う。だから、私は、自分の頭で考え、相手との関係や場面を考慮しつつ、自分の思いを言葉にして発信できる知識や能力をこれから身につけていきたいと思う。

《2022　数学　解答例》

1　１．(1)−６　(2)$-\frac{1}{8}$　(3)$3y-4$　(4)$10-2\sqrt{6}$　※２．$x=\frac{3\pm2\sqrt{3}}{3}$　３．$\frac{2}{5}$　４．エ　５．ア

2　１．(1)−２　(2)−４　　２．右図

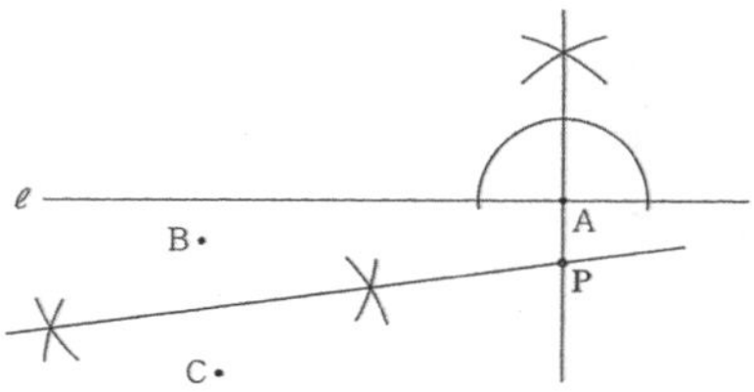

３．(1)Ａ地区の面積を$x$km²とする。$\frac{70}{100}x+\frac{90}{100}(630-x)=519$

〔別解〕Ａ地区の面積を$x$km²，Ｂ地区の面積を$y$km²とする。

$$\begin{cases} x+y=630 \\ \frac{70}{100}x+\frac{90}{100}y=519 \end{cases}$$

(2)168

４．ｎ，ｎ＋１，ｎ＋６と表される。

このとき，それらの和は，ｎ＋(ｎ＋１)＋(ｎ＋６)＝３ｎ＋７＝３(ｎ＋２)＋１

ｎ＋２は整数だから，３(ｎ＋２)＋１は，３の倍数に１を加えた数である。

3　１．(1)５　(2)ア．$-5x+20$　イ．９　ウ．$4x-16$／右グラフ

２．12

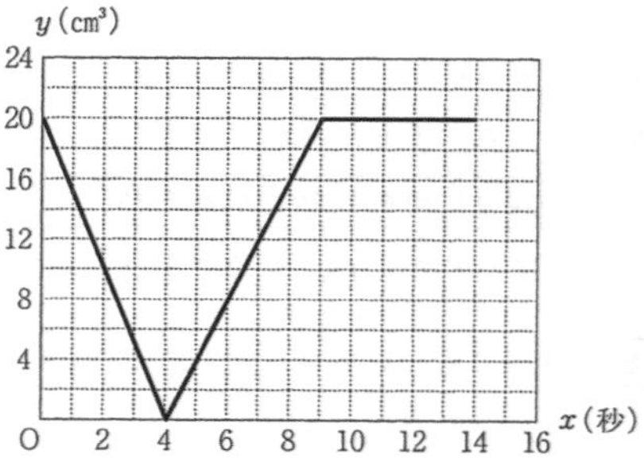

4　１．△ＡＢＣと△ＡＨＥにおいて

線分ＡＢを直径とする円Ｏを考えると，半円の弧に対する円周角は等しいから ∠ＡＣＢ＝∠ＡＥＨ…①

ＯＣ//ＡＤで，錯角は等しいから ∠ＨＡＥ＝∠ＯＣＡ…②

△ＯＣＡはＯＡ＝ＯＣの二等辺三角形だから ∠ＢＡＣ＝∠ＯＣＡ…③

②，③より ∠ＢＡＣ＝∠ＨＡＥ…④

①，④より，２組の角がそれぞれ等しいので △ＡＢＣ∽△ＡＨＥ

２．(1)$2\sqrt{2}$　(2)$\frac{6}{7}$

※の解き方は解説を参照してください。

《2022　社会　解答例》

1　1．B　　2．イ　　3．⑴南半球に位置している　⑵記号…ウ　気候帯…温帯　　4．内陸国　　5．エ
6．緯線と経線が利用され，直線的である

2　1．ア，エ　　2．イ　　3．原油の輸入に便利な，臨海部に立地している。
4．⑴促成栽培　⑵供給量が少なく，価格が高くなっている　　5．記号…エ　県名…徳島　　6．ウ

3　1．⑴戸籍に登録された人々に口分田　⑵ア　　2．承久の乱　　3．⑴石高　⑵ウ
4．⑴徳川慶喜　⑵イギリス

4　1．ウ→ア→エ→イ　　2．五・四運動　　3．満州国を国として認めないこと。〔別解〕満州の占領地から日本の軍隊を引きあげること。　　4．エ　　5．⑴イ　⑵非核三原則

5　1．⑴最高裁判所　⑵エ　⑶一票の価値に大きな差が出ない　　2．2000　　3．⑴民主主義　⑵ア

6　1．⑴X．団結　Y．労働条件について交渉する〔別解〕労働時間や賃金などについて交渉する　⑵ア
2．⑴南南問題　⑵ＯＤＡ　⑶イ

《2022　理科　解答例》

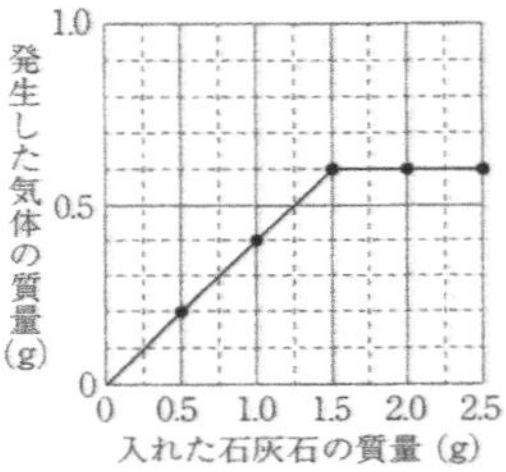

1　1．⑴a．根毛　b．接する面積が広くなる　⑵ウ　　2．⑴A　⑵ア

2　1．0.27　　2．⑴a．感覚　b．中枢　⑵脳に伝わる前に，運動神経に伝わる

3　1．断層　　2．エ　　3．⑴カ　⑵X．126　Y．22，22，55

4　1．惑星　　2．エ　　3．ウ
4．１年で，地球は約１周公転するのに対して，金星は約1.6周公転するため。
5．冬

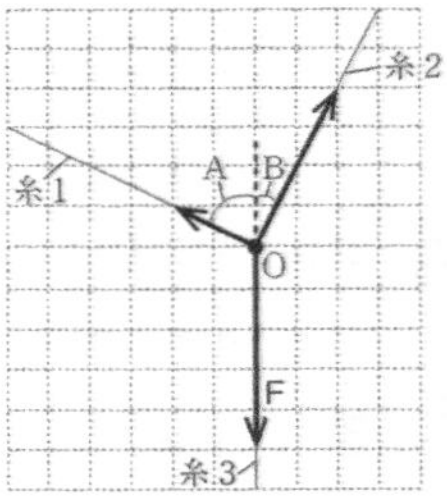

5　1．液体が急に沸とうするのを防ぐため。　　2．蒸留
3．⑴a．イ　b．オ　⑵オ　　4．温度が変わらない

6　1．質量保存　　2．CO_2　　3．右グラフ　　4．イ

7　1．合成　　2．右図　　3．a．ア　b．ウ　　4．5.0

8　1．電磁誘導　　2．9000　　3．イ　　4．磁界〔別解〕磁場

《2022　英語　解答例》

1　1．No.1．ウ　No.2．ア　　2．ア．10　イ．病院　ウ．動物　　3．No.1．イ　No.2．エ
4．enjoy drawing a picture of these flowers

2　1．⑴or　⑵umbrella　⑶instead　　2．⑴イ　⑵エ　　3．⑴X．ア　Y．エ　Z．オ
⑵X．ウ　Y．オ　Z．ア

3　1．X．オーストラリア　Y．カナダ　Z．イタリア　　2．新しい友達を作ったり，違った文化を学んだりできること。　　3．イ，オ

4　1．ウ　　2．B　　3．英語で書かれた本を読むこと。　　4．⑴He went there by bus.　⑵No, he didn't.
5．オ→イ→エ→ア→ウ　　6．Ⅰ．joined a special program　Ⅱ．to see my presentation

5　I do my homework in the morning.　At night, I become very sleepy and cannot study.　So I get up early in the morning. I can do my homework better because it is very quiet.

《2022　国語　解説》

一　**問三**　５～９行後の「その雑貨（＝おばあちゃんが作る雑貨）を手にした人が勇気を出したり、自信を持ったりできるスイッチなんだ～私は、お客さんの背中を押す雑貨を作りたい。誰かの支えになりたい」というのが、「私」の「想い」である。そして、その「想いを活《い》かせる場所」が『ゆうつづ堂』であるということを「お母さん」に伝えようと決心したのだ。

問四　直後に「お母さん」は、「あんたはまた、そんな夢見心地な～楽しいだけじゃだめなのも、店が好きって気持ちだけじゃどうにもならないのも、わかってるんじゃなかったの？」と言っている。「ため息」からは「あきれている気持ち」が、「夢見心地」という言葉からは「非現実的」と受け止めている気持ちが読み取れる。よってウが適する。

問五　「お父さんがのんびり口を開いた」後に、「間延びした声が、居間にのっぺり広がる」と付け加えられて、「私」と「お母さん」との対立で緊迫した空気をやわらげる役割を果たしたことが読み取れる。

問六Ⅰ　――部３の６～７行前に「お母さんの思い描く幸せが〝安定〟であるように、私にとっては、店を最優先するのが幸せなのだ」とあり、これが両者の考え方の違いである。　**Ⅱ**　「私」と「お母さん」とは、思い描く幸せや守りたいものが違い、相容れない部分がある。しかし、最終的に「お母さん」が「もし、『やっぱり無理』って思ったら、私たちを頼りなさい」と言ってくれたことに、「私」は声を潤ませ、「うん」「味方してくれて、ありがとう」と感謝している。

問七　ア．「私」は「理想と現実の間で悩」んではいない。　イ．「お母さん」は、「お父さんに同意を求められても～数秒黙っていた」とあるように、なかなか態度を変えていない。それでも気持ちが変わらない「私」の思いの強さを印象づけていると言える。　ウ．「『ゆうつづ堂』での神秘的な出来事」は織り込まれていない。
エ　「？」は「お父さん」と「お母さん」の言葉に用いられている。「私」の言葉に「！」が用いられている部分は、「いらだち」ではなく、意欲を強調している。　よってイが適する。

二　著作権に関係する弊社の都合により本文を非掲載としておりますので、解説を省略させていただきます。ご不便をおかけし申し訳ございませんが、ご了承ください。

三　**問一**　古文の「わゐうゑを」は、「わいうえお」に直す。

問二　A．「庄屋《しょうや》は～と詰《なじ》りけり」とあるので、主語は「庄屋」である。　B．「大師《だいし》は～指さして」とあるので、主語は「大師」である。　C．「養ひくだされ」たのは「天」である。　D．「庄屋」に向かって問いかけた人物なので「大師」である。　よってBとDが適する。

問三　村の長が不思議に思ったのは、１行前の「大師流れに随《したが》ひて之《これ》（＝誤って川に流した大根の一葉）を追ひかけ、漸《やうや》く之を拾い上げける」という行為に対してである。よってウが適する。

問四　直後の大師の会話文の中に「大根の一葉」を天の恩恵であると考えていることが分かる 24 字の部分がある。

問五　直前に「庄屋は～心中深くその知識達徳に感服し」とあり、これが理由である。

【古文の内容】

雲門大師（＝中国の禅僧）が、門前の川で大根の茎を洗っていたところ、誤って大根の一葉を流してしまった。大師は、川の流れに沿ってこれ（＝大根の一葉）を追いかけ、ようやく拾い上げたとき、そばに立ち止まって（その様子を）眺めていた村の長はこれを不思議に思い、「天下の名僧とも言われる大師が、なぜこのようなけちな振る舞いをなさるのですか。」と責めた。大師は不思議そうな顔をしながら、拾い上げた（大根の）一葉を指さして、

「大根の大きい一茎もわずかな一葉も等しく天から人間をお養いくださろうとして生育しなさった恩恵である。そうであるのに、一葉が何の役にも立たないと考えて、これを流しこれを捨てて気にとめないのは、天の恩恵を忘れて人道に背くものである。」と拾い上げた一葉を捧《ささ》げて恭しく天に拝礼する。振り返って村の長に向かい、「どうしてあなたはこのように思わないのか。」と(大師は)問いかけなさるのに、村の長は返す言葉もなく、心中深くその尊い考えに感心し、その後は大師の教訓を受けたということだ。

四 **問二** ア.「相手の話を途中でさえぎって」はいない。　イ.「自分の体験に関連した質問」をしていない。
ウ.「同じ質問を繰り返」していない。　エ．まず図書委員会の活動とその目的について質問した後で、「本を読むことにはどんな意義があるのでしょうか。林さんはどのように考えていますか」と、視点を変えて林さん自身の考えに迫ろうとしている。　よってエが適する。

《2022　数学　解説》

1 1(1)　与式$=-7+2-1=-6$

(2)　与式$=-\frac{3}{4}\times\frac{5}{6}+\frac{1}{2}=-\frac{5}{8}+\frac{4}{8}=-\frac{1}{8}$

(3)　与式$=\frac{6xy^2}{2xy}-\frac{8xy}{2xy}=3y-4$

(4)　与式$=4-4\sqrt{6}+6+2\sqrt{6}=10-2\sqrt{6}$

2　与式より，$3x^2-6x+x-2-x+1=0$　　$3x^2-6x-1=0$

2次方程式の解の公式より，$x=\frac{-(-6)\pm\sqrt{(-6)^2-4\times3\times(-1)}}{2\times3}=\frac{6\pm\sqrt{48}}{6}=\frac{6\pm4\sqrt{3}}{6}=\frac{3\pm2\sqrt{3}}{3}$

3　1枚目の取り出し方は1～5の5通り，2枚目の取り出し方は1枚目のカードを除く4通りだから，すべての取り出し方は，$5\times4=20$(通り)ある。

大きい方を小さい方で割ると余りが1になる2数の組み合わせは，2と3，2と5，3と4，4と5の4組である。

したがって，条件に合う取り出し方は，(1枚目，2枚目)＝(2，3)(3，2)(2，5)(5，2)(3，4)(4，3)(4，5)(5，4)の8通りだから，求める確率は，$\frac{8}{20}=\frac{2}{5}$

4　**【解き方】ア～エそれぞれについて，反例を考える。**

ア．右の図ア(右図はすべて平面ではなく空間における図である)が反例となるので，正しくない。

イ．図イが反例となるので，正しくない。

ウ．図ウが反例となるので，正しくない。

エ．反例がないので，つねに正しい。

図ア　図イ　図ウ

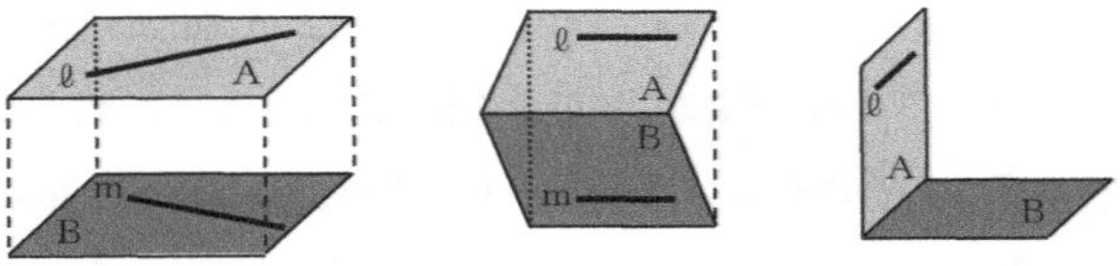

5　**【解き方】「わかったこと」は上から順に調べるのが簡単なことがらなので，上から順に調べて，ア～エから条件に合わないものを除いていく。**

最頻値は度数が最も大きい得点だから，昨年の最頻値は1点である。ア～エのうち，ア～ウは最頻値が1点，エは最頻値が2点だから，エを除く。

42試合の中央値は，$42\div2=21$より，大きさ順に並べたときの21番目と22番目の平均である。昨年の表において21番目も22番目も1点なので，昨年の中央値は1年である。

30試合の中央値は，$30\div2=15$より，大きさ順に並べたときの15番目と16番目の平均である。ア～ウのうち，15番目と16番目がともに1点なのはアとウだけだから，イを除く。

得点が1点以上の試合数の割合は，昨年が$\frac{42-12}{42}=0.71\cdots$，アが$\frac{30-7}{30}=0.76\cdots$，ウが$\frac{30-9}{30}=0.7$だから，ウは

条件に合わない。よって，最も適切なものはアである。

2　1(1)　**【解き方】(変化の割合)＝$\frac{(yの増加量)}{(xの増加量)}$で求める。**

$y=\frac{1}{2}x^2$において，$x=-4$のとき$y=\frac{1}{2}\times(-4)^2=8$，$x=0$のとき$y=\frac{1}{2}\times0^2=0$だから，求める変化の割合は，$\frac{0-8}{0-(-4)}=-2$

(2)　**【解き方】②の式をもとに，Bの座標として考えられるものを調べ，それぞれ$y=ax^2$に代入してaが整数になるものを探す。**

$y=\frac{1}{2}x^2$にAのx座標の$x=2$を代入すると，$y=\frac{1}{2}\times2^2=2$となるから，A(2，2)である。

②は反比例だから，その式は$y=\frac{b}{x}$と表せるので，この式にAの座標を代入すると，$2=\frac{b}{2}$　　$b=4$

②の式は$y=\frac{4}{x}$より$xy=4$だから，Bのx座標とy座標の積は4になる。

したがって，Bの座標は，(−1，−4)(−2，−2)(−4，−1)のいずれかである。

$y=ax^2$に点(−1，−4)の座標を代入すると，$-4=a\times(-1)^2$より，$a=-4$

$y=ax^2$に点(−2，−2)の座標を代入すると，$-2=a\times(-2)^2$より，$a=-\frac{1}{2}$

$y=ax^2$に点(−4，−1)の座標を代入すると，$-1=a\times(-4)^2$より，$a=-\frac{1}{16}$

aが整数になるのはB(−1，−4)のときであり，$a=-4$である。

2　条件①より，Pはア Aを通る直線ℓの垂線上にある。条件②より，B，CはPを中心とする同一円周上にある。弦の垂直二等分線上に円の中心があるから，Pはイ BCの垂直二等分線上にある。よって，Pは下線部ア，イの直線の交点である。

3(1)　**【解き方1】A地区の面積をx㎢とすると，B地区の面積は$(630-x)$㎢と表せるので，森林面積についてxの1次方程式を立てる。**

A地区の森林面積は$\frac{70}{100}x$㎢，B地区の森林面積は$\frac{90}{100}(630-x)$㎢と表せるから，町全体の森林面積について，
$\frac{70}{100}x+\frac{90}{100}(630-x)=519$

【解き方2】A地区の面積をx㎢，B地区の面積をy㎢として，連立方程式を立てる。

町の面積が630㎢だから，$x+y=630$　　町全体の森林面積について，$\frac{70}{100}x+\frac{90}{100}y=519$

(2)　(1)の【解き方1】の1次方程式の両辺に10をかけて，$7x+9(630-x)=5190$　　$7x+5670-9x=5190$
$-2x=-480$　　$x=240$　　よって，A地区の森林面積は，$\frac{70}{100}x=\frac{70}{100}\times240=168$(㎢)

4　3つの自然数の和が3の倍数に1を加えた数となることを説明するのだから，3つの自然数の和をnの式で表し，それを3(自然数)＋1と変形することを予想しながら考えるとよい。3つの自然数のうち，最も小さい自然数をnとすると，その下の自然数はn＋1となる。また，「図」において，ある自然数から1つ右に進むごとに自然数は5大きくなるから，L字型の3つの自然数のうち最も大きい自然数は，(n＋1)＋5＝n＋6と表せる。あとは解答例のような説明をすればよい。

3　1(1)　**【解き方】$x=3$のときAP＝3㎝だから，四角すいPEFGHの高さは，AE−AP＝4−3＝1(㎝)である。**

四角形EFGHの面積は，5×3＝15(㎠)だから，$x=3$のとき，$y=\frac{1}{3}\times15\times1=5$

(2)　**【解き方】四角すいPEFGHの底面積は15㎠で一定だから，xの変域ごとに高さの変化のしかたを考える。高さが一定の割合で変化するのならば体積も一定の割合で変化するので，yはxの1次関数であり，グラフは直線になる。**

$0\leqq x\leqq4$のとき，Pは辺AE上にあり，PEの長さは一定の割合で減るから，グラフは直線になる。

このグラフは点(0，20)，(4，0)を通るから，式を$y=ax+20$として$x=4$，$y=0$を代入すると，
$0=4a+20$より$a=-5$となる。したがって，$y=$ア $-5x+20$

三平方の定理より，$EB=\sqrt{AE^2+AB^2}=\sqrt{4^2+3^2}=5$ (cm)だから，PがBに着くのは，$x=4+5=9$のときである。PがBに着くとyの値は再び20になる。

$4\leqq x\leqq$ イ 9のとき，四角すいの高さは一定の割合で増えるから，グラフは直線になる。このグラフは点(4，0)，(9，20)を通るから，式を$y=bx+c$とし，$x=4$，$y=0$を代入すると$0=4b+c$，$x=9$，$y=20$を代入すると$20=9b+c$となる。これらを連立方定式として解くと，$b=4$，$c=-16$となるから，$y=$ ウ $4x-16$である。

$9\leqq x\leqq 14$のとき，Pは辺BC上にあり，常に$y=20$となる。

以上よりグラフは，点(0，20)，(4，0)，(9，20)，(14，20)を順に直線で結べばよい。

2　【解き方】まず△PFGの面積を計算し，△PEFの面積を求める。Pが辺BC上にあるとき，∠PFEの大きさは常に90°だから，$\triangle PEF=\frac{1}{2}\times EF\times PF$で求められるので，PF＝hcmとし，面積についてhの方程式を立てる。

Pが辺BC上にあるとき，$\triangle PFG=\frac{1}{2}\times FG\times BF=\frac{1}{2}\times 5\times 4=10$ (cm²)

$\triangle PEF=\frac{3}{4}\triangle PFG=\frac{3}{4}\times 10=\frac{15}{2}$ (cm²)となればよいから，

△PEFの面積について，$\frac{1}{2}\times 3\times h=\frac{15}{2}$　　$h=5$

PF＝5cmのとき，$\triangle BFP\equiv\triangle AEB$だから，BP＝AB＝3cm

よって，これはPがAを出発してから$9+3=12$ (cm)動いたときなので，

求める時間は12秒後である。

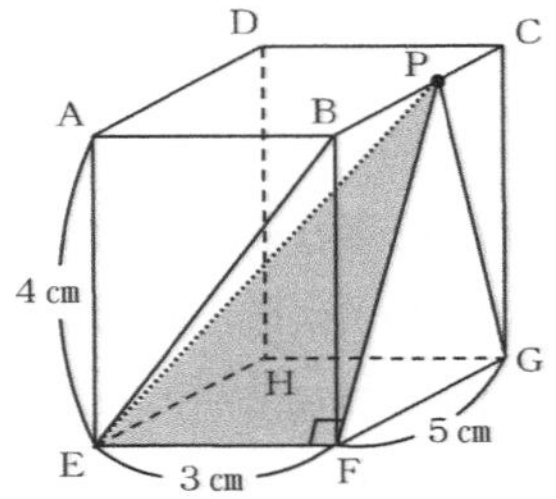

4　1　まず，問題文の仮定を図にかきこんで，証明のために必要な条件を探そう。条件が足りない場合は，問題の内容に応じて，図形の性質，平行線の同位角・錯角，円周角の定理などからわかることもかきこんでみよう。

2(1)　【解き方】円の接線は接点を通る半径に垂直だから，直線CDとOCは垂直に交わる。このこととOC//ADより，∠ADC＝90°だから，∠AEB＝∠ADCで同位角が等しいので，BE//CDである。したがって，△AHE∽△ACDなので，△ABC∽△ACDである。

三平方の定理より，$AC=\sqrt{AB^2-BC^2}=\sqrt{9^2-3^2}=\sqrt{72}=6\sqrt{2}$ (cm)

△ABC∽△ACDより，BC：CD＝AB：AC　　$3:CD=9:6\sqrt{2}$　$CD=\frac{3\times 6\sqrt{2}}{9}=2\sqrt{2}$ (cm)

(2)　【解き方】BI：IFとBG：GFから，BFの長さに対するIGの長さの割合を求められる。したがって，BFの長さを求めるために，△ABCと相似な三角形を探す。

OC//ADだから，BI：IF＝BO：OA＝1：1…①

△ABC∽△ACDより，AC：AD＝BC：CD　　$6\sqrt{2}:AD=3:2\sqrt{2}$　　$AD=\frac{6\sqrt{2}\times 2\sqrt{2}}{3}=8$ (cm)

$AF=AD\times\frac{5}{5+3}=8\times\frac{5}{8}=5$ (cm)

△BAFにおいて，(1)より∠BAG＝∠GAFだから，三角形の内角の二等分線の定理より，

BG：GF＝AB：AF＝9：5…②

①より$BI=\frac{1}{1+1}BF=\frac{1}{2}BF$，②より$BG=\frac{9}{9+5}BF=\frac{9}{14}BF$だから，$IG=\frac{9}{14}BF-\frac{1}{2}BF=\frac{1}{7}BF$…③

∠BJC＝∠BED＝90°で，∠円周角の定理より，∠CBJ＝∠CADだから，

△BCJ∽△ACDとなるので，△BCJ∽△ABC

CJ：BC＝BC：AB　　CJ：3＝3：9　　$CJ=\frac{3\times 3}{9}=1$ (cm)

DE＝CJ＝1cmだから，$FE=AD-AF-DE=8-5-1=2$ (cm)

OC//AD，BI：BF＝1：2だから，△BEFにおいて中点連結定理より，

$IJ=\frac{1}{2}FE=1$ (cm)

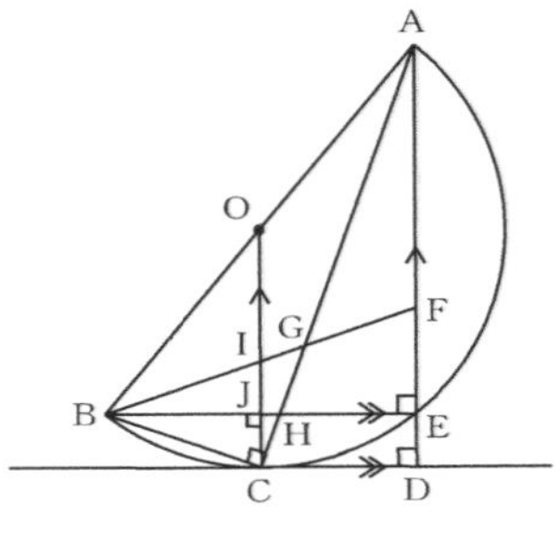

したがって，ＣＪ＝ＩＪだから，△ＢＣＪ≡△ＢＩＪであり，

ＢＩ＝ＢＣ＝３㎝，ＢＦ＝２ＢＩ＝６(㎝)　　このことと③より，ＩＧ＝$\frac{1}{7}$ＢＦ＝$\frac{6}{7}$(㎝)

《2022　社会　解説》

1　１　Ｂ　　略地図Ⅱにおいて，東京からみて東に位置するのは③のアルゼンチンである。①はＣ国(スイス)，②はＤ国(エジプト)，④はＡ国(メキシコ)。

２　イ　　メキシコは北アメリカ州に属する。北アメリカ州の中央部には，グレートプレーンズ・プレーリー・中央平原が広がる。アはアフリカ州，ウはアジア州，エは南アメリカ州。流域面積が世界最大の河川はアマゾン川である。

３⑴　南半球に位置する　　東京は北半球にあるから，南半球の国とは季節が逆になる。　⑵　ウ／温帯　　南半球の国は，７月８月が最も気温が低く，12 月１月が最も気温が高くなる。エの雨温図も南半球のグラフであるが，アルゼンチンの首都ブエノスアイレスは赤道から離れているので，夏と冬の気温の差があるウを選ぶ。一般に，赤道から離れるほど，夏と冬の気温差が大きくなる。また，南北の中緯度帯に広がる気候帯は温帯である。
設問が気候帯とあるので，西岸海洋性気候や温暖湿潤気候のような気候区分で答えないように注意したい。

４　内陸国　　スイス・オーストリア・ラオス・モンゴル・ボリビア・チャドなど数多くの内陸国がある。内陸国をもたない大陸は，北アメリカ大陸とオーストラリア大陸である。

５　エ　　４か国中，最も少子高齢化が進み小麦の生産量が少ないアはスイスである。小麦の生産量が多いイは，パンパと呼ばれる草原地帯が広がるアルゼンチンである。輸送機械の輸出割合が高いウはメキシコだから，残ったエがエジプトである。エジプトでは，センターピボット方式による円形農場でさかんに小麦が生産されている。

６　緯線や経線に沿って決められたことが書かれていればよい。このような国境を人為的国境という。また，河川・山脈・湖沼などの国境は，自然的国境という。

2　１　ア，エ　　中国地方の日本海側を山陰，瀬戸内海側を瀬戸内という。北陸・中央高地・東海は中部地方である。

２　イ　　②は広島県である。太田川の三角州地帯が，広島市のある広島平野を形成している。

３　原油を船舶で輸入しているため，石油化学コンビナートは沿岸部に立地することが書かれていればよい。

４⑴　促成栽培　　黒潮の影響を受けた温暖な気候とビニルハウスなどを利用して成長を早め，他県が出荷しない冬から春にかけて出荷する栽培方法を促成栽培という。冷涼な気候を利用して成長を遅らせる抑制栽培と合わせて覚えておきたい。⑵　他県からの供給量が少ないことで，品不足の状態となっているため，価格は高くなる傾向にあることが書かれていればよい。

５　エ／徳島県　　県庁所在地の人口からウ，エ，オが⑤徳島県，①島根県，④高知県と判断できる。日本海側に位置する島根県は冬の北西季節風の影響を受けて，１月の降水量が多くなる。太平洋に面した高知県は，遠洋漁業の基地や沖合漁業がさかんに行われるので漁業生産量が多くなる。よって，残ったエが徳島県である。アは広島県，イは岡山県。

６　ウ　　生産者が，生産・加工・販売まで手掛けると，六次産業化という。

3　１⑴　６年ごとにつくられた戸籍をもとにして，６歳以上の男女に口分田が分け与えられ，収穫した稲の約３％を租として国府に納めさせた。また，農民が死ねばその土地は朝廷に返還された。この制度を班田収授という。

⑵　ア　　大宰府は，九州北部に置かれた役所でアジアとの窓口であった。多賀城は，奈良時代に東北地方築かれた城柵。問注所は，鎌倉時代に裁判を担当し，室町時代に記録・文書の保管を担当した役所。開拓使は，明治時代

に北海道の開拓と防衛のために置かれた役所。

2　承久の乱　　源氏の将軍が三代で滅びると，後鳥羽上皇は政権を奪い返そうとして，当時の執権・北条義時追討を宣言して挙兵した。北条政子のよびかけのもとに集まった関東の御家人の活躍で，鎌倉幕府方が勝利した。幕府は，後鳥羽上皇らを隠岐などに追放し，朝廷の監視のために京都に六波羅探題を設置した。また，上皇方についた公家や西国武士の土地を没収し，ご恩として活躍した御家人をそれらの土地の地頭に任命した。これによって，鎌倉幕府の支配は，関東だけでなく西日本まで及ぶようになった。

3(1)　石高　　米の取れ高を表す単位で，1石は約 150 kg，成人男性が1年間に食べる米の量にほぼ等しい。また，水田だけでなく畑や屋敷地も，米がとれるものとして石高で表され，税の対象となった。

(2)　ウ　　豊臣秀吉は，長崎が教会領としてイエズス会に寄進されていたことを知ると，キリスト教が全国統一の妨げになると考えて，バテレン追放令を出した。アとイは江戸時代，エは室町時代の記述である。

4(1)　徳川慶喜　　徳川慶喜は，新たな政権の中で主導権を維持するために，土佐藩の山内豊信らの提案を受け入れ，政権を朝廷に返還する大政奉還を行った。

(2)　イギリス　　アヘン戦争で清がイギリスに敗れたことを知った江戸幕府は，異国船打払令を，水や燃料などを与えて帰らせる薪水給与令に改めた。生麦事件…武蔵国生麦村(現在の神奈川県横浜市鶴見区)で，薩摩藩の行列の前をさえぎったとして，イギリス人が殺傷された事件。薩英戦争の引き金となった。

4　1　ウ→ア→エ→イ　　10 年後の国会開設が宣言されると，板垣退助は自由党，大隈重信は立憲改進党を組織して，国会開設に備えた。その後，君主権の強いプロイセンの憲法を参考にして 1889 年に大日本帝国憲法が制定され，翌年，第1回帝国議会が開かれた。1894 年に始まった日清戦争は，日本が勝利し，1895 年に下関条約が締結された。また，1905 年に始まった日露戦争は，アメリカのT・ローズベルト大統領の仲介で 1905 年にポーツマス条約が締結された。

2　五・四運動　　中国では五・四運動が，韓国では三・一独立運動が 1919 年に起こった。

3　満州国を認めないこと　　リットン調査団の報告を受けた国際連盟は，「満州での日本の権益は認めるが，満州国は独立国と認めず，日本軍は占領地から撤兵すること」という決議をした。日本の代表松岡洋右は，これを不服として退場し，その後国際連盟へ脱退の通告をした。

4　エ　　国際連合の安全保障理事会には，常任理事国(アメリカ・ソ連・イギリス・フランス・中国)の1か国でも反対すると，その議案は廃案となる大国の拒否権があった。日本がアメリカを中心とした資本主義諸国の中に組み込まれることを恐れたソ連は，日本の国際連合加盟に拒否権を発動していた。1956 年に日ソ共同宣言に調印し，日本とソ連の国交が回復したことで，ソ連の反対がなくなり，日本の国際連合加盟が実現した。

5(1)　イ　　ベトナム戦争は，アメリカが支援する南ベトナムと，ソ連が支援する北ベトナムの戦いで，北ベトナムが勝利し現在に至る。

(2)　非核三原則　　非核三原則を提唱した佐藤栄作首相は，後にノーベル平和賞を受賞した。

5　1(1)　最高裁判所　　違憲審査の最終判断を行うことから，最高裁判所は「憲法の番人」と呼ばれる。国民審査では，辞めさせたい最高裁判所裁判官に×印をつけて投票するが，過去に辞めさせられた最高裁裁判官はいない。

(2)　エ　　内閣不信任決議は，衆議院の優越の一つである。内閣不信任決議が可決，または内閣信任決議が否決されると，内閣は，10 日以内に衆議院を解散しないかぎり総辞職となる。　(3)　一票の価値に大きな差がでない　有権者数を選挙区の定数で割った値に大きな差が出ることを一票の格差という。例えば，衆議院議員小選挙区において，有権者が 50 万人の選挙区Aと有権者が 25 万人の選挙区Bがあったとき，選挙区Bの有権者の一票は，選挙区Aの有権者２人分の価値があることになる。この格差を解消していく必要があり，できるだけ一票の価値に差が出ないような区割りが必要とされている。

2　2000　　条例の制定については，有権者の50分の１の，$100000\times\frac{1}{50}=2000$(人)以上の署名を必要とする。

3(1)　民主主義　　イギリスの政治学者ブライスの言葉である。

(2)　ア　　18歳になると選挙権が与えられ，25歳になると衆議院議員・地方議会議員・市町村長に立候補することができる。30歳になると，参議院議員・都道府県知事に立候補することができる。

6　**1(1)**　X＝団結　Y＝労働条件について交渉する　　団結権・団体交渉権・団体行動権(争議権)を労働基本権という。労働者と使用者(雇用者)は，対等な立場で話し合う必要がある。そのために労働基本権がある。

(2)　ア　　１ドル＝108円から１ドル＝104円になると，より少ない円で１ドルと交換できることから，円の価値が上がったことになる。円高は，輸出企業に不利で輸入企業に有利にはたらく。

2(1)　南南問題　　発展途上国が南半球に多いことから南を発展途上国に例えている。　**(2)**　ＯＤＡ　　政府開発援助には，有償資金協力(円借款)・無償資金協力・技術協力があり，日本は有償資金協力と技術協力が多い。

(3)　イ　　リード文の気候変動などの言葉に惑わされないようにしたい。「適用」には自然災害の被害を回避・軽減とあることから，ハザードマップ(防災マップ)の確認が最も適当である。

《2022　理科　解説》

1　**1(1)**　表面積を広くすることで効率をよくするつくりとして，肺の肺胞や小腸の柔毛も覚えておこう。　**(2)**　根は，先端に近い部分(成長点)で細胞分裂がさかんに起こり，よく成長する。ただし，根の先端(根冠)は成長点を保護していて成長しないので，ウのように，先端に一番近い点と二番目に近い点との間が最も広くなる。

2(1)　塩酸が細胞壁どうしをくっつけている物質を分解することで，細胞と細胞が離れやすくなる。その後，B→Dと操作をすることで，細胞１つ１つがばらばらになり，重なりがなくなるため，観察しやすくなる。なお，Cの操作は，核や染色体に色をつけて，観察しやすくするために行う。　**(2)**　細胞分裂後の１つ１つの細胞に含まれる染色体の数が元の細胞と同じになるように，染色体が複製されて数が２倍になる。複製は，染色体がひものように見える前の段階で起こるから，アが適切である。なお，細胞分裂の順に並べると，ア→オ→イ→ウ→エとなる。

2　**1**　表より，10人の反応にかかった時間の平均が$\frac{2.75+2.73+2.65+2.71+2.66}{5}=2.70$(秒)だから，１人あたりにかかった時間は$\frac{2.70}{10}=0.27$(秒)である。

2(2)　意識とは無関係に起こる反応(反射)は，危険から身を守ったり，体のはたらきを調節したりするのに役立っている。

3　**2**　日本付近では，海洋プレートである太平洋プレートが大陸プレートである北アメリカプレートの下に沈みこむように動いている。このとき，北アメリカプレートは太平洋プレートに引きずりこまれて変形するが，やがて岩盤が変形にたえられず破壊され，割れてずれが生じる。

3(1)　震度は０，１，２，３，４，５弱，５強，６弱，６強，７の10段階に分けられている。　**(2)**　X．表で，AとBの２地点に着目すると，震源からの距離の差は18km，P波の到達時刻の差は３kmだから，P波の速さは$\frac{18}{3}=6$(km/s)である。よって，BよりもP波の到達時刻が15秒遅いCの震源からの距離は，Bよりも$6\times15=90$(km)遠い126kmである。　Y．初期微動継続時間(P波とS波の到達時刻の差)が震源からの距離に比例すると考えると，Bでの初期微動継続時間は４秒だから，Cでの初期微動継続時間は$4\times\frac{126}{36}=14$(秒)である。よって，CにおけるS波の到達時刻はP波の到達時刻の14秒後の22時22分55秒である。

4　1　太陽系には，水星，金星，地球，火星，木星，土星，天王星，海王星の８つの惑星がある。

2　夕方に見られる金星をよいの明星という。よいの明星は，夕方の西の空に見えるから，図３では，西の地平線に沈んでいくように，エの向きに動いて見える。

3　図２より，金星は地球から見て太陽の左側にあるから，右側が光って見える。また，地球と金星を結んだ直線と，太陽と金星を結んだ直線によってできる角が90度より小さいから，半月状よりも満ちて見える(90度のときに半月状に見える)。よって，肉眼で見た場合には左側が少し欠けたアのように見えるので，上下左右が逆に見える望遠鏡ではウのように見える。

4　金星の公転周期(太陽のまわりを１周するのにかかる時間)は約0.62年だから，１年で約$\frac{1}{0.62}$＝1.61…(周)する。よって，図２の１年後には，金星は地球から見て太陽の右側にくる。地球から見て太陽の右側にある金星は明け方の東の空に見える(明けの明星)。

5　太陽，地球，月の順に一直線上に並んだときが満月である。よって，冬至の日の満月の南中高度は，夏至の日の太陽の南中高度と同じである。

5　3(1)　Ｘの密度は水よりもエタノールの密度に近いので，エタノールの方が多く含まれていると考えられる。Ｙの密度はエタノールと水の密度のほぼ中間だから，エタノールと水が約半分ずつ含まれていると考えられる。

(2)　密度が異なる物質を混ぜたとき，密度が小さい物質は上に移動し，密度が大きい物質は下に移動する。体積が0.13㎤，質量が0.12ｇのプラスチックの密度は〔密度(ｇ/㎤)＝$\frac{質量(g)}{体積(cm^3)}$〕より，$\frac{0.12}{0.13}$＝0.92…(ｇ/㎤)だから，0.92ｇ/㎤よりも密度が大きいＺには浮き，0.92ｇ/㎤よりも密度が小さいＸとＹには沈む。

4　状態変化に熱が使われるため，純粋な物質の状態が変化しているときには，加熱を続けても温度が上がらない。状態変化が終わると，温度が上がり始める。

6　1　化学変化の前後で原子の種類と数が変化しないため，物質全体の質量が変化しない。

2　石灰石の主成分である炭酸カルシウムと塩酸が反応して，二酸化炭素が発生する〔$CaCO_3+2HCl \rightarrow CaCl_2+CO_2+H_2O$〕。

3　発生した気体(二酸化炭素)の質量は，塩酸とビーカーの質量(59.0ｇ)と，入れた石灰石の質量の和から，反応後の全体の質量を引くと求めることができる。石灰石の質量が0.5ｇのときは59.0＋0.5－59.3＝0.2(ｇ)であり，同様に求めると，(石灰石，二酸化炭素)＝(1.0ｇ，0.4ｇ)，(1.5ｇ，0.6ｇ)，(2.0ｇ，0.6ｇ)，(2.5ｇ，0.6ｇ)となる。石灰石が1.5ｇ，二酸化炭素が0.6ｇのときにグラフが折れ曲がるから，この実験では，うすい塩酸12㎤と石灰石1.5ｇが過不足なく反応し，このとき二酸化炭素が0.6ｇ発生することがわかる。

4　３解説のうすい塩酸と石灰石が過不足なく反応する関係より，石灰石の質量は1.5ｇの２倍の3.0ｇだが，うすい塩酸の体積は12㎤の２倍の24㎤より小さい18㎤なので，ここでは石灰石はすべて反応せずに一部が残る(うすい塩酸18㎤はすべて反応する)。よって，うすい塩酸18㎤が反応したときに発生する二酸化炭素の質量を求めればよいので，$0.6\times\frac{18}{12}$＝0.9(ｇ)である。

7　1　複数の力を同じはたらきをする一つの力で表すことを，力の合成といい，合成された一つの力を合力という。

2　力Ｆとつり合う合力の矢印を対角線とする平行四辺形に着目し，糸１と糸２に沿う辺の長さが，それぞれの糸を引く力の大きさを表す。

3　力Ｆは，物体にはたらく重力と同じ大きさ(5.0Ｎ)であり，その大きさは一定だから，力Ｆとつり合う合力の大きさも5.0Ｎで一定である。Ａ，Ｂの角度を大きくしていって合力の大きさを一定に保つには，それぞれの糸を引く力を大きくする必要がある。

4　Ａ，Ｂの角度をそれぞれ60度にすると，図ｉの色のついた三角形は正三角形になるから，糸１を引く力の大きさは，合力と同じ5.0Ｎである。

図ｉ

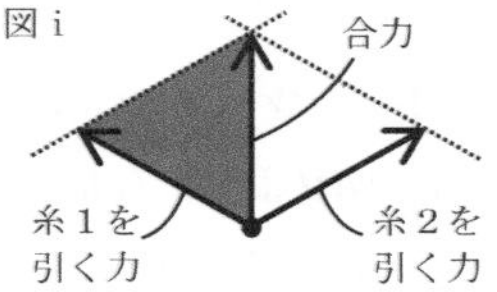

8　1　コイルに磁石を近づけたり遠ざけたりすることで，コイルの中の磁界の強さが変化し，コイルに電圧が生じる。この現象を電磁誘導といい，このとき流れる電流を誘導電流という。

2　〔電力量(Ｊ)＝電力(Ｗ)×時間(ｓ)〕，30分→1800秒より，５×1800＝9000(Ｊ)である。

3　イ○…Ｎ極がコイルの上から近づくときとＳ極がコイルの下から遠ざかるときでは誘導電流の向きが反対になる。また，Ｓ極がコイルの下から遠ざかるときの方が磁石が落下する速度が速いので，誘導電流が大きく，電流が流れる時間が短くなる。

《2022　英語　解説》

1　1　【放送文の要約】参照。　No. 1　質問「その少年は母親を助けるために何をするつもりですか？」

No. 2　質問「アヤのクラスはどれですか？」

【放送文の要約】

No. 1　母親：宿題は終わったの？夕食を作るのを手伝って。

少年：いいよ，お母さん。僕は野菜を洗うね。

母親：それはもうやったわ。ゥ卵を買いにお店に行ってくれない？

少年：ゥいいよ。

No. 2　ジョン：僕たちはバスケの試合を４回やって，僕は全試合に出たよ。

アヤ　：とても上手にプレーしてたわね，ジョン。あなたのクラスは何試合勝ったの？

ジョン：ァ2試合だよ。君のクラスは僕のクラスよりも勝ったよ，アヤ。君のクラスのメンバーはとても一生懸命プレーしていたよ。

アヤ　：そうね。でも，ァ私は自分のクラスが全勝してほしかったわ。

2　【放送文の要約】参照。

【放送文の要約】

史織　　　：私たちはァ10月にボランティア活動をするわ。何ができるかしら，真奈？

真奈　　　：ィ病院の近くの公園は多くの人が利用しているわ。だから，そこを掃除するのもいいと思うわ。あなたはどう，ウィリアム？

ウィリアム：図書館で小さい子供たちと一緒に本を読みたいな。

史織　　　：面白いわね。ゥ動物の本は子供にとっていいと思うわ。

3　【放送文の要約】参照。　No. 1　質問「誰が結花に悲しいニュースを伝えましたか？」…イ「彼女のクラスメート」が適切。　No. 2　質問「結花は月曜日の放課後に何をしたいですか？」…エ「ＡＬＴのために何をするかについて，クラスメートと話がしたい」が適切。

【放送文の要約】

こんにちは，結花よ。ＡＬＴのトム先生のことで悲しいニュースがあって電話したわ。彼はもうすぐ帰国するの。

No. 1 イ私はクラスメートからそのことを聞いたわ。私たちはトムのために何かすべきだと思うの。きっと英語の先生も賛成してくれると思うわ。だから，No. 2 エ月曜日の放課後に時間があったらクラスメートと一緒に話をしましょう。またね。

4　I will enjoy drawing a picture of these flowers.「私はこれらの花の絵を描くのを楽しむわ」

・enjoy ~ing「～して楽しむ」

2　1⑴　ルミ「コーヒーと紅茶ではどっちが好き？」→ハリー「紅茶の方が好きだよ。いつもミルクを入れて飲むんだ」…・Which do you like better, A or B?「AとBではどちらが好きですか？」

⑵　イサム「今日は雨が降るよ。外出するなら傘(＝umbrella)を持っていきなよ」→フレディー「青いのを持っていくわ。赤いのは開かないから使えないわ」…前後の内容と直前の an より，umbrella「傘」が適切。

⑶　女性「ごめんなさい。オカダさんは明日の会議に出られないです」→男性「ああ，そうですか。では，彼のかわりに(＝instead of him)誰かに会議に出てほしいですね」…・instead of ～「～のかわりに」

2⑴　キャシー「こんにちは，ヒロシ。今日は疲れてそうだね」→ヒロシ「ちょっとね。昨日家族で横浜にいる叔母を訪ねたんだ」→キャシー「ここから遠いわね。イいつ家に帰ったの？」→ヒロシ「午後9時頃だよ。僕はそれからお風呂に入って寝たんだ」…直後にヒロシが時刻を答えているので，イが適切。

⑵　ジャック「ケイコ，テニスがとても上手だね」→ケイコ「ありがとう。でも，ナナコが私たちの学校で一番上手だと思うわ」→ジャック「そうなの？彼女は君よりも上手なの？」→ケイコ「エ私は『そうよ』とは言いたくないけど，言わざるを得ないわ。この前の大会で彼女はすごかったわ」…直後の内容から，エが適切。have to のうしろに say “yes”が省略されている。

3⑴　I have been looking for the book which I borrowed.：「僕は借りた本をずっと探しているんだ」…現在完了進行形〈have/has＋been＋～ing〉「ずっと～している」の文にする。関係代名詞(＝which)と語句(＝I borrowed)がうしろから名詞(＝book)を修飾する形。　・look for ～「～をさがす」

⑵　Do you think your father can use this computer?：「あなたのお父さんはこのコンピュータを使うことができると思う？」…・Do you think (that)～「～だと思いますか？」

3　【本文の要約】と問題にある図参照。

1　X～Zには，対話に出てくるイタリア，カナダ，オーストラリアのいずれかが入る。千恵の3回目の発言より，山形県に姉妹都市が2つあるXがオーストラリア，千恵の2回目の発言より，日本全体での姉妹都市数がZよりも多いYがカナダ，Zがイタリアである。

2　下線部①の直後のビルの発言内容をまとめる。

3　ア×「千恵は外国人に姉妹都市について伝えたくて，イベントの前にグラフを作成した」…本文にない内容。
イ○「グラフでは，日本の姉妹都市関係の数は2000市を超えていない」…グラフより，2021年時点で1781市である。
ウ「山形県では，アメリカとの姉妹都市関係が×中国との姉妹都市関係より多い」…表より，中国との姉妹都市関係の方が多い。　エ「図は姉妹都市間のスポーツ交流が×全くないことを示している」　オ○「アメリカのビルの市は千恵の市の姉妹都市であり，都市間の交流がある」…千恵の4回目の発言と一致。

【本文の要約】

千恵：先週，イベントでたくさんの外国人に会って，私の市は世界中に姉妹都市があると聞いたわ。そのうちのひとつはアメリカのあなたの市なの。姉妹都市についてもっと知りたかったから，イベントのあとにグラフを作ったわ。
ビル：すごい！日本にはたくさんの姉妹都市関係があるんだね。その数は増えているよ。

千恵：私もびっくりしたわ。表を見て。あなたの国には多くの姉妹都市があるわ。1Y・Z日本は，イタリアよりもカナダとの姉妹都市関係が多いの。

ビル：その通りだね。

千恵：山形県には，アメリカとの間に８つの姉妹都市関係があり，1Xオーストラリアとの間には２つあるわ。

ビル：イタリアにも１つあるね。千恵，図は何を示しているの？

千恵：姉妹都市間の交流を示しているわ。例えば，多くの都市が姉妹都市に学生を送っているわ。3オアメリカのあなたの市は私の市と交流があるから，あなたは日本に来たのね。あなたにとって交流による良い点はたくさんあるわね？

ビル：うん。2新しい友達を作り，異なる文化を学ぶことができるんだ。

千恵：いいわね。私もあなたからたくさん学べるわ。

4 【本文の要約】参照。

1　下線部①の２文後に，陽太さんの気持ちが書かれている。ウ「私はエミリーさんのように，もっとすばらしい理由で将来何になりたいかを言うべきです」が適切。

2　「彼は廊下でプレゼンテーションのリストを受け取りました」が入る部分を選ぶ。(B)の直後の１文に着目する。文末の it は list「リスト」を指している。

3　代名詞などの指示語の指す内容は直前にあることが多い。ここでは直前のエミリーさんの言葉の内容をまとめる。

4(1)　質問「校外学習の日，陽太さんはどのようにして研究所へ行きましたか？」…第２段落１～２行目より，バスで行ったことがわかる。　(2)　質問「陽太さんはプレゼンテーションを見たとき，発表者のようにすばらしいアイデアが浮かびましたか？」…第３段落９～10 行目より，No で答える。

5　オ「陽太さんは研究室での校外学習の日を心待ちにしていました」→イ「エミリーさんはグループに加わり，研究者たちが何を研究しているか話しました」→エ「エミリーさんは陽太さんに高校生のプレゼンテーションを見るように言いました」→ア「陽太さんはプレゼンテーションコンテストを見るために研究所にいたときにエミリーさんに会いました」→ウ「陽太さんは母に自分が見たプレゼンテーションについて話しました」

6　【陽太さんの発表の要約】参照。

【本文の要約】

先生が生徒に研究所での校外学習について言ったとき，陽太さんはとても喜びました。彼は科学にとても興味を持っていました。将来の夢について尋ねられると，彼はいつも「僕は数学と理科が好きだから，科学者になりたいんだ」と答えました。

校外学習の日が来ました。陽太さんはとてもわくわくしていました。4(1)彼の学校から研究所まではバスで約 15 分かかりました。彼のクラスは研究所でいくつかのグループに分かれました。エミリーさんは研究者のひとりで，彼らのグループを案内しました。「私たちは医学を勉強しています。私たちの研究についてお話ししましょう」と彼女は言いました。研究所を見学してから，陽太さんはエミリーさんに尋ねました。「なぜ医学を勉強し始めたのですか？」「私が子どもの頃，父は世界中の助けを必要としている子どもたちのことを話してくれたわ。その時，私は医学を勉強しようと思ったの」とエミリーさんは言いました。彼女はまた，自分の研究とそれが子どもたちにどのように役に立つかについて陽太さんに話しました。エミリーさんは「将来何になりたいの？」と尋ねました。陽太さんは「科学者になりたいです」と答えました。彼女は言いました。「いいわね。どうして？」「うーん。僕は科学が好きで…」陽太さんは弱々しい声で言いました。エミリーさんの話を聞いてから，彼は自分の答えが彼女の答えほど良くないと感じました。エミリーさんは陽太さんを見て言いました。「ここでプレゼンテーションコンテストが開かれ，多くの高校生が研究を披露するわ。見に来てね」

２週間後，陽太さんはプレゼンテーションコンテストを見るために研究所に行きました。B彼は廊下でプレゼンテーションのリストを受け取りました。それには発表者の名前が書かれたプレゼンテーションのタイトルが 50 個ありました。少女が最初のプレゼンテーションを始めました。彼女は多くのエネルギーを節約できるライトについて話しました。彼女は言いました。「私の町には大学があります。このライトにはそこで発明された新しい技術が使われています」彼女はその大学の特別プログラムに参加する機会があったと言いました。 それは理科に興味がある高校生のためのものでした。プログラムの中で，彼女は初めてその技術を知りました。陽太さんはそれを聞いてわくわくしました。他のプレゼンテーションを見たあと，陽太さんはエミリーさんに会いました。彼は「発表者はとてもすばらしかったです。彼らは研究がどのように僕たちの生活をより良くするかを示してくれました。僕は彼らのようになりたいです。4(2)どうすればそんなすばらしいアイデアが浮かびますか？」「心配しないで。何か新しいことを学び続けて。すぐに自分の考えを持つことができるわ。そして，それは少しずつ明確になるわ」とエミリーさんは言いました。「そうします。ありがとうございます」と陽太さんは言いました。「陽太君，科学者になるには英語も必要よ。私たちは英語で書かれた本を読むわ」とエミリーさんは言いました。「うわー！それは大変です」と陽太さんは言いました。「少しずつね」エミリーさんはまた彼を励ましました。

陽太さんは母にプレゼンテーションの様子を話しました。「僕は来年は発表者としてコンテストに参加したいな。そのためにやるべきことがたくさんあるよ」と彼は言いました。それを聞いて母は喜びました。「できるわ。あなたを応援するわ」と彼女は優しい笑顔で言いました。

【陽太さんの発表の要約】

陽太：最初の発表者は少女で，新しい技術について話しました。彼女は大学でI特別プログラムに参加した(＝joined a special program)ときにそのことを学びました。私も新しいことを学ぶ機会を見つけなければならないと思いました。今，みなさんはコンテストに興味がありますか？毎年開催されています。あなたは来年のII私のプレゼンテーションを見に(＝to see my presentation)コンテストに来てください。

サラ：あ，発表者になるってこと？いいわね！

5　無理に難しい表現を使わなくてもいいので，文法・単語のミスがないこと，そして内容が一貫していることに注意して書こう。書き終わった後に見直しをすれば，ミスは少なくなる。４文以上で書くこと。「宿題をするのに最適な時間を見つけるのは大切です。私が学生の頃，朝に宿題をやりました。友達は夕食前にやっていました。あなたは普段いつ宿題をしますか？そしてそれはなぜですか？」へのあなたの答えを書く。(例文)「私は朝宿題をやります。夜はとても眠くて勉強することができません。それで朝早く起きます。とても静かなのでより効率よく宿題をすることができます」

■ ご使用にあたってのお願い・ご注意

（1）問題文等の非掲載

著作権上の都合により，問題文や図表などの一部を掲載できない場合があります。

誠に申し訳ございませんが，ご了承くださいますようお願いいたします。

（2）過去問における時事性

過去問題集は，学習指導要領の改訂や社会状況の変化，新たな発見などにより，現在とは異なる表記や解説になっている場合があります。過去問の特性上，出題当時のままで出版していますので，あらかじめご了承ください。

（3）配点

学校等から配点が公表されている場合は，記載しています。公表されていない場合は，記載していません。

独自の予想配点は，出題者の意図と異なる場合があり，お客様が学習するうえで誤った判断をしてしまう恐れがあるため記載していません。

（4）無断複製等の禁止

購入された個人のお客様が，ご家庭でご自身またはご家族の学習のためにコピーをすることは可能ですが，それ以外の目的でコピー，スキャン，転載（ブログ，ＳＮＳなどでの公開を含みます）などをすることは法律により禁止されています。学校や学習塾などで，児童生徒のためにコピーをして使用することも法律により禁止されています。

ご不明な点や，違法な疑いのある行為を確認された場合は，弊社までご連絡ください。

（5）けがに注意

この問題集は針を外して使用します。針を外すときは，けがをしないように注意してください。また，表紙カバーや問題用紙の端で手指を傷つけないように十分注意してください。

（6）正誤

制作には万全を期しておりますが，万が一誤りなどがございましたら，弊社までご連絡ください。

なお，誤りが判明した場合は，弊社ウェブサイトの「ご購入者様のページ」に掲載しておりますので，そちらもご確認ください。

■ お問い合わせ

解答例，解説，印刷，製本など，問題集発行におけるすべての責任は弊社にあります。

ご不明な点がございましたら，弊社ウェブサイトの「お問い合わせ」フォームよりご連絡ください。迅速に対応いたしますが，営業日の都合で回答に数日を要する場合があります。

ご入力いただいたメールアドレス宛に自動返信メールをお送りしています。自動返信メールが届かない場合は，「よくある質問」の「メールの問い合わせに対し返信がありません。」の項目をご確認ください。

また弊社営業日（平日）は，午前９時から午後５時まで，電話でのお問い合わせも受け付けています。

2025春

株式会社教英出版

〒422-8054　静岡県静岡市駿河区南安倍３丁目 12-28

TEL　054-288-2131　　FAX　054-288-2133

URL　https://kyoei-syuppan.net/

MAIL siteform@kyoei-syuppan.net

教英出版

学校別問題集

北海道
①札幌北斗高等学校
②北星学園大学附属高等学校
③東海大学付属札幌高等学校
④立命館慶祥高等学校
⑤北海高等学校
⑥北見藤高等学校
⑦札幌光星高等学校
⑧函館ラ・サール高等学校
⑨札幌大谷高等学校
⑩北海道科学大学高等学校
⑪遺愛女子高等学校
⑫札幌龍谷学園高等学校
⑬札幌日本大学高等学校
⑭札幌第一高等学校
⑮旭川実業高等学校
⑯北海学園札幌高等学校

青森県
①八戸工業大学第二高等学校

宮城県
①聖和学園高等学校(A日程)
②聖和学園高等学校(B日程)
③東北学院高等学校(A日程)
④東北学院高等学校(B日程)
⑤仙台大学附属明成高等学校
⑥仙台城南高等学校
⑦東北学院榴ケ岡高等学校
⑧古川学園高等学校
⑨仙台育英学園高等学校(A日程)
⑩仙台育英学園高等学校(B日程)
⑪聖ウルスラ学院英智高等学校
⑫宮城学院高等学校
⑬東北生活文化大学高等学校
⑭東北高等学校
⑮常盤木学園高等学校
⑯仙台白百合学園高等学校
⑰尚絅学院高等学校(A日程)
⑱尚絅学院高等学校(B日程)

山形県
①日本大学山形高等学校
②惺山高等学校
③東北文教大学山形城北高等学校
④東海大学山形高等学校
⑤山形学院高等学校

福島県
①日本大学東北高等学校

新潟県
①中越高等学校
②新潟第一高等学校
③東京学館新潟高等学校
④日本文理高等学校
⑤新潟青陵高等学校
⑥帝京長岡高等学校
⑦北越高等学校
⑧新潟明訓高等学校

富山県
①高岡第一高等学校
②富山第一高等学校

石川県
①金沢高等学校
②金沢学院大学附属高等学校
③遊学館高等学校
④星稜高等学校
⑤鵬学園高等学校

山梨県
①駿台甲府高等学校
②山梨学院高等学校(特進)
③山梨学院高等学校(進学)
④山梨英和高等学校

岐阜県
①鶯谷高等学校
②富田高等学校
③岐阜東高等学校
④岐阜聖徳学園高等学校
⑤大垣日本大学高等学校
⑥美濃加茂高等学校
⑦済美高等学校

静岡県
①御殿場西高等学校
②知徳高等学校
③日本大学三島高等学校
④沼津中央高等学校
⑤飛龍高等学校
⑥桐陽高等学校
⑦加藤学園高等学校
⑧加藤学園暁秀高等学校
⑨誠恵高等学校
⑩星陵高等学校
⑪静岡県富士見高等学校
⑫清水国際高等学校
⑬静岡サレジオ高等学校
⑭東海大学付属静岡翔洋高等学校
⑮静岡大成高等学校
⑯静岡英和女学院高等学校
⑰城南静岡高等学校
⑱静岡女子高等学校
⑲常葉大学附属常葉高等学校
常葉大学附属橘高等学校
常葉大学附属菊川高等学校
⑳静岡北高等学校
㉑静岡学園高等学校
㉒焼津高等学校
㉓藤枝明誠高等学校
㉔静清高等学校
㉕磐田東高等学校
㉖浜松学院高等学校
㉗浜松修学舎高等学校
㉘浜松開誠館高等学校
㉙浜松学芸高等学校
㉚浜松聖星高等学校
㉛浜松日体高等学校
㉜聖隷クリストファー高等学校
㉝浜松啓陽高等学校
㉞オイスカ浜松国際高等学校

愛知県
①[国立]愛知教育大学附属高等学校
②愛知高等学校
③名古屋経済大学市邨高等学校
④名古屋経済大学高蔵高等学校
⑤名古屋大谷高等学校
⑥享栄高等学校
⑦椙山女学園高等学校
⑧大同大学大同高等学校
⑨日本福祉大学付属高等学校
⑩中京大学附属中京高等学校
⑪至学館高等学校
⑫東海高等学校
⑬名古屋たちばな高等学校
⑭東邦高等学校
⑮名古屋高等学校
⑯名古屋工業高等学校
⑰名古屋葵大学高等学校
(名古屋女子大学高等学校)
⑱中部大学第一高等学校
⑲桜花学園高等学校
⑳愛知工業大学名電高等学校
㉑愛知みずほ大学瑞穂高等学校
㉒名城大学附属高等学校
㉓修文学院高等学校
㉔愛知啓成高等学校
㉕聖カピタニオ女子高等学校
㉖滝高等学校
㉗中部大学春日丘高等学校
㉘清林館高等学校
㉙愛知黎明高等学校
㉚岡崎城西高等学校
㉛人間環境大学附属岡崎高等学校
㉜桜丘高等学校

㉝光ヶ丘女子高等学校
㉞藤ノ花女子高等学校
㉟栄徳高等学校
㊱同朋高等学校
㊲星城高等学校
㊳安城学園高等学校
㊴愛知産業大学三河高等学校
㊵大成高等学校
㊶豊田大谷高等学校
㊷東海学園高等学校
㊸名古屋国際高等学校
㊹啓明学館高等学校
㊺聖霊高等学校
㊻誠信高等学校
㊼誉高等学校
㊽杜若高等学校
㊾菊華高等学校
㊿豊川高等学校

三重県

①暁高等学校(3年制)
②暁高等学校(6年制)
③海星高等学校
④四日市メリノール学院高等学校
⑤鈴鹿高等学校
⑥高田高等学校
⑦三重高等学校
⑧皇學館高等学校
⑨伊勢学園高等学校
⑩津田学園高等学校

滋賀県

①近江高等学校

大阪府

①上宮高等学校
②大阪高等学校
③興國高等学校
④清風高等学校
⑤早稲田大阪高等学校
(早稲田摂陵高等学校)
⑥大商学園高等学校
⑦浪速高等学校
⑧大阪夕陽丘学園高等学校
⑨大阪成蹊女子高等学校
⑩四天王寺高等学校
⑪梅花高等学校
⑫追手門学院高等学校
⑬大阪学院大学高等学校
⑭大阪学芸高等学校
⑮常翔学園高等学校
⑯大阪桐蔭高等学校
⑰関西大倉高等学校
⑱近畿大学附属高等学校
⑲金光大阪高等学校
⑳星翔高等学校
㉑阪南大学高等学校
㉒箕面自由学園高等学校
㉓桃山学院高等学校
㉔関西大学北陽高等学校

兵庫県

①雲雀丘学園高等学校
②園田学園高等学校
③関西学院高等部
④灘高等学校
⑤神戸龍谷高等学校
⑥神戸第一高等学校
⑦神港学園高等学校
⑧神戸学院大学附属高等学校
⑨神戸弘陵学園高等学校
⑩彩星工科高等学校
⑪神戸野田高等学校
⑫滝川高等学校
⑬須磨学園高等学校
⑭神戸星城高等学校
⑮啓明学院高等学校
⑯神戸国際大学附属高等学校
⑰滝川第二高等学校
⑱三田松聖高等学校
⑲姫路女学院高等学校
⑳東洋大学附属姫路高等学校
㉑日ノ本学園高等学校
㉒市川高等学校
㉓近畿大学附属豊岡高等学校
㉔夙川高等学校
㉕仁川学院高等学校
㉖育英高等学校

奈良県

①西大和学園高等学校

岡山県

①[県立]岡山朝日高等学校
②清心女子高等学校
③就実高等学校
(特別進学コース〈ハイグレード・アドバンス〉)
④就実高等学校
(特別進学チャレンジコース・総合進学コース)
⑤岡山白陵高等学校
⑥山陽学園高等学校
⑦関西高等学校
⑧おかやま山陽高等学校
⑨岡山商科大学附属高等学校
⑩倉敷高等学校
⑪岡山学芸館高等学校(1期1日目)
⑫岡山学芸館高等学校(1期2日目)
⑬倉敷翠松高等学校
⑭岡山理科大学附属高等学校
⑮創志学園高等学校
⑯明誠学院高等学校
⑰岡山龍谷高等学校

広島県

①[国立]広島大学附属高等学校
②[国立]広島大学附属福山高等学校
③修道高等学校
④崇徳高等学校
⑤広島修道大学ひろしま協創高等学校
⑥比治山女子高等学校
⑦呉港高等学校
⑧清水ヶ丘高等学校
⑨盈進高等学校
⑩尾道高等学校
⑪如水館高等学校
⑫広島新庄高等学校
⑬広島文教大学附属高等学校
⑭銀河学院高等学校
⑮安田女子高等学校
⑯山陽高等学校
⑰広島工業大学高等学校
⑱広陵高等学校
⑲近畿大学附属広島高等学校福山校
⑳武田高等学校
㉑広島県瀬戸内高等学校(特別進学)
㉒広島県瀬戸内高等学校(一般)
㉓広島国際学院高等学校
㉔近畿大学附属広島高等学校東広島校
㉕広島桜が丘高等学校

山口県

①高水高等学校
②野田学園高等学校
③宇部フロンティア大学付属香川高等学校
(普通科〈特進・進学コース〉)
④宇部フロンティア大学付属香川高等学校
(生活デザイン・食物調理・保育科)
⑤宇部鴻城高等学校

徳島県

①徳島文理高等学校

香川県

①香川誠陵高等学校
②大手前高松高等学校

愛媛県

①愛光高等学校
②済美高等学校
③FC今治高等学校
④新田高等学校
⑤聖カタリナ学園高等学校

福岡県

①福岡大学附属若葉高等学校
②精華女子高等学校（専願試験）
③精華女子高等学校（前期試験）
④西南学院高等学校
⑤筑紫女学園高等学校
⑥中村学園女子高等学校（専願入試）
⑦中村学園女子高等学校（前期入試）
⑧博多女子高等学校
⑨博多高等学校
⑩東福岡高等学校
⑪福岡大学附属大濠高等学校
⑫自由ケ丘高等学校
⑬常磐高等学校
⑭東筑紫学園高等学校
⑮敬愛高等学校
⑯久留米大学附設高等学校
⑰久留米信愛高等学校
⑱福岡海星女子学院高等学校
⑲誠修高等学校
⑳筑陽学園高等学校（専願入試）
㉑筑陽学園高等学校（前期入試）
㉒真颯館高等学校
㉓筑紫台高等学校
㉔純真高等学校
㉕福岡舞鶴高等学校
㉖折尾愛真高等学校
㉗九州国際大学付属高等学校
㉘祐誠高等学校
㉙西日本短期大学附属高等学校
㉚東海大学付属福岡高等学校
㉛慶成高等学校
㉜高稜高等学校
㉝中村学園三陽高等学校
㉞柳川高等学校
㉟沖学園高等学校
㊱福岡常葉高等学校
㊲九州産業大学付属九州高等学校
㊳近畿大学附属福岡高等学校
㊴大牟田高等学校
㊵久留米学園高等学校
㊶福岡工業大学附属城東高等学校（専願入試）
㊷福岡工業大学附属城東高等学校（前期入試）
㊸八女学院高等学校
㊹星琳高等学校
㊺九州産業大学付属九州産業高等学校
㊻福岡雙葉高等学校

佐賀県

①龍谷高等学校
②佐賀学園高等学校
③佐賀女子短期大学付属佐賀女子高等学校
④弘学館高等学校
⑤東明館高等学校
⑥佐賀清和高等学校
⑦早稲田佐賀高等学校

長崎県

①海星高等学校（奨学生試験）
②海星高等学校（一般入試）
③活水高等学校
④純心女子高等学校
⑤長崎南山高等学校
⑥長崎日本大学高等学校（特別入試）
⑦長崎日本大学高等学校（一次入試）
⑧青雲高等学校
⑨向陽高等学校
⑩創成館高等学校
⑪鎮西学院高等学校

熊本県

①真和高等学校
②九州学院高等学校（奨学生・専願生）
③九州学院高等学校（一般生）
④ルーテル学院高等学校（専願入試・奨学入試）
⑤ルーテル学院高等学校（一般入試）
⑥熊本信愛女学院高等学校
⑦熊本学園大学付属高等学校（奨学生試験・専願生試験）
⑧熊本学園大学付属高等学校（一般生試験）
⑨熊本中央高等学校
⑩尚絅高等学校
⑪文徳高等学校
⑫熊本マリスト学園高等学校
⑬慶誠高等学校

大分県

①大分高等学校

宮崎県

①鵬翔高等学校
②宮崎日本大学高等学校
③宮崎学園高等学校
④日向学院高等学校
⑤宮崎第一高等学校（文理科）
⑥宮崎第一高等学校（普通科・国際マルチメディア科・電気科）

鹿児島県

①鹿児島高等学校
②鹿児島実業高等学校
③樟南高等学校
④れいめい高等学校
⑤ラ・サール高等学校

新刊
もっと過去問シリーズ

愛知県

愛知高等学校
7年分（数学・英語）

中京大学附属中京高等学校
7年分（数学・英語）

東海高等学校
7年分（数学・英語）

名古屋高等学校
7年分（数学・英語）

愛知工業大学名電高等学校
7年分（数学・英語）

名城大学附属高等学校
7年分（数学・英語）

滝高等学校
7年分（数学・英語）

※もっと過去問シリーズは入学試験の実施教科に関わらず、数学と英語のみの収録となります。

教英出版
〒422-8054
静岡県静岡市駿河区南安倍3丁目12−28
TEL 054-288-2131
FAX 054-288-2133
詳しくは教英出版で検索
教英出版 検索
URL https://kyoei-syuppan.net/

山形県公立高等学校

令和6年度

公立高等学校入学者選抜
学力検査問題

国　語

（ 8：50 ～ 9：40 ）

注　意

1 「開始」の合図があるまで，開いてはいけません。

2 問題用紙は，7ページまであります。

3 解答用紙は，問題用紙の中にはさんであります。

4 「開始」の合図があったら，まず，解答用紙を取り出し，受検番号を書きなさい。次に，問題用紙のページ数を確認し，不備があればすぐに手を挙げなさい。

5 答えは，すべて解答用紙に書きなさい。

6 「終了」の合図で，すぐに鉛筆（シャープペンシルを含む）をおき，解答用紙を開いて裏返しにしなさい。

一　次の文章を読んで、あとの問いに答えなさい。

〔北海道の大学の獣医学部に通う二年生の「岸本聡里《きしもとさとり》」は、先輩の「加瀬一馬《かせかずま》」から動物病院でのアルバイトに誘われた。一年生の夏期実習で獣医師の厳しさに直面し、途中で実習先から帰ってしまったことがある「聡里」は、その誘いを断るが、考え直して引き受けることにする。次は、「聡里」が「一馬」と会話する場面である。〕

雨に濡《ぬ》れた後の白樺《しらかば》並木が光って見えた。空に立ち込めていた灰色の雲はいつしか消えてなくなり、並木道の両側に広がる牧草の緑が眩《まぶ》しい。*構内のどこを歩いていてもハリエンジュの花の甘い香りが微《かす》かに漂い[a]、遅い春の訪れを感じさせてくれる。

「今日、大学行って正解だった。就職の相談をしてる教授に会いに来たら、偶然[b]にも岸本さんを見つけたんだ。元気そうで安心したよ。」

「昨年の夏期実習の時は、いろいろご迷惑をおかけしました。私、ちゃんとお詫《わ》びも言ってなくて……。本当にすみませんでした。」

一馬が聡里を探しに駅まで来てくれた日から、もう十か月も経《た》っていた。いまさらとは思ったけれど、他に話題も思いつかず、ずっと気になっていたことを口にする。あの日のことを謝罪する機会がこれまでなかったから……。

「おれはなにもしてないけど？　ただ、実習の四日目にきみが戻ってきたって聞いた時は、嬉《うれ》しかったな。*静原《しずはら》が言ってたんだ。岸本さんがこのまま大学をやめたら、自分のせいだって。」

「そんな、静原さんのせいだなんて……。それに私、大学はやめません。」

本当は危うかった。でも自分にはこの場所しかないとわかって再びここへ帰ってきた。自信を失い、でも周りに支えられて立ち直って。この一年と二か月間、そんなことの繰り返しだ。

「正直言うと自信はないんです。この先、無事に進級できるか。大学を卒業できるか。*国試に合格できるか。就職できるか。社会に出て働き続けることができるのか……。[1]ほんとに不安しかありません。辛《つら》いことから逃げてしまう自分の弱さをよく知っているから、だからさっき、加瀬さんに動物病院でのアルバイトの話をされた時も無理だと思って断って……。」

牧草地のほうから風が強く吹いてきて、水滴が頬で跳ねた。一馬の顔にも飛沫《ひまつ》が飛び、目を細めながら手の甲で拭っている。

「岸本さんはさ、ヤマメとサクラマスを知ってる？」

「え……？　両方とも魚、ってことくらいしか知りませんけど。」

〔注〕
* 構内＝大学の敷地の中。
* 静原＝獣医学部の先輩。夏期実習のときに、覚悟がないなら獣医師にはならないほうがいいと「聡里」に告げた。
* 国試＝国家試験の略。獣医師になるには国家試験に合格する必要がある。
* 成魚＝成長した魚。
* 堤＝堤防。

問一　‖部a、bの漢字の読み方を、ひらがなで書きなさい。

問二　〰部「熱を帯びていく」における「熱」と**異なる意味**で「熱」が使われている熟語を、次のア～エから一つ選び、記号で答えなさい。

ア　熱戦　　イ　断熱　　ウ　情熱　　エ　熱望

問三　――部1について、「聡里」がそう感じる理由を、次のような形で説明したとき、□に入る適切な言葉を、本文中の言葉を使って、二十字以内で書きなさい。

この一年と二か月間、□ということを繰り返しており、辛いことから逃げてしまう自分は、この先の困難を乗り越えられないのではないかと考えているから。

問四　――部2について、このときの「聡里」の心情を、次のような形で説明したとき、□に入る適切な言葉を、二十字以内で書きなさい。

夏期実習や大学のことについて話していたのに、急に「一馬」が□がわからず、戸惑っている。

「正解。両方とも魚。川で生まれる魚だ。で、この両方の魚、もともとはまったく同じサケ科の同種なんだ。それが＊成魚になると、サクラマスとヤマメというふうに違った名前で呼ばれる。どうしてか、わかる？」

2この会話はいったいなんなのだろう、と聡里は返答に詰まった。クイズのようなものなのかと両目を瞬《またた》かせる。

「名前の違いは川で育ったか、海で育ったか、その区別なんだ。」

「川で育つか、海で育つか……。そんなことで名前が変わるんですか？」

「実はそうなんだ。じゃあなぜ川と海、違う場所で育つかということなんだけど、それは稚魚時代の個体の強さに由来するんだよ。」

しだいに熱を帯びていく一馬の話に、聡里は黙って頷《うなず》き続けた。

「つまり体が大きくて個体として強い稚魚は、生まれた場所で餌を得ることができるから、そのまま川で育ち成長する。その一方で、体が小さくて弱い稚魚は餌を求めて川を下り、海に向かうんだ。海には川とは比べものにならないくらい豊かな餌があるからね。もちろん大海原では、川以上に捕食される危険も高まる。それでも、海で無事に生き延びた稚魚は、川に残ったものよりはるかに大きく育つことができる。川で育ったヤマメは最大でも三十センチそこそこだけど、海育ちのサクラマスは五十センチにもなるんだ。」

三十センチと五十センチの長さを一馬が両手で示し、話が理解できているかを確認するように、聡里の顔をのぞきこんでくる。

「大逆転……ですね。」

「そう、大逆転だ。それで、やがて海で育ったサクラマスもまた、産卵のために川へ戻る。川へ還《かえ》った時、海に出てひと回り大きくなったサクラマスは、産卵期の川の中で一番いい産卵所に陣取ることができる。」

「体が小さくて弱くて海へと追いやられた稚魚でも、最後は強くなって遺伝子を残せる……ということですか。」

「その通り。逃げるのは悪いことじゃない。逃げた先で踏ん張ればいいんだ。いま辛いことから逃げたとしても、時間を経て変わることはできる。苦しんだ人のほうが、初めからなんでもできるやつより強いよ。」

そう言って微笑《ほほえ》む一馬の顔から、聡里は目が離せなかった。この人はどうしていつも自分が欲しい言葉をくれるのだろう。3彼の言葉の一つ一つが自分の内側に積み上げられ、＊堤となって、心を強く守ってくれる。

〈藤岡陽子『リラの花咲くけものみち』光文社による。一部省略がある。〉

問五　――部3について、このときの「聡里」の心情を、次のような形で説明したとき、Ⅰ に入る適切な言葉を、本文中から三字で抜き出して書き、Ⅱ に入る適切な言葉を、十五字以内で書きなさい。

> 川から海に向かった稚魚が最後には Ⅰ を起こすように、弱いからこそ強くなることもあるのだから、自分の弱さを Ⅱ と伝える「一馬」の言葉に励まされるとともに、「一馬」の言葉一つ一つが自分の支えになっていることを実感している。

問六　本文において、「一馬」はどのような人物として描かれていますか。最も適切なものを、次のア～エから一つ選び、記号で答えなさい。

ア　言葉ではなく、自らの行動によって後輩を導こうとする寡黙な人物。
イ　あえて厳しい言葉を投げかけて、相手を奮い立たせようとする人物。
ウ　面倒見がよく、相手の状況や心情を気遣うことができる優しい人物。
エ　動物への愛情が深く、動物のことになると周りが見えなくなる人物。

問七　……部の表現は、本文においてどのような効果がありますか。最も適切なものを、次のア～エから一つ選び、記号で答えなさい。

ア　「聡里」が自分の心情を語る言葉の後に、牧草地から吹く強い風や飛ばされる水滴の描写を入れることで、その場に流れる暗い雰囲気を拭い去っている。
イ　「聡里」が自分の状況を語る言葉の後に、「一馬」の頬の水滴を吹き飛ばす風の描写を入れることで、涙をこぼす「一馬」の姿を想像しやすくしている。
ウ　「聡里」が自分の心情を語る言葉の後に、強く吹く風や再び降り始める雨の描写を入れることで、「聡里」の不安が徐々に高まっていく展開を暗示している。
エ　「聡里」が自分の状況を語る言葉の後に、牧草地に向かって吹き荒れる風の描写を入れることで、気候の厳しさとそれに耐える人間の強さを印象づけている。

二　次の文章を読んで、あとの問いに答えなさい。なお、文章中の［ X ］、［ Y ］、［ Z ］には、それぞれのまとまりの内容に合った見出しが入ります。

正倉院を管理する正倉院事務所では、正倉院宝物《ほうもつ》の「再現模造事業」を行っている。この事業では、宝物の形状だけでなく、材料・構造・技法も、原物（もともとの宝物）に限りなく近づけて、模造製作を行っている。次は、筆者が「再現模造事業」の意義や、製作する際の留意点について述べている部分である。

［ X ］

なぜ原物があるにもかかわらず、模造品を作る必要があるのか。その理由を端的にいうと宝物の保存に資＊するから、ということになる。また、原物があるにもかかわらずというよりも、原物があるからこそ、材料・構造・技法を解明できて再現が可能となる。したがって、どの宝物でも再現模造が可能なわけではなく、想像に頼る部分が多い場合は対象として①選ばれないこととなる。ただし、形状や文様が左右対称であるなど、予測可能な意匠であれば、一部が欠けたり、文様が汚れでａ隠れたりしていても復元は可能で、製作当初の姿を甦《よみがえ》らせるという意味で効果的な再現模造となる。選定の基準となるのは、美術工芸品としての価値が高く、精巧なものであること、あるいは地味なものであっても、歴史資料として希少価値が高いことが挙げられる。

再現模造の目的を具体的に挙げると、第一に、唯一無二の宝物を保存ｂ継承するため、宝物に代えて展示等に用いることにある。

二つめの目的は、破損した宝物を可能な限り復元し、奈良時代にはかく＊あったであろうという姿を再現することである。なお、一般的に模造や模写には、破損や退色＊した現状のままを再現する場合と、製作当初の姿を再現する場合がある。正倉院宝物の再現模造は後者に当たり、古びたように②加工する古色《こしょく》着けは一切行わない。

破損していない、もしくはかつて修理を③受けた、1状態のよい宝物についても再現模造を製作する場合がある。それは再現模造の三つめの目的である危機管理の一環としての取り組みであることによる。文化財は天災や人災によって消滅する危機に常に晒《さら》されており、正倉院宝物といえども例外ではなく、危機意識をもって備える必要がある。そのためにもう一つ同じものを作り、別の場所で保管する、もしくはいつでも再現できるように詳細なデータを取っておく必要がある。

〔注〕
＊資する＝　役に立つ。
＊かく＝　このように。
＊退色＝　色があせること。
＊一義的な＝　最も重要な。
＊工人＝　職人。

問一　＝＝部ａ、ｂの漢字の読み方を、ひらがなで書きなさい。

問二　〰〰部①〜④の動詞の中で、活用の種類が同じものが二つあります。その二つを記号で答えなさい。

問三　――部1とあるが、危機管理の一環として「状態のよい宝物」の「再現模造を製作する」理由を、次のような形で説明したとき、［　］に入る適切な言葉を、二十字以内で書きなさい。

状態のよい宝物であっても、［　　　　］ことが必要だから。

問四　――部2「通訳」とは、具体的にどうすることですか。次のような形で説明したとき、［ Ⅰ ］に入る適切な言葉を、本文中から二十字でさがし、その最初の五字を抜き出して書き、［ Ⅱ ］に入る適切な言葉を、本文中から七字で抜き出して書きなさい。

科学的な調査を行うことができず、［　Ⅰ　］を手がかりにしても、宝物の材料や技法を解明することができないときに、［ Ⅱ ］の中に記されていることを手がかりにして、実技者とともに材料や技法を検討すること。

Y

前項に記した模造の三つの目的は、再現した模造品自体、すなわち模造事業の「結果」が果たす役割について述べたものである。多くの場合において、模写や模造の*一義的な目的は代替品として用いることにあるが、古くから「ものづくり」の際には形や技術を④学ぶための「写し」が行われている。これは製作の「過程」に意味があるという位置づけによるもので、複製には結果と過程のそれぞれに価値があるといえる。

模造の際には、その対象となる宝物の経年劣化のため、科学的な調査に制約が生じ、究明しきれないことがある。その場合には現代の製作者が習得した伝統的な手法や経験に依《よ》るところが多く、それによって材料や技法について検討を行う。ただし、今日の伝統工芸は、長い歴史のなかで技術の一部が失われており、正倉院宝物の作られた天平時代の技法にまで遡れない場合がある。そのため伝統工芸作家といえども、正倉院宝物に向き合った際には、解明できないこともある。現代の工芸作家にすれば、古代の*工人《こうじん》からいにしえの言葉や外国語で話しかけられているようなもので、理解しえないのである。その2「通訳」は正倉院事務所の職員が担《にな》うべき〝しごと〟の一つと心得て、古代の文献史料を参考に材料や技法を吟味し、実技者とともに検討する。不明な点があれば、それを解明すべく実験的な試作を行うため、模造が完成するまでには相当な時間を要する。実は古代の技術を再現するうえでの重要な知見は、この模造品の製作過程を通じて得られることが多く、模造事業の意義の一つはここにある。

Z

模造製作にあたる実技者は、創作活動を通して個性を表現する「作家」である場合が多い。しかし、再現模造では極力創意を働かせず、ひたすら画工や石工といった3「工人」に徹してもらう。宝物をよく見ると、現在の工業製品のように均質ではなく、凹凸がついていたり、左右非対称であったりする。これは精巧な出来栄《できば》えを見てわかるように、天平の工人が技術的に未熟であったのではなく、小事にとらわれない当時のおおらかな気風を反映したものである。しかし、それを真似《まね》るとなると作業は困難をきわめ、実技者は模造に着手する前に、試作を繰り返し、天平工芸の特性を手に覚えさせたうえで取り掛かる。模造に際しては、細部に固執することよりも、おおらかで力強い「天平の気分」とでもいうべき趣を再現することを優先する。

〈西川明彦『正倉院のしごと』による。一部省略がある。〉

問五 ——部3とあるが、実技者が「工人」に徹しなければならないのはなぜですか。その理由を、次の三つの言葉を使って、六十五字以内で書きなさい。なお、三つの言葉はどのような順序で使ってもかまいません。

個性　　特性　　趣

問六 本文の表現の工夫とその効果を説明したものとして最も適切なものを、次のア〜エから一つ選び、記号で答えなさい。

ア 実技者の言葉を引用して再現模造事業に取り組む根拠を示すことで、主張の説得力を高めている。
イ 敬体を用いて丁寧に語りかけることで、再現模造事業が身近なものに感じられるようにしている。
ウ 順序や数を表す言葉を用いて再現模造事業の意義を整理することで、伝えたいことを明確にしている。
エ 擬声語（擬音語）や擬態語を用いることで、再現模造事業の作業の様子を印象的に伝えている。

問七 本文中の X 、 Y 、 Z に入る見出しの組み合わせとして最も適切なものを、次のア〜カから一つ選び、記号で答えなさい。

	X	Y	Z
ア	模造の目的	模造する価値	模造品の限界
イ	模造の課題	模造品の歴史	模造する人
ウ	模造の目的	模造品の歴史	模造品の限界
エ	模造の課題	模造する価値	模造する人
オ	模造の目的	模造する価値	模造する人
カ	模造の課題	模造品の歴史	模造品の限界

三

次の文章は、中国・宋《そう》の時代の、張観《ちょうかん》という人物について書かれたものです。これを読んで、あとの問いに答えなさい。

宋の張観、門下の人々（弟子）を召し、教へ示されしは、われ、勤、謹、和、緩の四字を守りて、身の戒めとし侍《はべ》るなり。なんぢらも、此《こ》の四字の心持ちを以《もっ》て、身の行ひを慎むべしとありけり。弟子の内に、不審しける人ありて、申しけるは、「只今《ただいま》、示し給《たま》へる四字の内、勤はつとむる、謹はつつしむ、和は物やはらかにしてととのふる徳なれば、いづれも尤《もっと》もしごくなる（極めて道理に合った）御教へなり。終はりの緩といへる一字は、何事をなすにもながくゆるやかにせよといへる心（意味）なるべし。しからば、これは油断のやうなる心持ちなれば、此の一字、さらに（全く）会得《えとく》つかまつり侍らず（理解できません）。」と難じけり（非難した）。張観、答へられけるは、「仕損ずること（失敗する）の出《い》で来るは、大かたみな、急ぎ慌ててなすよりのことならずや（ではないか）。万事はよくよく後先を考へ思案して、おししづめ、ゆるやかにせんこそ、失（失敗）あるまじきことなれ。」とぞ申されける。

〈『智恵鑑』による〉

問一 〰〰部「ととのふる」を現代かなづかいに直し、すべてひらがなで書きなさい。

問二 本文には、かぎかっこ（「　」）でくくられた部分のほかに、「張観」が話している部分がもう一つあります。その部分は、どこからどこまでですか。最も適切なものを、次のア〜エから一つ選び、記号で答えなさい。

ア　教へ示されしは、〜　し侍るなり。
イ　教へ示されしは、〜　慎むべし
ウ　われ、勤、謹、〜　し侍るなり。
エ　われ、勤、謹、〜　慎むべし

問三 ――部とあるが、「不審しける人」が「張観」の考えを非難したのは、「緩」の字のもつ意味が、何に通じると考えたからですか。本文中から十字で抜き出して書きなさい。

問四 「張観」が「緩」の字を「戒め」としていた理由を、次のような形で説明したとき、＿＿に入る適切な言葉を、現代語で書きなさい。

何事においても、後先をよく考え、心を落ち着かせてゆっくりと取り組めば、＿＿ことができるから。

四

次の問いに答えなさい。

問一　次の1～5の＝＝部のカタカナの部分を、漢字で書きなさい。なお、楷書で丁寧に書くこと。

1　感激でムネがいっぱいになる。

2　髪をタバねる。

3　店のカンバンを設置する。

4　ふとんをアッシュクする。

5　ハイクを読み味わう。

問二　山原さんの学校の図書委員会では、読書の楽しさを知ってもらう機会として、同じ作品を読んだ人が集まって感想を伝え合う「読書会」を企画しました。図書委員の山原さん、西さん、大野さん、小林さんは、「読書会」で取り上げる作品を選ぶための話し合いをしています。司会は、山原さんです。次の【話し合いの一部】を読んで、あとの(1)、(2)の問いに答えなさい。

【話し合いの一部】

山原さん　「読書会」で取り上げる作品は、どのようなものがいいですか。

西さん　さまざまな活動で忙しい人も多いので、文章量があまり多くない作品がいいと思います。

大野さん　短い作品でも、興味がわかなければ読もうと思いません。身近な内容の作品だと興味がわくのではないでしょうか。中学生が主人公の作品がいいと思います。

小林さん　賛成です。主人公が中学生だと、読む人が自分と比べやすいので、人によっていろいろな感想が出てくると思います。自分とは異なる感想をもつ人と交流することは、読書の楽しさを知ってもらうことにつながります。

山原さん　短い作品がいいという意見と、中学生が主人公の作品がいいという意見が出されましたが、それぞれの意見についてみなさんはどう思いますか。意見を出してください。

大野さん　みんなに気軽に参加してもらいたいので、西さんの言うとおり、短い作品がいいと思います。

小林さん　西さんと大野さんの意見を合わせて、短い作品で、中学生が主人公のものを選ぶというのはどうですか。

西さん　賛成です。「読書会」に興味をもってもらうために、ポスターを作って、作品のあらすじやイラストを載せませんか。

山原さん　西さん、企画を知らせる方法については、あとで話し合いましょう。では、ここで、どのような作品を選ぶかについて結論を出したいと思います。

(1)　――部の小林さんの発言について説明したものとして、最も適切なものを、次のア～エから一つ選び、記号で答えなさい。

ア　大野さんの意見の要旨をまとめて、西さんに意見の修正を促している。

イ　大野さんの意見の一部を取り上げながら、自分の意見を述べている。

ウ　大野さんの意見と西さんの意見を結び付け、新たな視点を示している。

エ　大野さんの意見を言い換えて、理解に誤りがないかを確認している。

(2)　山原さんは、司会としてどのように話し合いを進めていますか。最も適切なものを、次のア～エから一つ選び、記号で答えなさい。

ア　全員が納得できる結論を導き出すために、新たな考えを提示している。

イ　話し合いの方向性を定めるために、意見の根拠を示すよう促している。

ウ　出された意見を整理するために、共通点と相違点を確認している。

エ　目的に沿って話し合うために、話し合いの進め方を提案している。

五

次のグラフは、進路に関する意識調査の中で、「社会で働くにあたり必要だと思う力」と「現在持っていると思う力」について、高校生が回答した結果の一部を表したものです。

このグラフをもとに、**「これから自分が伸ばしたい力」**という題で、まとまりのある二段落構成の文章を書きなさい。第一段落には、グラフを見て気づいたことを書きなさい。それをふまえ、第二段落には、あなたの考えを、そう考えた理由を含めて書きなさい。なお、グラフの各項目に挙げられている力は、A～Eの記号を用いて「Aは、……」や「Bの力は、……」などのように書いてもかまいません。

ただし、あとの《注意》に従うこと。

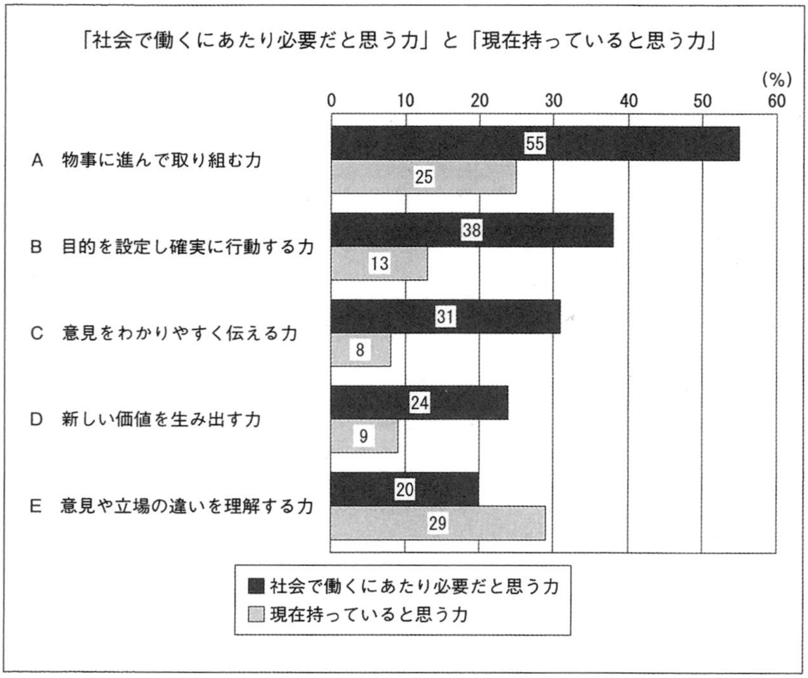

注：「社会で働くにあたり必要だと思う力」と「現在持っていると思う力」をそれぞれ3つまで回答している。

（「第10回　高校生と保護者の進路に関する意識調査　2021年」から作成）

《注意》

◇「題名」は書かないこと。

◇二段落構成とすること。

◇二〇〇字以上、二四〇字以内で書くこと。

◇文字は、正しく、整えて書くこと。

◇グラフの数値を使う場合は、次の例にならって書くこと。

例　二十%　五十五%

令 和 6 年 度

公立高等学校入学者選抜
学力検査問題

数　　学

（　10：00　～　10：50　）

注　　　意

1 「開始」の合図があるまで，開いてはいけません。

2 問題用紙は，7ページまであります。

3 解答用紙は，問題用紙の中にはさんであります。

4 「開始」の合図があったら，まず，解答用紙を取り出し，受検番号を書きなさい。次に，問題用紙のページ数を確認し，不備があればすぐに手を挙げなさい。

5 答えは，すべて解答用紙に書きなさい。

6 「終了」の合図で，すぐに鉛筆（シャープペンシルを含む）をおき，解答用紙を開いて裏返しにしなさい。

1 次の問いに答えなさい。

1 次の式を計算しなさい。

(1) $-9-(-6)+2$

(2) $\left(-\dfrac{7}{6}+\dfrac{3}{4}\right)\times\left(-\dfrac{9}{5}\right)$

(3) $10xy^2\div 8x^2y\times(-4x^2)$

(4) $\sqrt{27}+\dfrac{3}{\sqrt{3}}$

2 2次方程式 $(2x-1)(2x+1)=-4x$ を解きなさい。解き方も書くこと。

3 下の図のように，四角形ＡＢＣＤがあり，∠ＡＣＤ＝36°，∠ＢＤＣ＝55°，∠ＣＡＤ＝42°である。4点Ａ，Ｂ，Ｃ，Ｄが1つの円周上にあるとき，∠ＡＣＢの大きさを求めなさい。

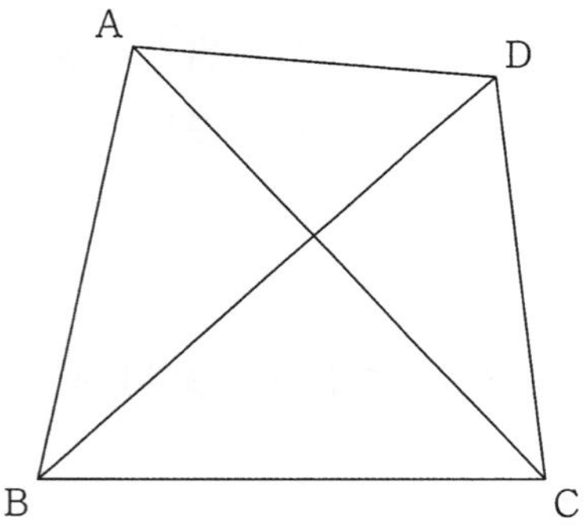

4　下の図のように，箱の中に，整数の，−1，0，1，2，3を1つずつ書いた5枚のカードが入っている。この箱からカードを1枚取り出し，それを箱にもどしてかき混ぜ，また1枚取り出す。このとき，はじめに取り出したカードに書かれた整数と，次に取り出したカードに書かれた整数の積が自然数になる確率として適切なものを，あとのア〜エから1つ選び，記号で答えなさい。

ただし，どのカードが取り出されることも同様に確からしいものとする。

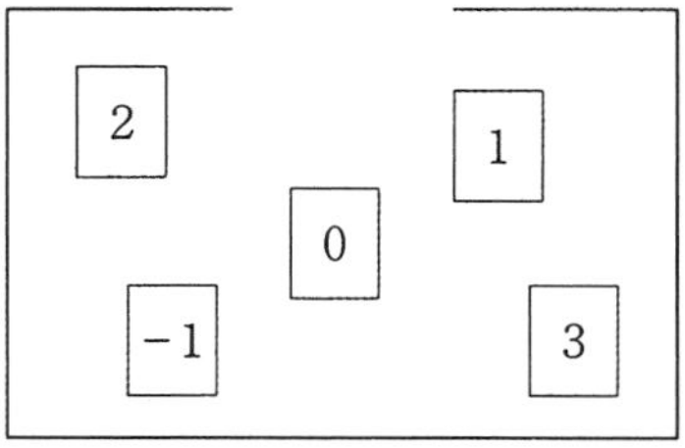

ア　$\frac{3}{10}$　　イ　$\frac{9}{25}$　　ウ　$\frac{2}{5}$　　エ　$\frac{19}{25}$

5　右の図は，正四面体であり，2つの面の表面には，さくらんぼの絵，西洋なしの絵が，それぞれかかれている。また，残りの面には，何もかかれていない。

この正四面体を，絵がかかれている面を表《おもて》にして開いたときの展開図として最も適切なものを，次のア〜エから1つ選び，記号で答えなさい。

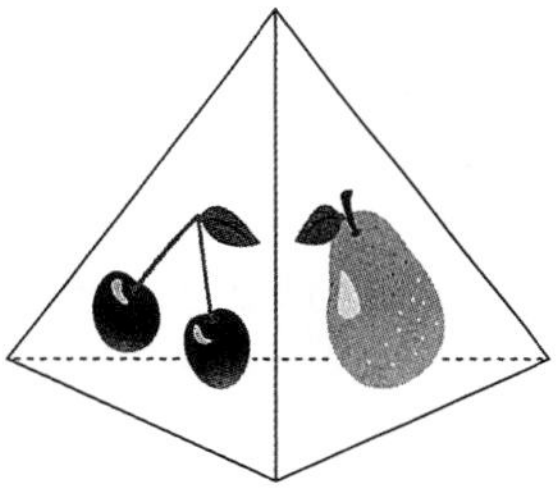

ア

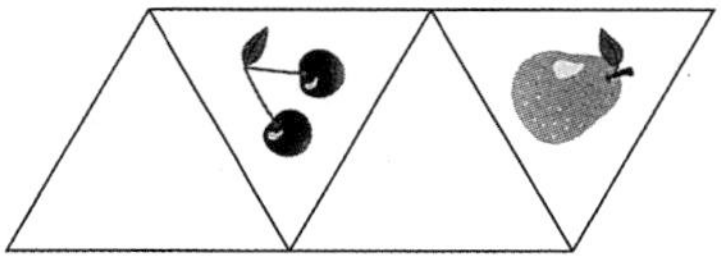

イ

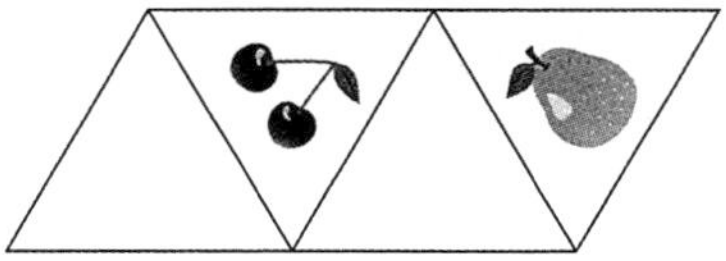

ウ

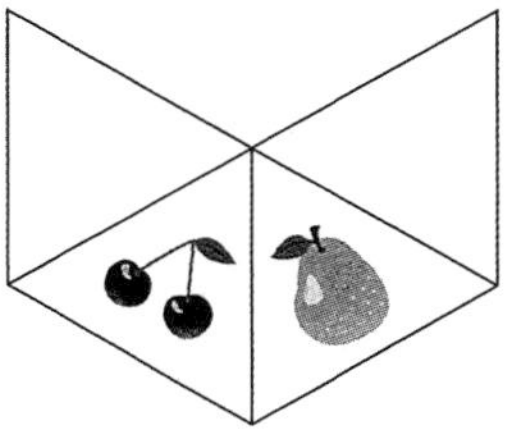

エ

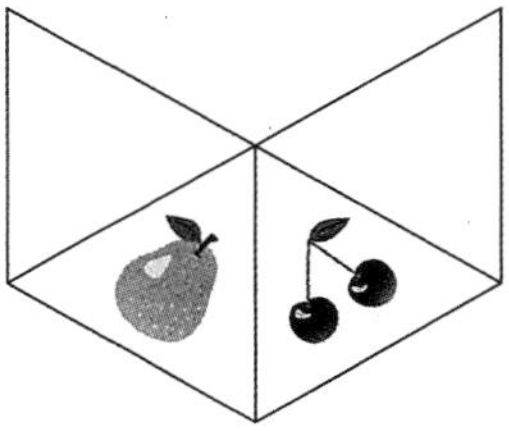

2 次の問いに答えなさい。

1 右の図において，①は関数 $y=-\frac{1}{2}x-1$ のグラフ，②は反比例のグラフ，③は関数 $y=ax^2$ のグラフである。

①と②との交点のうち，x 座標が正である点をAとすると，点Aの x 座標は4である。また，①と x 軸との交点をB，②と③との交点をCとする。このとき，次の問いに答えなさい。

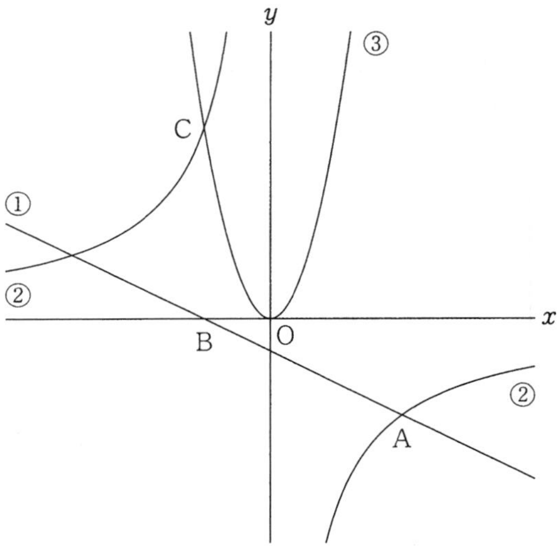

(1) 関数 $y=-\frac{1}{2}x-1$ について，x の増加量が6のときの y の増加量を求めなさい。

(2) 2点B，Cの x 座標が等しいとき，a の値を求めなさい。

2 あとの図のように，△ＡＢＣがある。下の【条件】の①，②をともにみたす点Ｐを，定規とコンパスを使って作図しなさい。

ただし，作図に使った線は残しておくこと。

【条件】

① 点Ｐは，辺ＡＣの中点と点Ｂの２点を通る直線上にある。
② 点Ｐは，△ＡＢＣの内部にあり，ＢＡ＝ＢＰである。

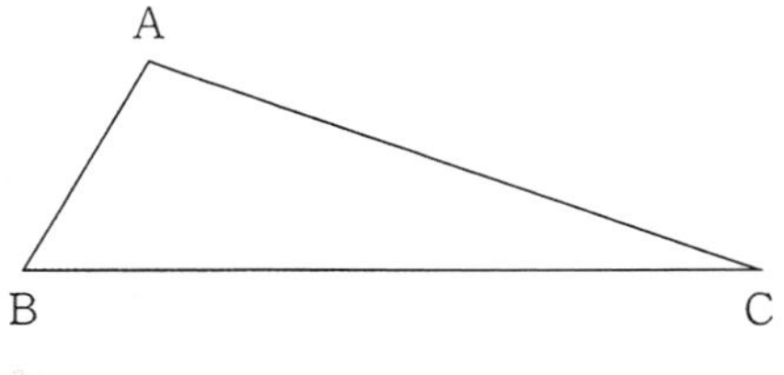

3　次の問題について，あとの問いに答えなさい。

〔問題〕
　ある地域には，Ａ山，Ｂ山という２つの山があります。昨年度の７月に，Ａ山を訪れた人数とＢ山を訪れた人数は合わせて14700人でした。今年度の７月は，昨年度の７月と比べて，Ａ山を訪れた人数は1.2倍になり，Ｂ山を訪れた人数は1.1倍になったため，合わせて2460人増えました。今年度の７月にＡ山を訪れた人数は何人ですか。

⑴　この問題を解くのに，方程式を利用することが考えられる。どの数量を文字で表すかを示し，問題にふくまれる数量の関係から，１次方程式または連立方程式のいずれかをつくりなさい。

⑵　今年度の７月にＡ山を訪れた人数を求めなさい。

4　下の表は，Ａ中学校の生徒80人とＢ中学校の生徒100人の１日あたりの食事時間を，度数分布表に表したものである。

　和香さんは，度数分布表から，１日あたりの食事時間が90分未満の生徒の割合は，Ａ中学校のほうがＢ中学校よりも大きいと判断した。和香さんがそのように判断した理由を，累積相対度数に着目し，数値を示しながら説明しなさい。

表

階級(分)	度数(人)	
	Ａ中学校	Ｂ中学校
以上　未満		
30 ～ 60	4	3
60 ～ 90	32	40
90 ～ 120	33	45
120 ～ 150	10	11
150 ～ 180	1	1
計	80	100

3　図1のように，大きな長方形から小さな長方形を切り取った形をした図形があり，ＡＢ＝6cm，ＢＣ＝12cm，ＣＤ＝4cm，ＤＥ＝8cmである。また，点Ｇは辺ＢＣ上にあって，ＢＧ＝4cmである。点Ｐは，Ａを出発し，毎秒1cmの速さで，辺ＡＦ，ＦＥ，ＥＤの順に辺上を動き，Ｄに到着したところで停止する。点Ｑは，点Ｐと同時にＣを出発し，毎秒2cmの速さで，線分ＣＧ上を動き，Ｇに到着したところで停止する。このとき，それぞれの問いに答えなさい。

図1

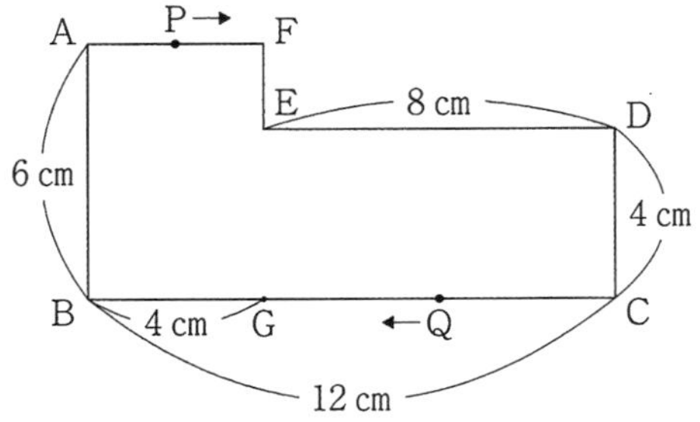

1　図2のように，3点Ｂ，Ｐ，Ｑを結び，△ＢＰＱをつくる。点ＰがＡを出発してからx秒後の△ＢＰＱの面積をy cm²として，点Ｐ，Ｑがどちらも停止するまでのxとyの関係を表にかきだしたところ，表1のようになった。あとの問いに答えなさい。

図2

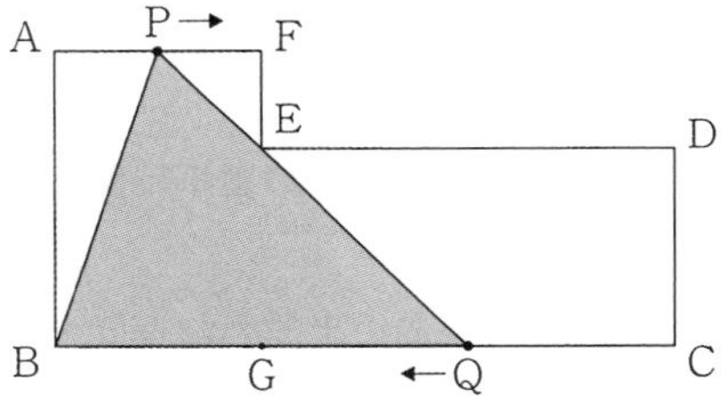

表1

x	0	…	4	…	14
y	36	…	12	…	8

(1)　$x=3$のときのyの値を求めなさい。

(2)　表2は，点Ｐ，Ｑがどちらも停止するまでのxとyの関係を式に表したものである。［ア］～［ウ］にあてはまる数または式を，それぞれ書きなさい。

また，このときのxとyの関係を表すグラフを，図3にかきなさい。

表2

xの変域	式
$0 \leqq x \leqq 4$	$y=$［ア］
$4 \leqq x \leqq$［イ］	$y=$［ウ］
［イ］$\leqq x \leqq 14$	$y=8$

図3

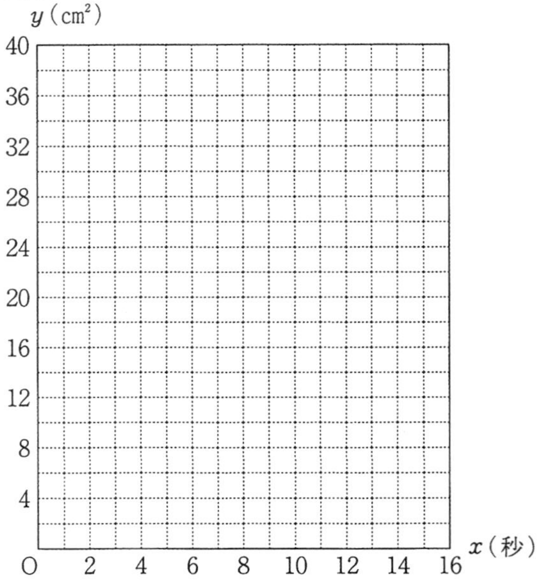

2　図4のように，点Pが辺ＥＤ上にあるとき，点ＰとＱを結ぶ。

図4

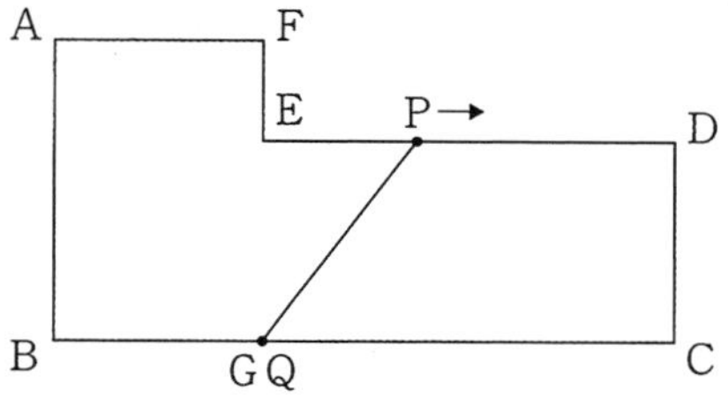

次は，点Pが辺ＥＤ上にあるときにわかることを表したものである。[エ]，[オ]にあてはまる数を，それぞれ書きなさい。

線分ＰＱが，図1の図形の面積を2等分するのは，点ＰがＡを出発してから[エ]秒後であり，このときのＰＱの長さは，[オ]cm である。

4　下の図のように，ＡＣ＝５cm，ＢＣ＝10cmの△ＡＢＣがあり，∠ＡＣＢの大きさは90°より小さいものとする。点Ｄを，直線ＡＢについて点Ｃと反対側に，ＢＣ＝ＤＡ，ＢＣ∥ＤＡとなるようにとる。また，点Ｅを，辺ＢＣ上に，∠ＡＣＢ＝∠ＡＥＣとなるようにとる。直線ＤＥと直線ＡＢ，ＡＣとの交点をそれぞれＦ，Ｇとする。このとき，あとの問いに答えなさい。

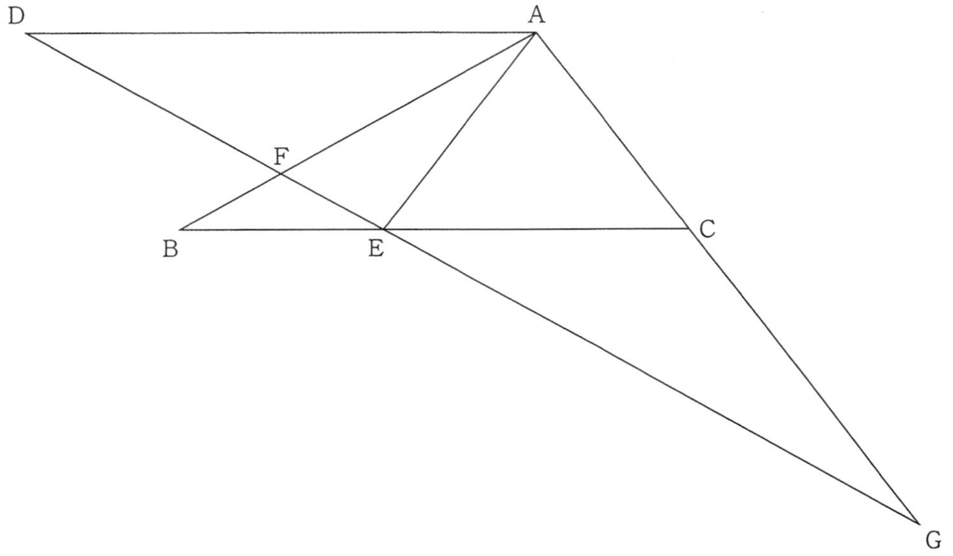

1　△ＡＢＣ≡△ＥＤＡであることを証明しなさい。

2　ＢＥ＝４cmであるとき，次の問いに答えなさい。

(1)　ＣＧの長さを求めなさい。

(2)　△ＡＦＥの面積を求めなさい。

令 和 6 年 度

公立高等学校入学者選抜
学力検査問題

社　　会

（ 11：10 ～ 12：00 ）

注　　意

1 「開始」の合図があるまで，開いてはいけません。

2 問題用紙は，7ページまであります。

3 解答用紙は，問題用紙の中にはさんであります。

4 「開始」の合図があったら，まず，解答用紙を取り出し，受検番号を書きなさい。次に，問題用紙のページ数を確認し，不備があればすぐに手を挙げなさい。

5 答えは，すべて解答用紙に書きなさい。

6 「終了」の合図で，すぐに鉛筆（シャープペンシルを含む）をおき，解答用紙を開いて裏返しにしなさい。

1 美樹さんは，世界の人口が80億人を超えたということを知り，世界の国々や，世界を分ける六つの州の，人口に関連することについて調べました。略地図や資料は，そのときまとめたものの一部です。あとの問いに答えなさい。

【略地図Ⅰ】

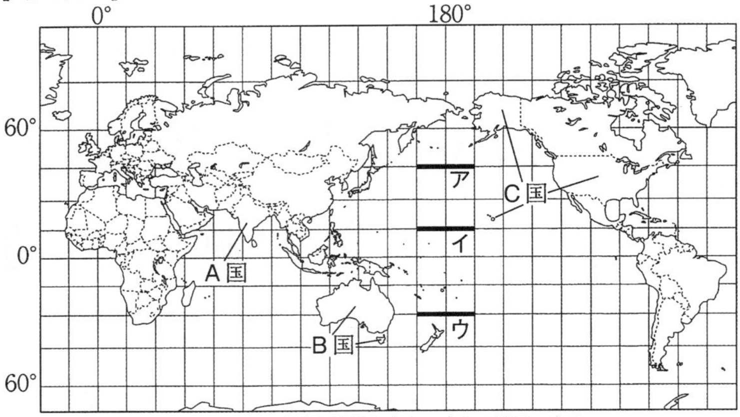

注：略地図Ⅰは緯線と経線が直角に交わる地図である。

1 略地図Ⅰ中に，━━━で示されたア～ウは，地図上では同じ長さですが，地球上での距離はそれぞれ異なっています。ア～ウを，地球上での距離が短い順に並べかえ，記号で答えなさい。

2 略地図Ⅰ中のA国に関連して，次の問いに答えなさい。

(1) A国において，最も多くの人に信仰されている宗教は何か，書きなさい。

(2) 美樹さんは，人口がほぼ同じであるA国と中国について調べました。資料Ⅰは，それぞれの国の，年齢別人口に占めるある世代の人口の割合の推移を表しています。次は，美樹さんが，資料Ⅰから読み取ったことについてまとめたものです。適切なまとめになるように， X には **年少人口** か **老年人口** のいずれかの言葉を書き， Y にはあてはまる言葉を書きなさい。

【資料Ⅰ】

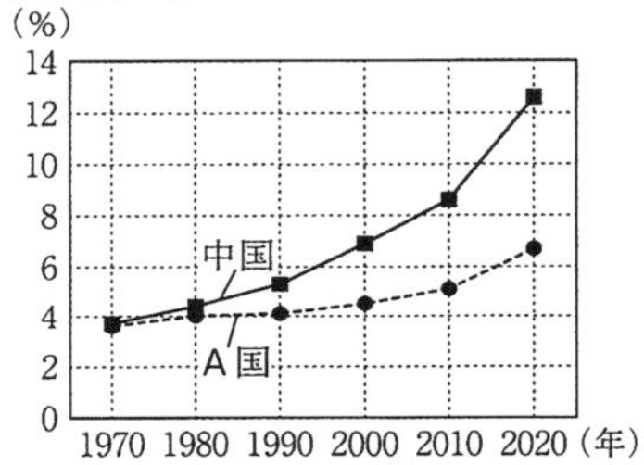

(『世界の統計 2023年版』から作成)

> 年齢別人口に占める X の割合の推移を比べると，中国の特徴として，A国よりも， X の割合が， Y ということが読み取れる。

3 美樹さんは，略地図Ⅰ中のB国における人口分布のかたよりが，気候と関係すると考え，B国の気候について調べました。略地図Ⅱ中のa，b，cの都市の雨温図を表したグラフとして適切なものを，次のア～ウからそれぞれ一つずつ選び，記号で答えなさい。

【略地図Ⅱ】

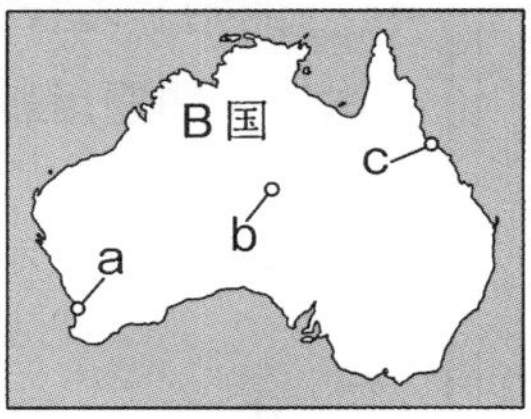

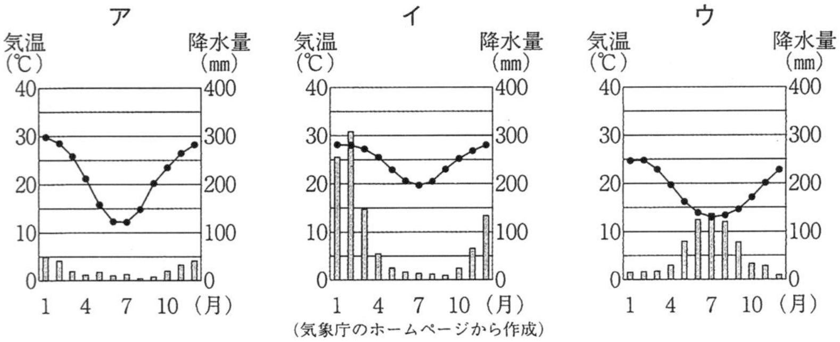

(気象庁のホームページから作成)

4　資料Ⅱは，略地図Ⅰ中のＡ国～Ｃ国と日本の人口密度などについてまとめたものです。ア～エは，日本かＡ国～Ｃ国のいずれかです。資料Ⅱを見て，次の問いに答えなさい。

(1)　Ｃ国にあたるものを，ア～エから一つ選び，記号で答えなさい。

(2)　資料Ⅱの□にあてはまる数字を書きなさい。

【資料Ⅱ】　(2020年)

	人口密度 (人／km²)	１人あたりの国民総所得 (ドル)	発電量 (億kWh)	産業別人口に占める第□次産業の割合 (%)
ア	420	1,910	15,333	31.8
イ	34	64,140	42,600	78.8
ウ	3	53,680	2,652	78.0
エ	329	40,810	10,178	72.8

(『データブック　オブ・ザ・ワールド　2023年版』などから作成)

5　美樹さんがアフリカ州について調べたところ，モノカルチャー経済の国の中には，主食となる農作物の生産が人口増加に追いつかない国があることがわかりました。次の問いに答えなさい。

(1)　ある国がモノカルチャー経済かどうかを確かめるために必要な，その国に関する資料として最も適切なものを，次のア～エから一つ選び，記号で答えなさい。

ア　農業産出額と工業出荷額　　イ　輸入総額に占める輸入相手国の割合

ウ　貿易額と経済成長率　　エ　輸出総額に占める輸出品目の割合

(2)　資料Ⅲは，アフリカ州やアジア州の一部で主食となる，キャッサバの生産量と収穫面積についてまとめたものです。二つの州を比較したとき，キャッサバの生産量が増えたおもな要因には違いがみられます。それはどのような違いか，資料Ⅲから読み取れる，収穫面積の変化と，生産性の変化に着目して書きなさい。

【資料Ⅲ】

	アフリカ州		アジア州	
年	生産量 (万ｔ)	収穫面積 (万 ha)	生産量 (万ｔ)	収穫面積 (万 ha)
2000	9,541	1,102	4,946	340
2010	14,303	1,502	7,495	389
2020	19,388	2,169	8,285	378

(FAOSTAT資料から作成)

2　将太さんは，日本初の世界自然遺産が登録された1993年から30年がたつことを知り，日本の世界自然遺産に関連することについて調べました。表や資料は，そのときまとめたものの一部です。あとの問いに答えなさい。

1　表Ⅰは，1993年に登録された世界自然遺産についてまとめたものです。次の問いに答えなさい。

【表Ⅰ】

【表Ⅰ】	A	B
登録地	X	屋久島
所在地	青森県，秋田県	鹿児島県
まとめ	人の影響をほとんど受けていない，東アジアで最大の原生的なブナ林が広がっている。	世界的にも年間降水量の多い地域であり，樹齢が1000年を超える屋久杉が有名である。

(1)　Ａの X には，略地図中のａで示される山地の名前が入ります。 X にあてはまる山地名を書きなさい。

【略地図】

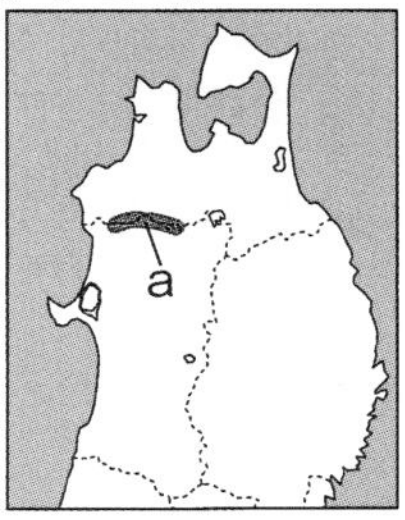

(2)　Ｂに関連して，屋久島がある九州地方は，冬でも温暖な気候となっています。このような冬の九州地方の気候にかかわりをもつ，二つの海流の組み合わせとして適切なものを，次のア～カから一つ選び，記号で答えなさい。

ア　親潮（千島海流），黒潮（日本海流）　　イ　親潮（千島海流），対馬海流

ウ　親潮（千島海流），リマン海流　　エ　黒潮（日本海流），対馬海流

オ　黒潮（日本海流），リマン海流　　カ　対馬海流，リマン海流

2　表Ⅱは，1993年より後に登録された世界自然遺産についてまとめたものです。あとの問いに答えなさい。

【表Ⅱ】	C	D	E
登録地	知床	小笠原諸島	奄美大島，徳之島， 沖縄島北部および西表島
所在地	北海道	東京都	鹿児島県，沖縄県
まとめ	北半球における流氷の南限であり，流氷の影響を受けた，海と陸の生態系の豊かなつながりがみられる。	誕生から一度も大陸とつながったことがない太平洋上の島々で，多くの固有の種《しゅ》が存在している。	四つの地域において，それぞれの環境に適応するよう，動植物が独自の進化をとげている。

(1)　Cについて，メモは，将太さんが，知床という地名の由来についてまとめたものです。メモの［　Y　］にあてはまる，古くから北海道やその周辺に住んでいた人々を何というか，書きなさい。

【メモ】

知床という地名は，［　Y　］民族の言葉で「大地の先」という意味の，「シルエトク」が由来とされる。

(2)　資料Ⅰ，資料Ⅱは，世界自然遺産に関する，C，Dの地域の取り組みについてまとめたものです。C，Dの地域では，どのようなことを通じて地域経済の発展を実現しようとしているか，資料Ⅰ，資料Ⅱをふまえて，**環境保全**，**両立**の二つの言葉を用いて書きなさい。

【資料Ⅰ】Cの地域の取り組み

遊歩道を整備し，貴重な植物が踏み荒らされないよう配慮している。

【資料Ⅱ】Dの地域の取り組み

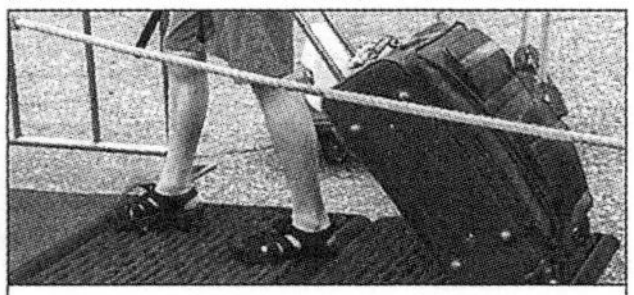

島に向かう前に靴底の泥を落としてもらい，外来生物の侵入を防いでいる。

(3)　Eに関連して，次は，将太さんが，鹿児島県の農業について調べ，まとめたものです。［　①　］，［　②　］にあてはまる言葉の組み合わせとして適切なものを，あとのア～エから一つ選び，記号で答えなさい。

鹿児島県には，［　①　］できた，［　②　］シラス台地が広がっており，茶の栽培など，畑作がさかんである。

ア　①　火山の噴出物が積み重なって　　②　水を通しやすい
イ　①　火山の噴出物が積み重なって　　②　水を通しにくい
ウ　①　川が運んだ細かい土砂が堆積して　　②　水を通しやすい
エ　①　川が運んだ細かい土砂が堆積して　　②　水を通しにくい

(4)　資料Ⅲは，表Ⅱ中の四つの都道府県を比較するために，人口増減率などについてまとめたものです。ア～エは，北海道，東京都，鹿児島県，沖縄県のいずれかです。沖縄県にあたるものを，ア～エから一つ選び，記号で答えなさい。

【資料Ⅲ】　(2020年)

	人口増減率 (％)	畜産の産出額 (億円)	海面漁業漁獲量 (t)	製造品出荷額等 (億円)
ア	0.47	397	12,928	4,990
イ	−0.74	3,120	53,799	20,247
ウ	0.78	20	45,535	74,207
エ	−0.59	7,337	894,911	61,336

(『データでみる県勢　2023年版』から作成)

注1：人口増減率の数値は，2015年から2020年までの人口増減の割合を示したものである。
注2：製造品出荷額等の数値は，2019年のものである。

3 花子さんは，山形県に関連する人物について調べ，表Ⅰにまとめました。あとの問いに答えなさい。

【表Ⅰ】

	A	B	C	D
人物	円仁《えんにん》	源義経	上杉景勝《うえすぎかげかつ》	井原西鶴
まとめ	 天台宗の僧，円仁は，山形県内で修行を行ったり，山寺に立石寺《りっしゃくじ》を建てたりした。	 兄の源頼朝と対立した源義経は，山形県内を通り，奥州藤原氏のもとにのがれた。	 関ヶ原の戦いの後に米沢を本拠地とした上杉景勝は，米沢藩の安定に努めた。	 浮世草子の作者，井原西鶴は，『日本永代蔵』に，酒田の豪商の繁栄ぶりを記した。

1　Aの下線部について，唐にわたって仏教を学び，比叡山に延暦寺を建てて天台宗を広めた僧はだれか，書きなさい。

2　Bについて，次の問いに答えなさい。

(1)　源頼朝が，源義経をとらえることを口実に朝廷に認めさせたのはどのようなことか，**国ごと**，**荘園や公領ごと** の二つの言葉を用いて書きなさい。

(2)　奥州藤原氏がほろぼされたころ，鎌倉幕府が成立しました。次のア～エは，鎌倉時代のできごとです。ア～エを，おこった年の古い順に並べかえ，記号で答えなさい。

ア　北条時宗が執権になった。　　イ　永仁の徳政令が出された。
ウ　御成敗式目（貞永式目）が制定された。　　エ　六波羅探題が置かれた。

3　Cについて，次の問いに答えなさい。

(1)　表Ⅱは，上杉景勝が活躍したころのできごとを，古い順に上から並べたものです。関ヶ原の戦いがおこったのは，表Ⅱ中のア～エのどの時期か，一つ選び，記号で答えなさい。

(2)　花子さんは，上杉景勝が活躍したころのできごとについて，教科書の年表で確認しました。次は，そのとき気づいたことをまとめたものの一部です。適切なまとめになるように，X にあてはまる言葉を書きなさい。

> 上杉景勝が生まれた16世紀は，政治の中心地や時代の特色による時代区分では，室町時代や戦国時代から安土桃山時代へと移り変わる時期にあたる。また，社会のしくみによって大きく区切る時代区分では， X から近世へと移り変わる時期にあたる。

【表Ⅱ】

で　き　ご　と
桶狭間の戦いがおこった。
↕ ア
室町幕府がほろんだ。
↕ イ
文禄の役がおこった。
↕ ウ
徳川家康が征夷大将軍になった。
↕ エ
大阪の陣がおこった。

4　Dについて，井原西鶴が『日本永代蔵』をあらわしたころの酒田について述べた内容として最も適切なものを，次のア～エから一つ選び，記号で答えなさい。

ア　朱印船貿易で栄え，日本町がつくられた。　　イ　西廻り航路や東廻り航路の拠点となった。
ウ　五街道沿いの宿場町として整備された。　　エ　朝鮮との貿易のため，倭館が置かれた。

4 健二さんは，2024年にフランスのパリでオリンピック・パラリンピックが開かれることを知り，近現代のわが国やフランスに関連するできごとについて調べ，略年表にまとめました。あとの問いに答えなさい。

【略年表】

年	できごと
1858	日本と欧米諸国との間で通商条約が結ばれる …①
1872	群馬県に X がつくられる
A	
1895	三国干渉がおこる ……②
B	
1919	パリ講和会議が開かれる ……③
C	
1945	ポツダム宣言が発表される
D	
1975	フランスで第一回先進国首脳会議が開かれる
E	
2024	パリでオリンピック・パラリンピックが開かれる

1 略年表中の①より前におこったできごととして適切なものを，次のア～カから**二つ**選び，記号で答えなさい。

ア 蛮社の獄がおこる

イ 生麦事件がおこる

ウ 版籍奉還が行われる

エ 桜田門外の変がおこる

オ ペリーが浦賀に来航する

カ 徳川慶喜が政権を朝廷に返す

2 略年表中の X には，フランス人技師が指導した，官営模範工場の名称が入ります。資料は，その工場の様子を描いたものの一部です。 X にあてはまる工場名を，**漢字5字**で書きなさい。

【資料】

3 略年表中の②について，このできごとで，日本がフランスを含む3か国から求められたのはどのようなことか，**下関条約**，**清**の二つの言葉を用いて書きなさい。

4 次は，健二さんが，略年表中の③についてまとめたものです。あとの問いに答えなさい。

> 1919年，第一次世界大戦の講和条約である Y 条約が，パリ郊外の Y 宮殿で調印された。また，パリ講和会議でのウィルソン大統領の提案をもとに，1920年に国際連盟が発足し，日本やフランスなどが常任理事国となった。

(1) 適切なまとめになるように， Y にあてはまる言葉を書きなさい。

(2) 下線部について，1920年に国際連盟に加盟していた国の組み合わせとして適切なものを，次のア～カから一つ選び，記号で答えなさい。

ア アメリカ，イギリス　イ アメリカ，イタリア　ウ アメリカ，ドイツ

エ イギリス，イタリア　オ イギリス，ドイツ　カ イタリア，ドイツ

5 次のア～オは，それぞれ，略年表中のA～Eのいずれかの時期のできごとです。A～Eのそれぞれの時期にあてはまるものを，ア～オから一つずつ選び，記号で答えなさい。

ア ノルマントン号事件がおこる

イ ヨーロッパ連合（ＥＵ）が発足する

ウ アジア・アフリカ会議が開かれる

エ 日英同盟が結ばれる

オ 大西洋憲章が発表される

5　光さんは，日本国憲法の三つの基本原理について調べました。表は，そのとき調べたことをまとめたものです。あとの問いに答えなさい。

【表】	基本原理	まとめ
A	国民主権	国民にとって重要なことや，国民の権利に影響をおよぼす重大事項について，国民自身が最終的に決めること。
B	基本的人権の尊重	個人の尊重の考え方にもとづき，人間が生まれながらに持つ権利が，最大限に尊重されること。
C	[X]	国際紛争を解決するための武力行使と戦争を放棄するとともに，戦力と交戦権を持たないこと。

1　Aに関連して，次は，光さんが，国民と国会の関係についてまとめたものです。あとの問いに答えなさい。

> 主権を持つ国民が直接選んだ議員で組織されるため，国会は，「国権の[a]」とされ，強い権限が与えられている。国会では，私たちの生活に関する重要な問題の審議が行われる。

(1)　[a]にあてはまる言葉を，**漢字4字**で書きなさい。

(2)　国会には，いくつかの種類があります。そのうち，衆議院解散後の総選挙の日から30日以内に召集される国会の種類を書きなさい。

2　Bについて，基本的人権は，自由権や社会権などで構成されます。一般に，日本国憲法が保障する社会権に分類されるものを，次のア～オから二つ選び，記号で答えなさい。

ア　請願権　　イ　生存権　　ウ　平等権　　エ　教育を受ける権利　　オ　裁判を受ける権利

3　Cについて，[X]にあてはまる基本原理を書きなさい。

4　光さんは，日本国憲法の改正には，ほかの法律の改正とは異なる手続きが定められていることを知り，憲法改正の手続きについて，資料のようにまとめました。次の問いに答えなさい。

【資料】

> 改正原案を衆議院と参議院で審議し，各議院の総議員の[b]の賛成で可決した場合，憲法改正が発議される。
>
> ↓
>
> [c]を行い，過半数が賛成した場合，改正案が成立する。
>
> ↓
>
> <u>天皇が国民の名において公布する。</u>

(1)　[b]，[c]にあてはまる言葉の組み合わせとして適切なものを，次のア～エから一つ選び，記号で答えなさい。

ア　b　過半数　　　　c　国民投票
イ　b　過半数　　　　c　国民審査
ウ　b　3分の2以上　c　国民投票
エ　b　3分の2以上　c　国民審査

(2)　資料中の下線部について，憲法改正の公布は，日本国憲法に定められた，天皇が，内閣の助言と承認により行う行為の一つです。このような，天皇が，内閣の助言と承認により行う，形式的・儀礼的な行為は何とよばれるか，書きなさい。

5　次は，光さんが，憲法についての学習を振り返り，まとめたものの一部です。適切なまとめになるように，[d]にあてはまる言葉を書きなさい。

> 憲法は，国の政治の基本的な在り方を定める法である。憲法にもとづいて政治を行い，国家の[d]ことで人権を保障する考え方を，立憲主義ということがわかった。憲法が，私たちの人権を守り，私たちの生活に深く関係していることが実感できた。

6 愛さんは，社会科の授業で学習した内容を振り返り，いくつかの分野における，よりよい社会の実現に向けた課題について調べました。表は，そのときまとめたものの一部です。あとの問いに答えなさい。

【表】

	A	B	C	D
分野	労働	財政	国際	環境
まとめ	働き方が多様化するなか，すべての人々がいきいきと働ける環境を整えることが重要である。	国や地方公共団体は，限られた財源を有効に活用しながら，財政の役割を果たしていく必要がある。	各地の紛争によって多くの難民が発生している。難民に対する国際的な保護や支援の取り組みが大切である。	①循環型社会の実現に向けて，日常生活の在り方を見直すことや，②企業，政府，市民の協働が求められている。

1　Aの下線部に関連して，かつての日本企業では，終身雇用が一般的で，年功序列型の賃金制度が広くみられました。年功序列型の賃金制度とはどのような制度か，書きなさい。

2　Bの下線部について，次の問いに答えなさい。

(1)　資料Ⅰは，地方公共団体の歳入の内訳を表しています。資料Ⅰの［X］にあてはまる，教育や公共工事など，地方公共団体の特定の事業に対して国から支払われる資金のことを何というか，書きなさい。

【資料Ⅰ】　(2021年度)

総額 128.3兆円	地方税	X	地方交付税	地方債	その他
	33.1%	25.0	15.2	9.2	17.5

(『令和５年版地方財政白書』から作成)

注：地方交付税は，地方交付税交付金を地方公共団体側からみた呼び名である。

(2)　国や地方公共団体の財源について述べた文として適切なものを，次のア～エから一つ選び，記号で答えなさい。

ア　国税の一つである所得税は，税を納める人と税を負担する人が異なる税である。

イ　地方税は，自動車税や固定資産税などからなる，自主財源である。

ウ　国税の一つである消費税は，累進課税の方法が採られている。

エ　地方債は，地方公共団体が発行する，自主財源である。

3　Cの下線部について，難民の保護や支援を行う，国連難民高等弁務官事務所の略称を，次のア～オから一つ選び，記号で答えなさい。

ア　ＡＰＥＣ　　イ　ＡＳＥＡＮ　　ウ　ＵＮＨＣＲ　　エ　ＵＮＩＣＥＦ　　オ　ＵＳＭＣＡ

4　Dについて，次の問いに答えなさい。

(1)　下線部①について，循環型社会を実現するためには，３Ｒを心がけることが重要です。３Ｒのうち，無駄な消費を減らし，廃棄物の発生をおさえることを何というか，書きなさい。

(2)　下線部②に関連して，愛さんは，山形県が宣言した「ゼロカーボンやまがた2050」について調べ，資料Ⅱとメモにまとめました。次は，愛さんが，資料Ⅱとメモからわかったことをまとめたものです。適切なまとめになるように，［Y］，［Z］にあてはまる言葉を，それぞれ書きなさい。

【資料Ⅱ】ゼロカーボン達成のイメージ

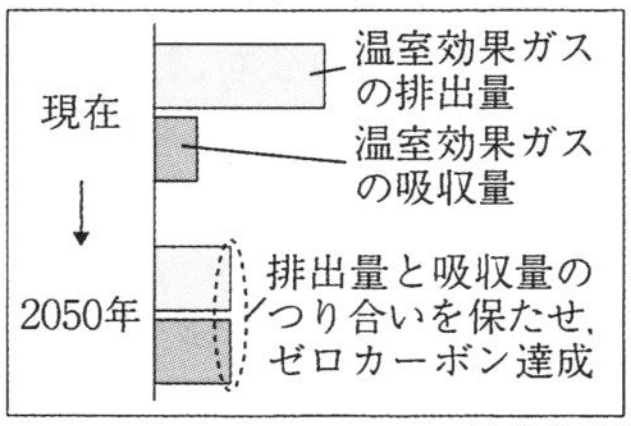

【メモ】山形県が県民や事業者に呼びかけていること

○　冷暖房の温度の適切な設定
○　太陽光発電設備などの設置
○　森づくり活動への参加や森林の適切な手入れ

(山形県の資料から作成)

山形県は，ゼロカーボン達成に向けて，省エネルギーの徹底や再生可能エネルギーの導入拡大など，温室効果ガスの［Y］ことにつながる行動や，森林の整備など，温室効果ガスの［Z］ことにつながる行動を呼びかけているということがわかった。

令 和 6 年 度

公立高等学校入学者選抜
学力検査問題

理　　科

（ 12：50 ～ 13：40 ）

注　　意

1 「開始」の合図があるまで，開いてはいけません。

2 問題用紙は，7ページまであります。

3 解答用紙は，問題用紙の中にはさんであります。

4 「開始」の合図があったら，まず，解答用紙を取り出し，受検番号を書きなさい。次に，問題用紙のページ数を確認し，不備があればすぐに手を挙げなさい。

5 答えは，すべて解答用紙に書きなさい。

6 「終了」の合図で，すぐに鉛筆（シャープペンシルを含む）をおき，解答用紙を開いて裏返しにしなさい。

1 理子さんと一郎さんは，動物に興味をもち，身近な動物について調べた。次の問いに答えなさい。

1　理子さんと一郎さんは，イワシとアサリの，体の内部のつくりについて調べた。次は，理子さんと一郎さんの対話であり，図１はイワシ，図２はアサリの，体の内部をスケッチしたものである。あとの問いに答えなさい。

一郎：イワシとアサリの体の内部のつくりは違っているね。
理子：そうだね。背骨があるのかないのかという大きな違いがあるね。
一郎：体の内部のつくりは大きく違っているけれど，どちらも水中で生活している動物だから，何か共通点はないのかな。
理子：図１と図２のように，どちらも [a] をもっていて，水中で [a] 呼吸をするという共通点があるよ。
一郎：イワシとアサリでも共通点はあるのだね。

図１

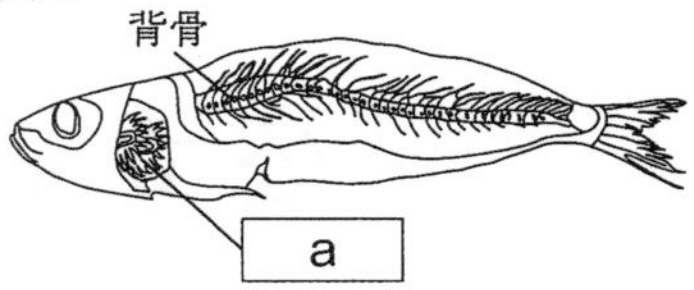

図２

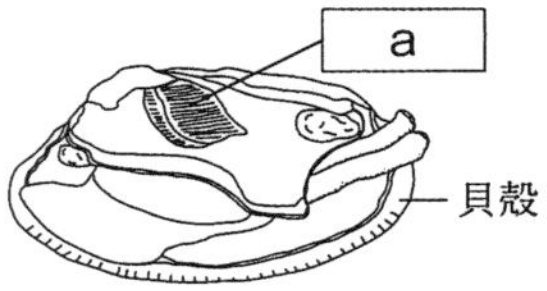

(1)　[a] にあてはまる語を書きなさい。

(2)　次は，理子さんが，アサリについて調べたことをまとめたものである。[b] ～ [d] にあてはまる語の組み合わせとして適切なものを，あとのア～クから一つ選び，記号で答えなさい。

アサリには背骨がなく，内臓が [b] に包まれている。また，[b] をおおう貝殻がある。アサリは，無セキツイ動物の中でも [c] 動物に分類され，同じ [c] 動物に分類される動物として，[d] などがいる。

ア	b　外骨格	c　節足	d　イカ	イ	b　外とう膜	c　節足	d　イカ
ウ	b　外骨格	c　節足	d　エビ	エ	b　外とう膜	c　節足	d　エビ
オ	b　外骨格	c　軟体	d　イカ	カ	b　外とう膜	c　軟体	d　イカ
キ	b　外骨格	c　軟体	d　エビ	ク	b　外とう膜	c　軟体	d　エビ

2　次は，理子さんと一郎さんが，身近な動物をなかま分けしたときの対話である。あとの問いに答えなさい。

理子：セキツイ動物のメダカ，カエル，ヘビ，ハト，ウサギの５種類について，どのような特徴をもとになかま分けできるか考えてみよう。
一郎：子の生まれ方に注目するとどうなるだろう。
理子：メダカ，カエル，ヘビ，ハトのように雌が卵を産んで卵から子がかえる卵生と，ウサギのように雌の体内である程度育ってから子が生まれる [e] に，なかま分けできるね。
一郎：卵生の動物は，卵を，水中に産むか<u>陸上に産む</u>かで，さらになかま分けできそうだね。

(1)　[e] にあてはまる語を書きなさい。

(2)　下線部について，ヘビやハトが産む卵は，陸上での乾燥に耐えることができる。これらの卵のように，陸上での乾燥に耐えることができる卵の表面のつくりにはどのような特徴があるか，書きなさい。

2 太郎さんは，ヒトの消化と吸収のしくみについて興味をもち，次のような仮説を立て，①，②の手順で実験を行った。あとの問いに答えなさい。

仮説　だ液のはたらきによって，デンプンは糖に変化する。

図 1

【実験】 ①　試験管を 2 本用意し，それぞれに，デンプン溶液 5 cm^3 とうすめただ液 2 cm^3 を入れ，よく振り混ぜ，図 1 のように，約 40 ℃のお湯に，10 分間入れた。

②　①のあと，一方の試験管にヨウ素液を数滴加えた。もう一方の試験管にはベネジクト液を数滴加え，沸騰石を入れて，試験管を軽く振りながら，ガスバーナーで加熱した。

【結果】 ・　ヨウ素液を加えた試験管の溶液の色は，変化しなかった。

・　ベネジクト液を加えた試験管の溶液の色は，赤褐色に変化した。

1　食物に含まれている栄養分は，消化されることで体内にとり入れられるが，消化とはどのようなことか，「食物の栄養分を」のあとに続けて書きなさい。

2　結果を考察したときに，太郎さんは，仮説が正しいかどうかを確かめるためには，追加の実験が必要であることに気づいた。次は，太郎さんが，追加の実験を行い，まとめたものである。あとの問いに答えなさい。

> 最初の実験の結果から，デンプンがなくなったことと糖ができたことがわかる。しかし，最初の実験だけでは，だ液のはたらきによって，デンプンが糖に変化したとはいいきれない。そのため，別の試験管を 2 本用意し，それぞれに，[a] を入れ，最初の実験と同様の手順で，追加の実験を行った。
> 追加の実験では，ヨウ素液を加えた溶液の色は [b]，ベネジクト液を加えた溶液の色は [c]。最初の実験の結果と追加の実験の結果から，A だ液のはたらきによって，デンプンが糖に変化したことがわかり，仮説が正しいことを確かめることができた。

(1)　下線部Aについて，ヒトのだ液に含まれる，デンプンにはたらく消化酵素の名称を，書きなさい。

(2)　[a] ～ [c] にあてはまる言葉の組み合わせとして最も適切なものを，次のア～エから一つ選び，記号で答えなさい。

ア　a　水 5 cm^3 とうすめただ液 2 cm^3　b　変化せず　c　赤褐色に変化した

イ　a　水 5 cm^3 とうすめただ液 2 cm^3　b　青紫色に変化し　c　変化しなかった

ウ　a　デンプン溶液 5 cm^3 と水 2 cm^3　b　変化せず　c　赤褐色に変化した

エ　a　デンプン溶液 5 cm^3 と水 2 cm^3　b　青紫色に変化し　c　変化しなかった

3　次は，太郎さんが，小腸における消化された栄養分の吸収について調べたことをまとめたものである。あとの問いに答えなさい。

> 小腸の内側の壁にはたくさんのひだがあり，そのひだの表面には，図 2 のような B 小さな突起が多数ある。消化された栄養分の一つであるブドウ糖は，これらの小さな突起から [d] に入り，[e] に運ばれる。ブドウ糖の一部は，[e] や筋肉で，グリコーゲンという物質に変えられて貯蔵される。

図 2

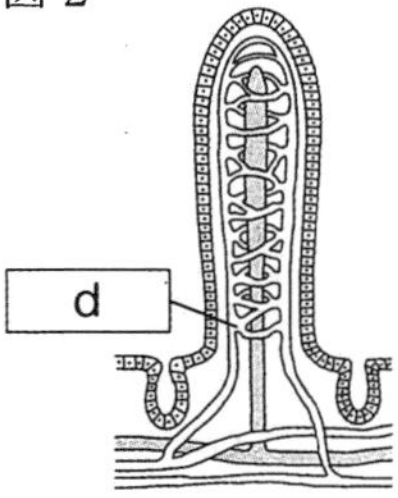

(1)　下線部Bの名称を何というか，書きなさい。

(2)　[d]，[e] にあてはまる語の組み合わせとして適切なものを，次のア～エから一つ選び，記号で答えなさい。

ア　d　毛細血管　e　肝臓　　イ　d　毛細血管　e　腎臓

ウ　d　リンパ管　e　肝臓　　エ　d　リンパ管　e　腎臓

3 哲也さんと里奈さんは，前線の通過と天気の関係について興味をもち，インターネットを利用して，天気図と気象要素のデータを集めた。図1は，2021年10月10日21時の天気図であり，図2は，2021年10月11日3時から12日21時にかけての，山形県内の気象観測地Pで観測された気象要素のデータから作成したものである。あとの問いに答えなさい。

図1

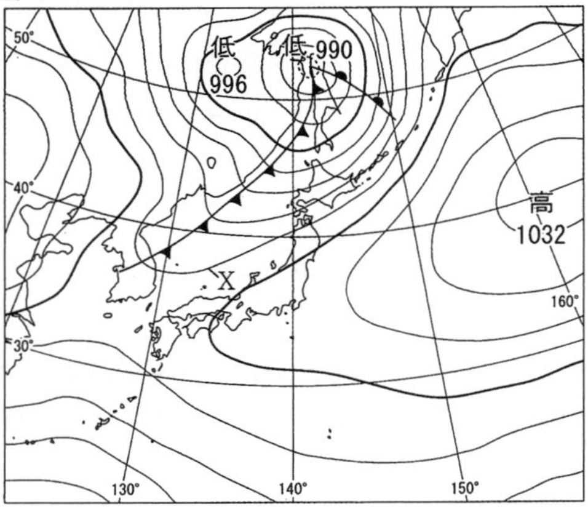

図2

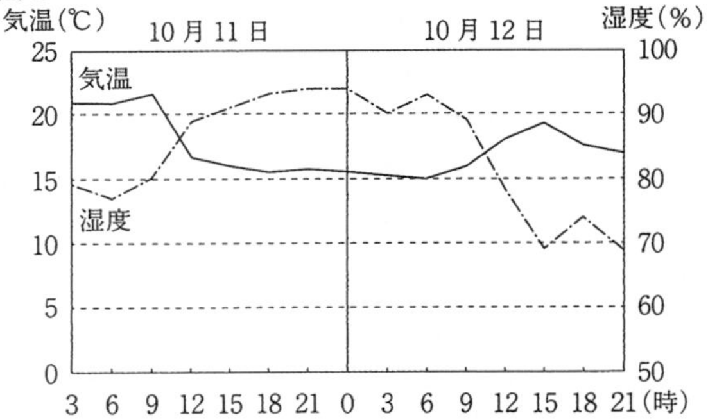

風向	南東	南南東	西南西	北北西	北	南東	南東	東北東	南南東	南南東	東北東	東南東	東	東	東南東

1　次は，気圧と風について述べたものである。［a］，［b］にあてはまる言葉の組み合わせとして適切なものを，あとのア～エから一つ選び，記号で答えなさい。

> 空気は気圧の［a］ところへ移動する。その空気の動きが風となるため，風は気圧の［a］ところへ向かって吹く。風の強さは，同じ距離間の気圧の差が［b］ほど強い。

ア　a　高いところから低い　b　小さい　　イ　a　低いところから高い　b　小さい

ウ　a　高いところから低い　b　大きい　　エ　a　低いところから高い　b　大きい

2　図1について，Xの等圧線が示す気圧の値は何 hPa か，書きなさい。

3　次は，哲也さんと里奈さんの，前線に関する対話である。あとの問いに答えなさい。

> 哲也：図1から，10月10日21時に，日本列島の西の方に寒冷前線があったことがわかるね。
> 里奈：偏西風の影響で，この寒冷前線が，山形県を通過したんだね。
> 哲也：そうだね。図2から，この寒冷前線は，気象観測地Pの近くを［c］の間に通過したことが読みとれるよ。
> 里奈：図1から，日本列島の北の方に温暖前線もあったことがわかるね。温暖前線付近の天気には，どんな特徴があったかな。
> 哲也：温暖前線付近では，雨の降り方に特徴があったね。

(1)　［c］にあてはまる言葉として最も適切なものを，次のア～エから一つ選び，記号で答えなさい。

ア　10月11日の9時から12時　　イ　10月11日の15時から18時

ウ　10月12日の6時から9時　　エ　10月12日の12時から15時

(2)　下線部について，温暖前線付近と寒冷前線付近での，雨の降り方を比べたとき，温暖前線付近での雨の降り方にはどのような特徴があるか。雨の降る範囲と雨の降る時間の長さに着目して，書きなさい。

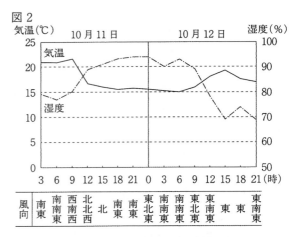

4 恵子さんは，天体の運動について興味をもち，山形県内の自宅で天体の観察を行い，調べた。次は，恵子さんがまとめたものの一部である。あとの問いに答えなさい。

【天体の観察】

2023 年 10 月 11 日午後 8 時と 10 月 12 日午前 0 時に，自宅の窓から，三脚に固定したデジタルカメラで，東の空を撮影した。図 1，2 は，撮影した画像をもとに，10 月 11 日午後 8 時と 10 月 12 日午前 0 時における，それぞれの東の空の天体をスケッチしたものである。

図 1

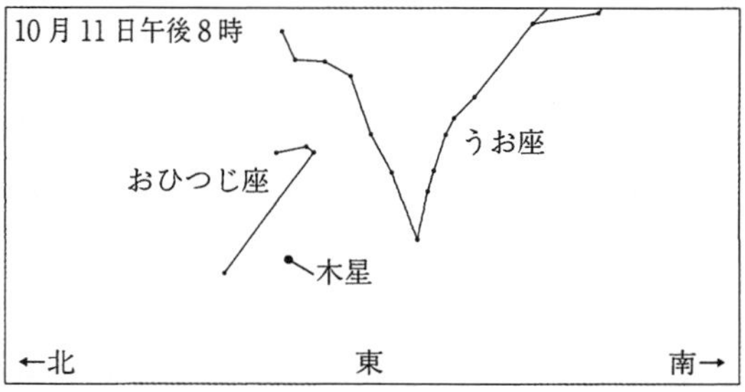

図 2

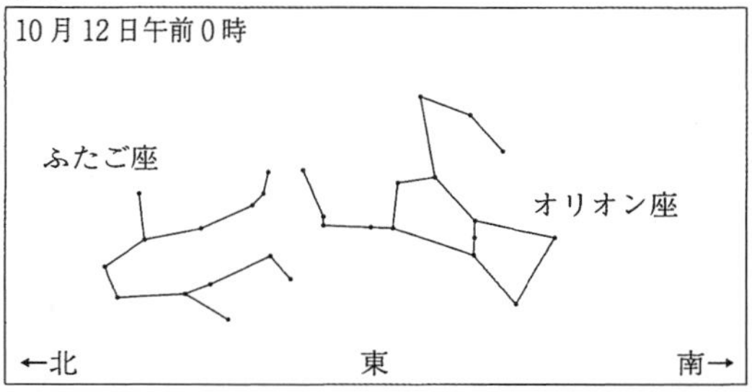

【観察の結果】

・ 10 月 11 日午後 8 時の東の空には，おひつじ座，うお座，①木星が見えた。
・ 10 月 12 日午前 0 時の東の空には，ふたご座，オリオン座が見えた。

【調べたこと】

星座を形づくる②恒星や，木星は，③地球の自転によって時刻とともに動いて見える。

1 下線部①について，次は，恵子さんが調べたことをまとめたものである。[a]，[b] にあてはまるものの組み合わせとして最も適切なものを，あとのア～エから一つ選び，記号で答えなさい。

> 木星は，地球よりも大型で密度が [a]，太陽系最大の惑星である。氷や岩石の粒でできた環をもっており，多くの [b] をもつという特徴がある。

ア a 大きい b 小惑星　　イ a 小さい b 小惑星
ウ a 大きい b 衛星　　エ a 小さい b 衛星

2 下線部②について，恒星とはどのような天体か，書きなさい。

3 下線部③について，地球の自転は，北極と南極を結ぶ線を回転の中心としている。この北極と南極を結ぶ線を何というか，**漢字 2 字**で書きなさい。

4 次は，恵子さんが，天体の運動について調べたことをまとめたものである。[c] にあてはまる語を書きなさい。

> 同じ時刻に見える星座の位置は日々東から西へ動き，季節とともに見える星座が変わる。そして，1 年後にはまた同じ位置に見える。これは地球の公転によって生じる見かけの動きで，星の [c] という。

5 天体の観察を行った 1 か月後，恵子さんが自宅の窓から東の空を見たとき，ふたご座とオリオン座が，10 月 12 日午前 0 時の位置と同じ位置にくる時刻は何時か。最も適切なものを，次のア～クから一つ選び，記号で答えなさい。

ア 午後 8 時　　イ 午後 9 時　　ウ 午後 10 時　　エ 午後 11 時
オ 午前 0 時　　カ 午前 1 時　　キ 午前 2 時　　ク 午前 3 時

5 慎也さんは，物質の性質に着目することで物質を分類できることを知り，物質の性質を調べるために，塩化ナトリウム，ショ糖，スチールウール（鉄）をそれぞれ用意し，次の①，②の手順で実験を行った。あとの問いに答えなさい。

【実験】

① 物質をそれぞれガスバーナーで加熱し，加熱したときの様子を観察した。

② ①で物質が燃えたときは，物質を集気びんの中に入れ，燃やし続けた。その後，燃え終わった物質をとり出し，集気びんの中に石灰水を入れ，ふたをしてよく振り，石灰水の様子を観察した。

1 下線部について，次は，慎也さんが，ガスバーナーに点火したあとの炎の調節についてまとめたものであり，図は，ガスバーナーを模式的に表したものである。[a]～[c]にあてはまるものの組み合わせとして適切なものを，あとのア～クから一つ選び，記号で答えなさい。

図

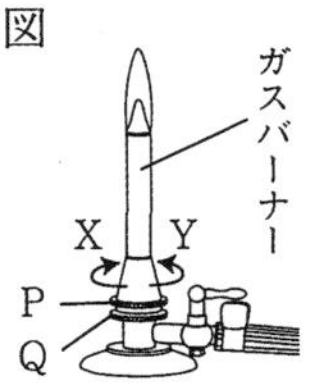

> ガスの量を調節し，炎の大きさを10 cmくらいにする。空気の量が[a]と赤い炎になるため，[b]のねじだけを少しずつ[c]の方向に回し，ガスの量を変えずに青い炎にする。

ア a 不足している b P c X　　イ a 不足している b P c Y

ウ a 不足している b Q c X　　エ a 不足している b Q c Y

オ a 多過ぎる b P c X　　カ a 多過ぎる b P c Y

キ a 多過ぎる b Q c X　　ク a 多過ぎる b Q c Y

2 次は，慎也さんが，実験から考えられることについてまとめたものであり，表は，実験結果である。あとの問いに答えなさい。

> 実験結果から，塩化ナトリウム，ショ糖，スチールウールには，燃えるか燃えないかという違いがあることがわかる。また，スチールウールが燃えたときに，石灰水の色が変化しなかったのは，スチールウールは，燃えても[d]ためである。これらのことから，スチールウールは，[e]と同じ[f]であると考えられる。

表

	加熱したときの様子	石灰水の様子
塩化ナトリウム	燃えなかった。	――
ショ糖	燃えた。	白くにごった。
スチールウール	燃えた。	変化しなかった。

注：塩化ナトリウムについては，石灰水の観察を行っていないため，「――」と記している。

(1) ショ糖やスチールウールが燃えるときのように，物質が，熱や光を出しながら激しく酸化されることを何というか，書きなさい。

(2) [d]にあてはまる言葉を書きなさい。

(3) [e]，[f]にあてはまる語の組み合わせとして適切なものを，次のア～エから一つ選び，記号で答えなさい。

ア e 塩化ナトリウム f 有機物　　イ e 塩化ナトリウム f 無機物

ウ e ショ糖 f 有機物　　エ e ショ糖 f 無機物

3 塩化ナトリウムとショ糖は，どちらも水に溶けるが，水溶液に電流が流れるか流れないかという違いがある。ショ糖のように，水に溶かしても電流が流れない物質を何というか，書きなさい。

6 金属の酸化について調べるために，マグネシウムの粉末を用いて，次の①，②の手順で実験を行った。表は，実験結果である。あとの問いに答えなさい。

【実験】 ① マグネシウムの粉末 0.3 g を加熱して完全に酸化させ，得られた酸化マグネシウムの質量をはかった。

② マグネシウムの粉末の質量を 0.6 g，0.9 g にして，①と同様のことをそれぞれ行った。

表

マグネシウムの粉末の質量 (g)	0.3	0.6	0.9
得られた酸化マグネシウムの質量 (g)	0.5	1.0	1.5

図

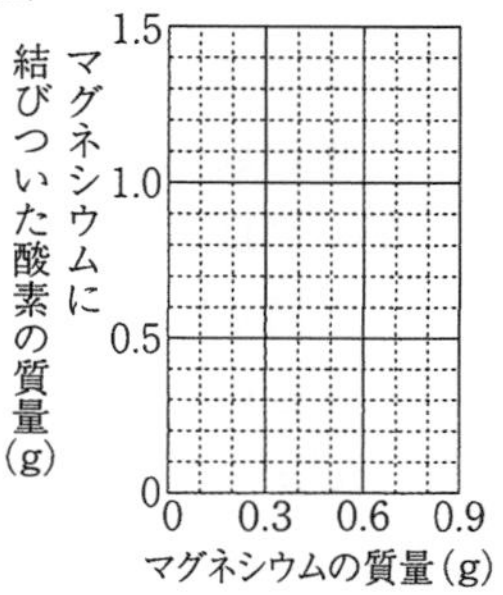

1 実験結果をもとに，マグネシウムの質量とマグネシウムに結びついた酸素の質量との関係を表すグラフを，図にかきなさい。

2 マグネシウムが酸化されて酸化マグネシウムになる化学変化を，化学反応式で書きなさい。

3 マグネシウムの粉末 2.1 g を加熱したところ，加熱後の質量は 2.9 g であった。次は，このときの結果から考えられることをまとめたものである。あとの問いに答えなさい。

> マグネシウムの粉末 2.1 g を加熱して完全に酸化させたとき，得られる酸化マグネシウムの質量は [a] g になるはずである。しかし，加熱後の質量が 2.9 g であることから，酸化されていないマグネシウムが [b] g 残っていると考えられる。

(1) [a] にあてはまる数値を書きなさい。

(2) [b] にあてはまる数値として最も適切なものを，次のア～カから一つ選び，記号で答えなさい。

ア 0.6　　イ 0.7　　ウ 0.8　　エ 0.9　　オ 1.0　　カ 1.1

7 道具を使ったときの仕事の大きさについて調べるために，次の実験 1，2 を行った。あとの問いに答えなさい。ただし，動滑車と糸の摩擦や，糸の質量は無視でき，糸は伸び縮みしないものとする。また，滑車とおもりにはたらく重力の大きさは，合わせて 5.0 N とする。

【実験 1】 図 1 のように，ばねばかり A におもりと滑車を糸でつるし，真上にゆっくりと 20 cm 引き上げた。

【実験 2】 実験 1 で使ったおもりと滑車を，ばねばかり B とばねばかり C をつないだ糸でつるし，図 2 のように，ばねばかり C をスタンドに固定した。次に，滑車を動滑車として使い，おもりを真上にゆっくりと 20 cm 引き上げた。

図 1

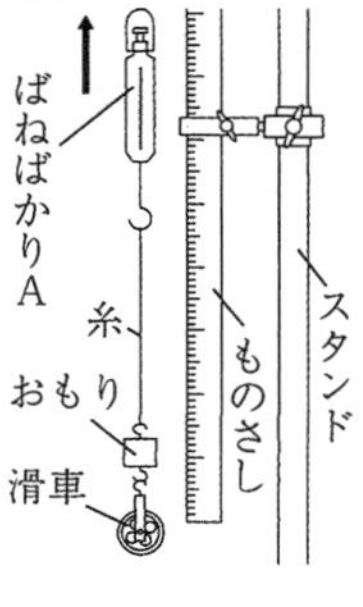

図 2

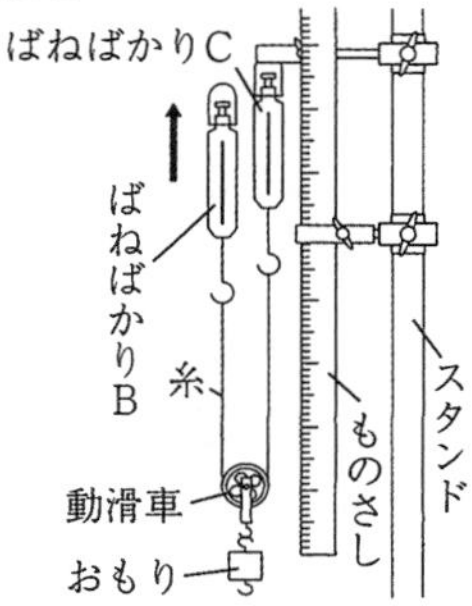

1 実験 2 において，ばねばかり B，C のそれぞれが示した値の組み合わせとして最も適切なものを，次のア～カから一つ選び，記号で答えなさい。

ア	B 2.5 N	C 0 N	イ	B 5.0 N	C 0 N	ウ	B 2.5 N	C 2.5 N
エ	B 2.5 N	C 5.0 N	オ	B 5.0 N	C 5.0 N	カ	B 10.0 N	C 10.0 N

2 実験 1，2 において，おもりと滑車に対してした仕事の大きさは変わらなかった。このように，道具を使っても使わなくても，仕事の大きさは変わらないことを何というか，書きなさい。

3 実験 2 において，おもりを 20 cm 引き上げるのに 5 秒かかった。次の問いに答えなさい。

(1) 実験 2 でおもりを引き上げたときの，ばねばかり B の平均の速さは何 cm/s か，求めなさい。

(2) 実験 2 でおもりを引き上げたときに，加えた力がした仕事の仕事率は何 W か，求めなさい。

8 弦が出す音の振動の様子を調べるために，図１のような装置を組み，次の実験を行った。あとの問いに答えなさい。ただし，ことじの位置は変えることができ，太い弦の一端をＡ，太い弦のことじの位置をＢ，細い弦の一端をＣ，細い弦のことじの位置をＤとする。

【実験】

① 同じ材質で，太さが異なる２本の弦を，モノコードに同じ強さで張った。

② ＡＢ間の中央をはじいたときの，太い弦が出す音を，マイクロホンを通してコンピュータの画面に表示させ，振動数を測定した。

③ ＣＤ間の長さを②のＡＢ間と同じ長さにして，振幅が②と同じになるような強さでＣＤ間の中央をはじいた。このときの，細い弦が出す音を，マイクロホンを通してコンピュータの画面に表示させ，振動数を測定した。

④ ことじの位置を変えて，②，③と同様のことを行った。

図１

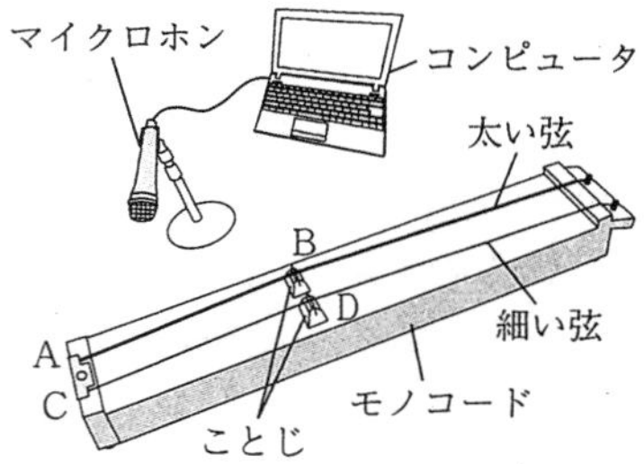

【結果】

・ 太い弦と細い弦の両方で，はじく弦の長さが短くなると，振動数は多くなった。
・ 太い弦と細い弦で，はじく弦の長さが同じ場合，細い弦の振動数は太い弦の振動数の約２倍になった。

1 次は，音がマイクロホンに伝わるまでの流れをまとめたものである。□にあてはまる語を，**漢字１字**で書きなさい。

> 音源の振動が空気を振動させ，空気の振動が□として広がり，マイクロホンに音が伝わる。

2 図２は，②におけるコンピュータの画面を模式的に表したものである。ただし，画面の縦軸は振幅，横軸は時間を表しており，１回の振動にかかる時間は５目盛り分である。次の問いに答えなさい。

図２

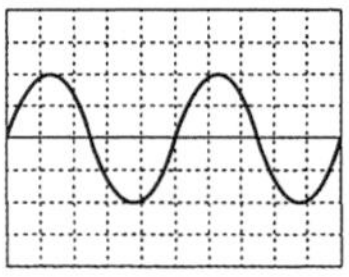

(1) 図２について，振動数は何 Hz か，求めなさい。ただし，横軸の１目盛りは 0.001 秒 を示している。

(2) このときの，③におけるコンピュータの画面を模式的に表したものとして最も適切なものを，次のア～オから一つ選び，記号で答えなさい。ただし，ア～オのいずれにおいても，画面の縦軸は振幅，横軸は時間を表し，１目盛りの値は，図２と同じであるものとする。

ア

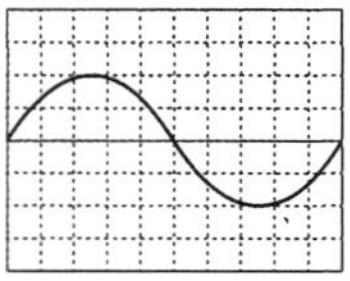

イ

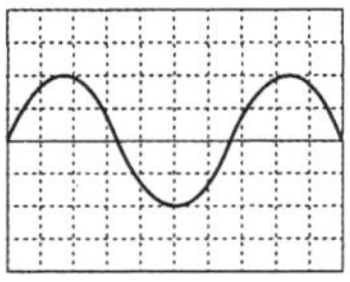

ウ

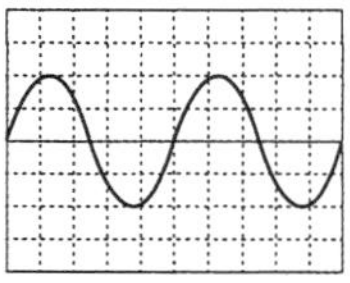

エ

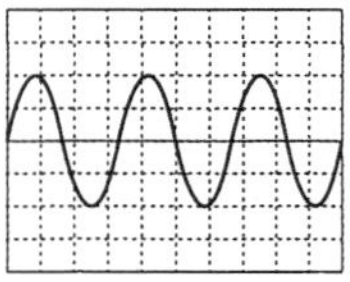

オ

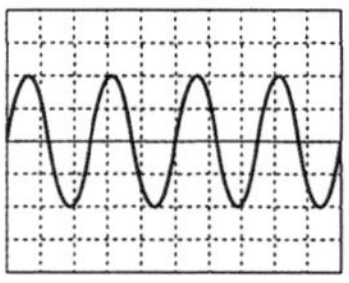

3 弦を張る強さを変え，ＡＢ間の長さを図２が表示されたときと同じ長さにし，ＡＢ間の中央をはじく強さを変えた。図３は，このときのコンピュータの画面を模式的に表したものである。図２が表示されたときと比べ，弦を張る強さとはじく強さを，それぞれどのように変えたのか，書きなさい。ただし，画面の縦軸は振幅，横軸は時間を表し，１目盛りの値は，図２と同じであるものとする。

図３

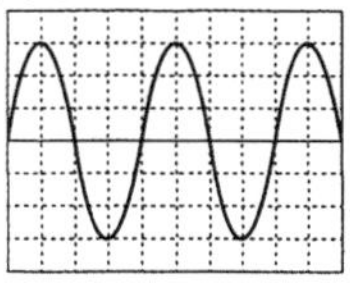

令 和 6 年 度

公立高等学校入学者選抜
学力検査問題

英　　語

（　14：00　～　14：50　）

注　　　　意

1 「開始」の合図があるまで，開いてはいけません。

2 最初に，放送によるテストがあります。

3 問題用紙は，7ページまであります。

4 解答用紙は，問題用紙の中にはさんであります。

5 「開始」の合図があったら，まず，解答用紙を取り出し，受検番号を書きなさい。次に，放送によるテストが始まる前に問題用紙のページ数を確認し，不備があればすぐに手を挙げなさい。

6 答えは，すべて解答用紙に書きなさい。

7 「終了」の合図で，すぐに鉛筆（シャープペンシルを含む）をおき，解答用紙を開いて裏返しにしなさい。

1 これはリスニングテストです。放送の指示に従って答えなさい。

1

No. 1

No. 2

Shota さんと Emily さんが見ている案内図

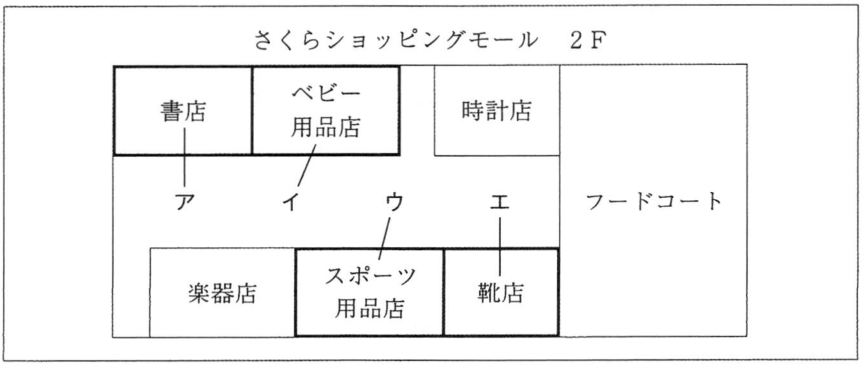

2

＜美穂《みほ》さんのメモ＞

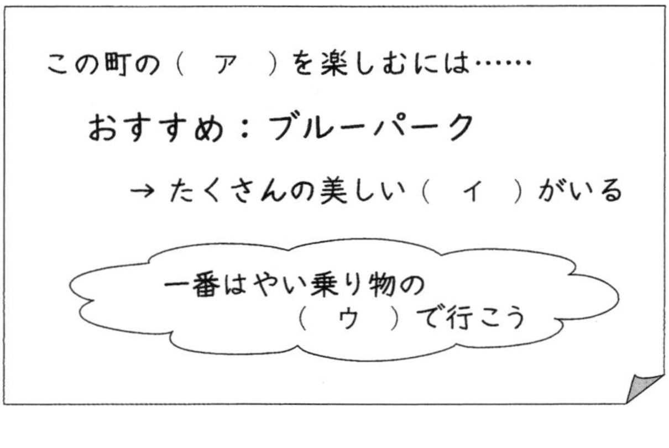

3

No. 1

ア How old it is.

イ Who started it.

ウ When it ended.

エ Why it is held.

No. 2

ア They should look at the stage that she built.

イ They should clean the shrine after the festival.

ウ She needs more members for the volunteer group.

エ She needs more people who can perform on the stage.

4 答えは，解答用紙に書きなさい。

（メモ用）

（　　）のところの英語を聞き取り，書きなさい。

Alice: Did you watch the TV drama last night?

Shun: No.

I was so (　　　　　　　　　　　　　　　　　　　　).

2 次の問いに答えなさい。

1　次の対話文の（　　）の中に最も適する英語を，それぞれ 1 語ずつ書きなさい。

(1) *Nanami:* What kind of food do you like, Peter?
Peter: I like Japanese noodles such（　　）*udon* and *soba*.

(2) *Bob:* There are twelve（　　）in a year. Can you write all their names in English?
Kaori: No. I can write only 'May' and 'June'.

(3) *Tsuyoshi:* My father's brother will come to the party with his son today. Have you ever met those two?
Ann: I've met your uncle once, but I've never met your（　　）.

2　次の対話文の（　　）の中に最も適するものを，あとのア～エからそれぞれ一つずつ選び，記号で答えなさい。

(1) *Mother:* Where are you going?
Son: I'm going to the museum with my friend, Ben.
Mother:（　　　　　　　　）
Son: Maybe I'll be back around noon, but I'm not sure yet.

ア　How long have you studied at home?
イ　What time will you come back home?
ウ　Where are you going to wait for him?
エ　When did you go back there with him?

(2) *Fred:* The Internet is useful. Do you use it very often?
Chie: Yes, I do. I use it when I want to get information I need quickly.
Fred: Me, too.（　　　　　　　　）The Internet can be dangerous sometimes.
Chie: You're right. We should be careful when we use it.

ア　It's good to know that the Internet is always safe for everyone.
イ　I'm surprised to know that you don't use the Internet very often.
ウ　But it's hard to say that information on the Internet is always true.
エ　But I don't use the Internet to find out information I need quickly.

3　次の対話文の下線部について，あとのア～カの語句を並べかえて正しい英文を完成させ，（ X ），（ Y ），（ Z ）にあてはまる語句を，それぞれ記号で答えなさい。

(1) *Oliver:* The weather is nice today. Let's go fishing.
Hikaru: Sorry, I can't. Please go（　　）（ X ）（　　）（ Y ）（　　）（ Z ）stay at home all day.

ア to　イ I　ウ because　エ without　オ need　カ me

(2) *Dave:* Can we go from this beach to that island only by boat?
Miki: Yes. I（　　）（ X ）（　　）（ Y ）（　　）（ Z ）them.

ア will　イ between　ウ built　エ be　オ a bridge　カ hope

これで，2 の問題を終わり，3 の問題に移ります。問題用紙 2 ページの 3 を見てください。（間２秒）
これから，中学生の祐子（Yuko）さんが，英語の授業で，短いスピーチをします。スピーチのあと，クエスチョンズと言って二つの質問をします。それぞれの質問の答えとして最もふさわしいものを，ア，イ，ウ，エの中から一つずつ選び，記号で答えなさい。英文は２回読みます。　（間２秒）
では，始めます。　（間２秒）

In this city, there is a traditional festival. It started two hundred years ago. It's going to be held near the shrine by the river this August.

I'm a member of the volunteer group for the festival. We need more people who can help us. Before the festival, we will clean the shrine and build a stage for performances. If you're interested, please join us. It'll be a good experience for you.　（間２秒）

Questions:　No. 1　What can the students learn about the festival from Yuko's speech?　（間８秒）
No. 2　What does Yuko want to tell the students?　（間８秒）
くりかえします。　（間２秒）　（英文を読む）　（間10秒）

これで，3 の問題を終わり，4 の問題に移ります。問題用紙２ページの 4 を見てください。（間２秒）
これから，英語による対話文を２回読みます。（　　）のところの英語を聞き取り，書きなさい。
（間２秒）
では，始めます。　（間２秒）

(Alice): Did you watch the TV drama last night?
(Shun): No. I was so tired that I went to bed early.　（間15秒）
くりかえします。　（間２秒）　（英文を読む）　（間15秒）

これでリスニングテストを終わります。次の問題に移ってください。

三

問一	問二	問三	問四

/13

四

問一 1	問一 2	問一 3	問一 4	問一 5	問二 (1)	問二 (2)
	ねる					

/15

五

A B C D	A B C D	A B C
A B C D	A B C D	A B C

100字

200字

240字

/18

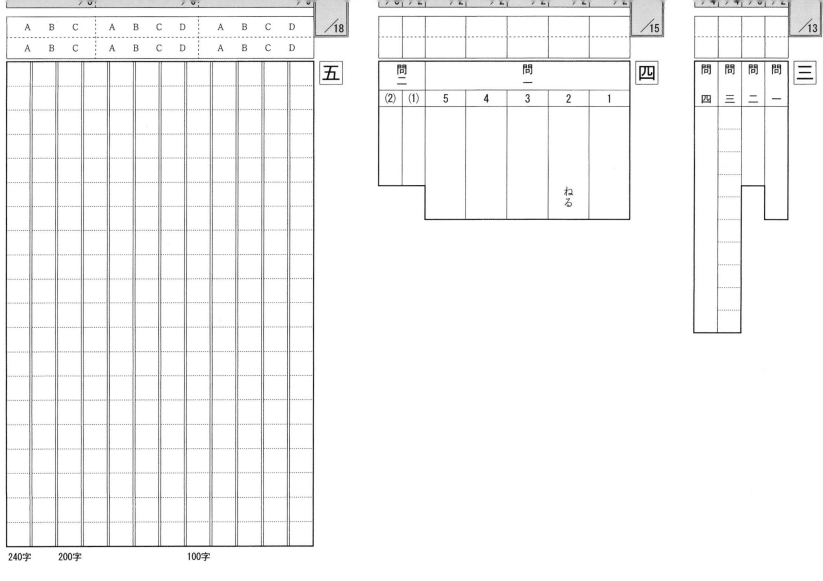

3

/22

1	(1)			/3
	(2)	ア	$y=$	/3
		イ		/3
		ウ	$y=$	/3
		図3 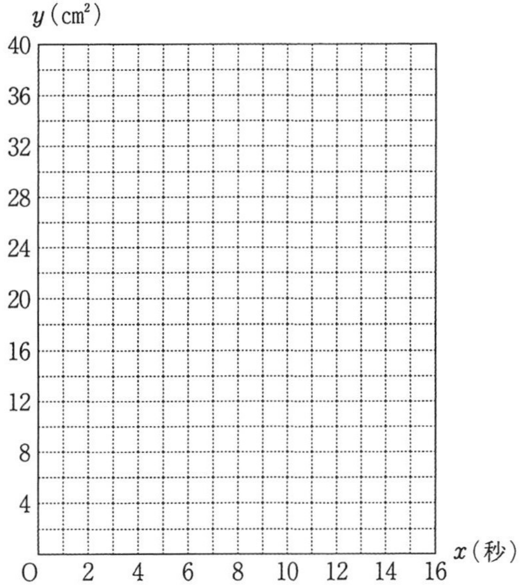		/4
2		エ		/3
		オ		/3

4

/18

1		<証明>	/9
2	(1)	cm	/4
	(2)	cm²	/5

教英出版

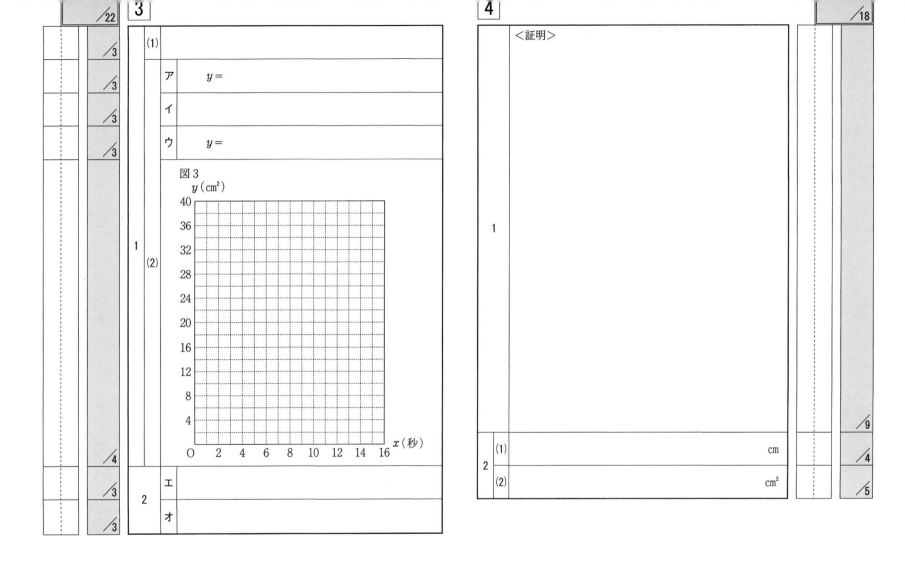

4		/18
1		/2
		/2
2		/2
3		/3
4	(1)	/3
	(2)	/3
5	A　B　C　D　E	/3

5		/15
1	(1)	/2
	(2)	/2
2		/2
3		/2
4	(1)	/2
	(2)	/2
5		/3

6			/15
1			/3
2	(1)		/2
	(2)		/2
3			/2
4	(1)		/2
	(2)	Y	/2
		Z	/2

1			／3
2	(1)		／2
	(2)		／3
	(3)		／2
3			／3

／13

6 ／12

6

1		図 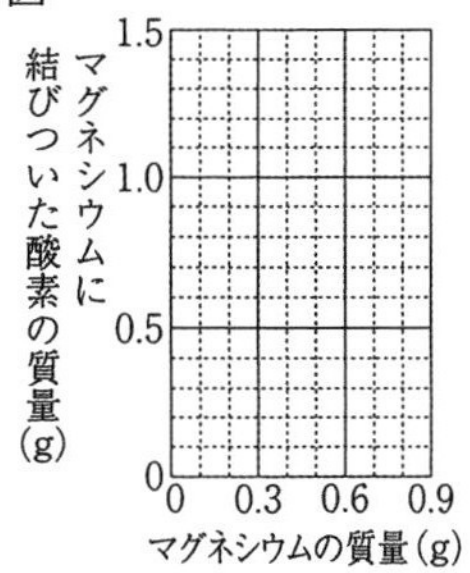	／3
2			／3
3	(1)	g	／3
	(2)		／3

1			／3
2			／3
3	(1)	cm/s	／3
	(2)	W	／4

／13

8 ／12

8

1			／3
2	(1)	Hz	／3
	(2)		／3
3			／3

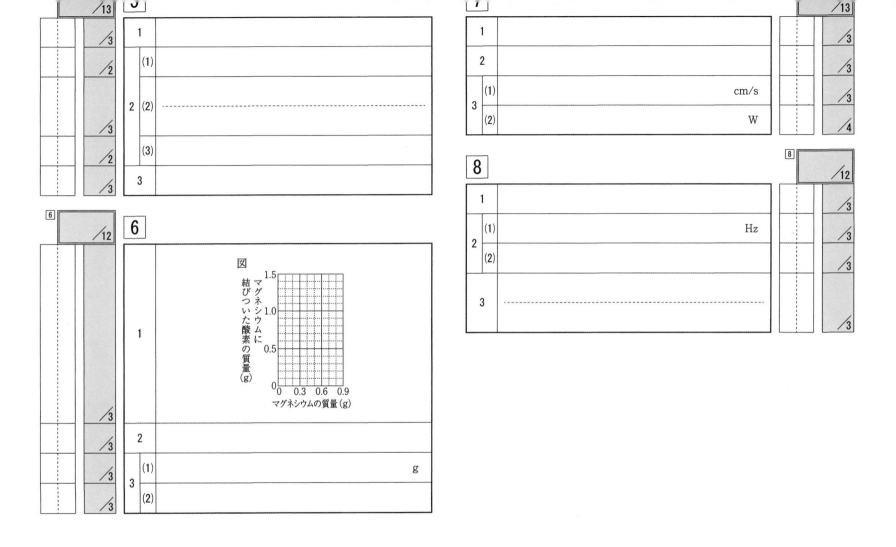

/30

4

1			/4
2		(　　　　　　　　)	/4
3			/3
4	(1)		/3
	(2)		/3
5		→ → → →	/5
6	I	(　　　　　　　　) the town?	/4
	II	Though he works hard in his studio, he also (　　　　　　　　) protect our town's forest.	/4

5

/10

(1)	A A B B C C D D	/8
(2)	A A B B C C	/2

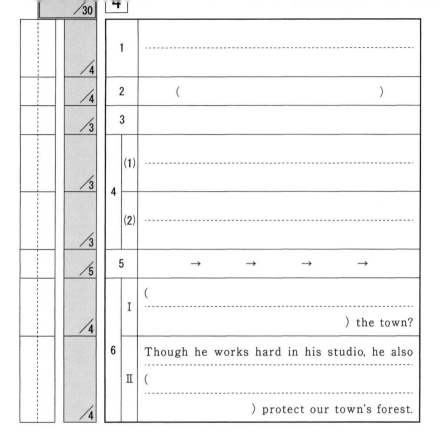

※100点満点

英語解答用紙

受検番号	

総得点

□の欄には何も記入しないこと。

1

1 ／26

1	No.1		／3
	No.2		／3
2	ア		／3
	イ		／3
	ウ		／3
3	No.1		／3
	No.2		／3
4	*Alice:* Did you watch the TV drama last night? *Shun:* No. I was so ( ).		／5

2

2 ／18

1	(1)				／2
	(2)				／2
	(3)				／2
2	(1)				／3
	(2)				／3
3	(1)	X	Y	Z	／3
	(2)	X	Y	Z	／3

3

3 ／16

1	X		／2
	Y		／2
	Z		／2
2			／4
3			／3
			／3

【解答】

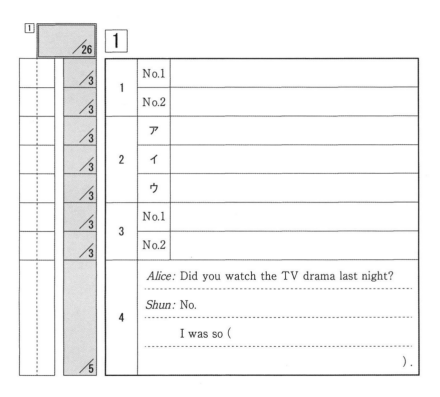

理科解答用紙

※100点満点

受検番号		総得点	

（灰色）の欄には何も記入しないこと。

1

			得点
1	(1)		/3
	(2)		/3
2	(1)		/3
	(2)		/3

1 /12

2

			得点
1		食物の栄養分を	/3
2	(1)		/3
	(2)		/3
3	(1)		/2
	(2)		/2

2 /13

3

			得点
1			/3
2		hPa	/3
3	(1)		/3
	(2)		/3

3 /12

4

		得点
1		/3
2		/3
3		/2
4		/2
5		/3

4 /13

【解答】

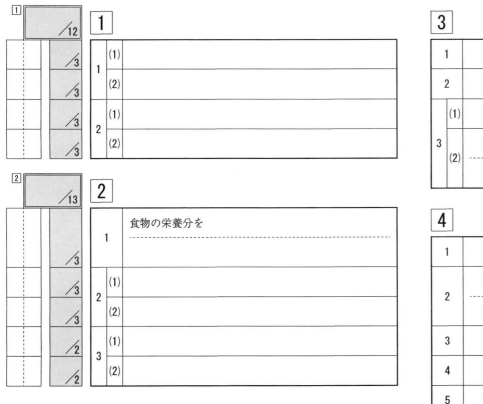

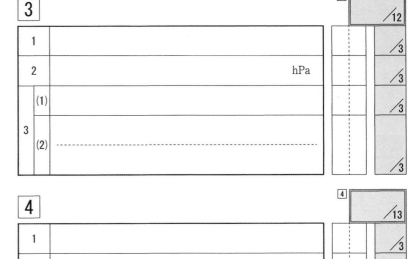

社 会 解 答 用 紙

※100点満点

受検番号		総得点	

の欄には何も記入しないこと。

1

1 ／19

1		→ →			／2
2	(1)				／2
	(2)	X			／3
		Y			
3		a	b	c	／2
4	(1)				／3
	(2)	第 次産業			／2
5	(1)				／2
	(2)				／3

2

2 ／16

1	(1)		／2
	(2)		／3
2	(1)		／2
	(2)		／3
	(3)		／3
	(4)		／3

3

3 ／17

1			／3
2	(1)		／3
	(2)	→ → →	／3
3	(1)		／3
	(2)		／2
4			／3

【解答】

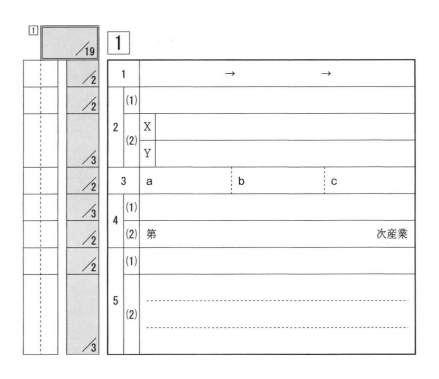

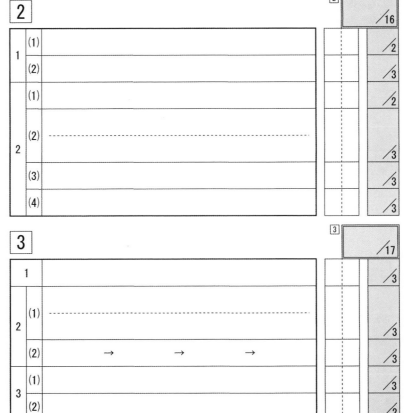

※100点満点

数 学 解 答 用 紙

受検番号		総得点	

の欄には何も記入しないこと。

1

1 ／32

1	(1)		／3
	(2)		／4
	(3)		／4
	(4)		／4
2		$(2x-1)(2x+1)=-4x$ 答	／5
3			／4
4			／4
5			

2

2 ／28

1	(1)		／4
	(2)		／4
2		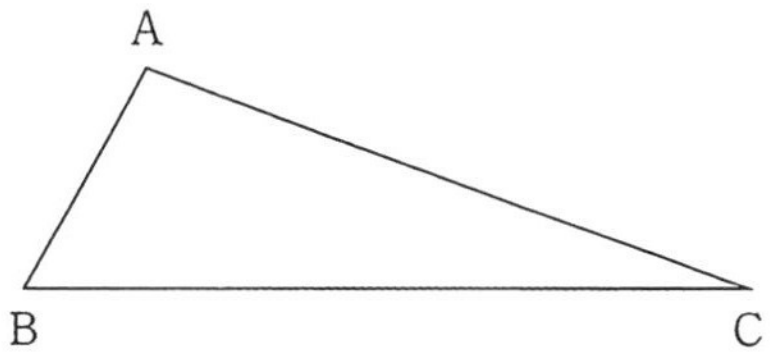	／5
3	(1)		／6
	(2)	人	／4
4			

【解答

国語解答用紙

※100点満点

受検番号	
総得点	

の欄には何も記入しないこと。

一

問一 a	問一 b	問二	問三	問四	問五 Ⅰ	問五 Ⅱ	問六	問七
い								
／2	／2	／2	／4	／5	／2	／4	／3	／3

／27

二

問一 a	問一 b	問二	問三	問四 Ⅰ	問四 Ⅱ	問五	問六	問七
れ								
／2	／2	／2	／4	／2	／2	／6	／3	／4

／27

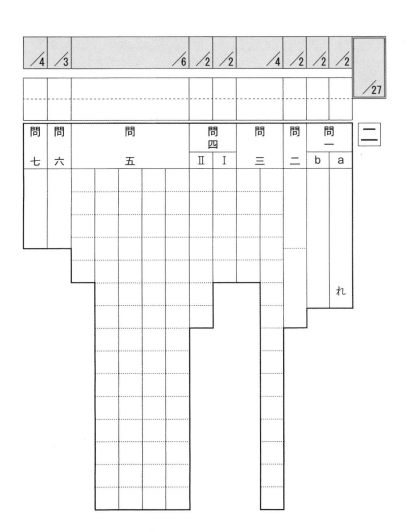

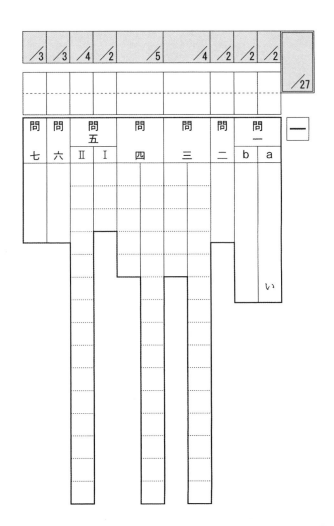

〔令和６年度〕

※教英出版注
音声は，解答集の書籍ＩＤ番号を教英出版ウェブサイトで入力して聴くことができます。

英語リスニングテスト台本

〔注〕（　　）内は音声としていれない。

ただいまから，リスニングテストを行います。問題は **1**，**2**，**3**，**4** の四つです。聞いている間にメモをとってもかまいません。　（間３秒）

それでは **1** の問題から始めます。問題用紙１ページの **1** を見てください。　（間５秒）
これから，No. 1 とNo. 2，それぞれの場面の対話文を読みます。それぞれの場面の対話文を読んだあと，クエスチョンと言って質問します。その質問の答えとして最もふさわしいものを，ア，イ，ウ，エの中から一つずつ選び，記号で答えなさい。英文は２回読みます。　（間２秒）
では，始めます。　（間２秒）

No. 1 *(Miyuki)*: Mr. Smith, how was your trip to Hokkaido?
(Mr. Smith): It was good. I visited the zoo on the first day and enjoyed hiking in the mountains the next day.
(Miyuki): Did you eat seafood *ramen* in Hokkaido?
(Mr. Smith): No, but on the third day, I had delicious ice cream.　（間２秒）
Question: What did Mr. Smith do on the second day?　（間３秒）
くりかえします。　（間２秒）　（英文を読む）　（間５秒）

No. 2 *(Shota)*: I will buy a tennis racket today. How about you, Emily?
(Emily): I want to buy shoes. They'll be a present for my brother. Can we go to this store, Shota?
(Shota): Sure. Wait. Your brother is one year old, right? The one next to the bookstore is also good. Let's go there first.
(Emily): OK!　（間２秒）
Question: Where will Emily go first with Shota to buy the present?　（間３秒）
くりかえします。　（間２秒）　（英文を読む）　（間10秒）

これで，**1** の問題を終わり，**2** の問題に移ります。問題用紙１ページの **2** を見てください。（間２秒）
まず最初に，そこにある「美穂さんのメモ」をよく見てください。　（間５秒）
これから，アメリカに留学している中学生の美穂（Miho）さんが，留学先で出会ったトム（Tom）さんに質問をします。これを聞いて，「美穂さんのメモ」の，ア，イ，ウに，それぞれあてはまる日本語を書きなさい。英文は２回読みます。　（間２秒）
では，始めます。　（間２秒）

(Miho): Tom, are there any good places to enjoy nature in this town?
(Tom): Of course. I recommend Blue Park. There are many beautiful birds in the park.
(Miho): Can I get there by bike?
(Tom): Yes, but it'll take one hour. If you go by bus, it'll take thirty minutes. If you take a train, it'll take fifteen minutes. However, it's more expensive than the bus.
(Miho): Hmm, I'll choose the fastest way of the three.　（間10秒）
くりかえします。　（間３秒）　（英文を読む）　（間10秒）

【放送

3 山形県内に住む中学生の悠斗（Yuto）さんは，県内在住外国人について調べ，グラフ（graph）A，表（table），グラフBにまとめました。次は，グラフと表を見ている，悠斗さんとＡＬＴのルーシー（Lucy）さんの対話です。グラフと表および対話について，あとの問いに答えなさい。

グラフA　県内の外国人人口の推移

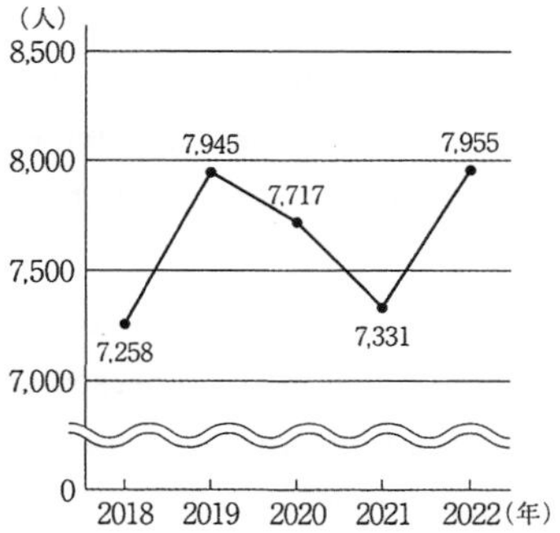

表　県内の国籍別の外国人人口（上位６カ国）

2018年		2022年	
国　名	人　数	国　名	人　数
中　　国	2,182	X	2,087
韓　　国	1,505	中　　国	1,795
X	1,278	韓　　国	1,372
フィリピン	835	フィリピン	870
Y	211	Y	279
Z	168	アメリカ	188

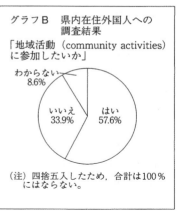

グラフB　県内在住外国人への調査結果

「地域活動（community activities）に参加したいか」

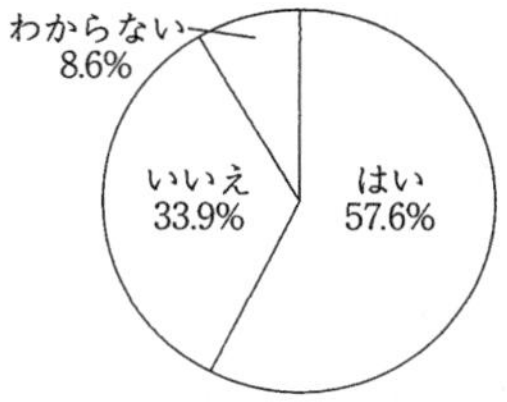

（注）四捨五入したため，合計は100％にはならない。

「山形県の国際化の現状」などから作成

Yuto: I saw many foreign people on the street last week. I wanted to know how many foreign people were living in Yamagata-ken, so I made graph A.

Lucy: Wow! There were about eight thousand here in 2022.

Yuto: Look at this table. It shows which countries many of them were from.

Lucy: I can't find my country, America, in 2018. I started living in Yamagata-ken that year.

Yuto: In 2018, we can see only countries from Asia. More people from *the Philippines lived in Yamagata-ken than people from *Indonesia in 2018.

Lucy: Oh, I know a girl from Thailand here. She and I became friends last year.

Yuto: I can see that country in 2018, but I can't find it in 2022. Did you know that more than two thousand people from *Vietnam lived in Yamagata-ken in 2022?

Lucy: I didn't know that. Yuto, what is graph B about?

Yuto: It's about a question answered by over five hundred foreign people living in Yamagata-ken. They were asked, "Do you want to join any community activities?" We can see how many people said yes. Have you ever joined any community activities here?

Lucy: Yes. I sang songs with local people in the biggest event in our town.

Yuto: Interesting. Please tell me more about that.

Lucy: Sure. I have some videos my friends took there. I can show them to you on my computer.

（注）the Philippines　フィリピン　　Indonesia　インドネシア　　Vietnam　ベトナム

1　表中のX～Zには，インドネシア，タイ，ベトナムのいずれかの国名が入ります。対話の内容に即して，X～Zのそれぞれにあてはまる国名を，日本語で書きなさい。

2　ルーシーさんは，自分が地域活動に参加した例として，何をしたことをあげていますか。対話の内容に即して日本語で書きなさい。

3　グラフと表および対話の内容に合うものを，次のア～オから二つ選び，記号で答えなさい。

ア　Graph A shows that almost eight thousand foreign people lived in Yamagata-ken in 2019.

イ　Lucy and the girl from Thailand became friends before Lucy started living in Yamagata-ken.

ウ　The table shows that more people from Korea lived in Yamagata-ken in 2022 than in 2018.

エ　Over two hundred and fifty foreign people in graph B wanted to join community activities.

オ　Lucy says that she can give Yuto more information by sending him some videos she took.

4 中学生の里香（Rika）さんは，和紙職人（*washi* craftsperson）である祖父の政夫（Masao）さんとともに，政夫さんの工房（studio）にジム（Jim）さんという青年を迎えました。次の英文は，里香さんとジムさんとの交流や，その前後の関連する出来事について描いたものです。これを読んで，あとの問いに答えなさい。

One day during summer vacation, Rika was reading a book in the library. The book was about Japanese people working overseas. At the end of the book, one of them said to its *readers, "English is a tool. What do you want to do with English?" Rika thought, "I love English, but what do I want to do with it?"

When Rika came home, Masao was waiting for her. He looked worried. He said to her, "Tomorrow I will have a visitor from Australia, Jim. He wants to become a *washi* craftsperson and has plans to visit many *washi* studios in Japan. He's going to stay in this town for one week and learn about *papermaking in my studio, but I don't think I can teach him in English... ." Rika thought that this was a good chance to use English. She felt excited and said to Masao, "I will help you!"

The next day, Jim came to the studio, and his papermaking lessons started. Masao showed his way of making *washi* to Jim and asked Rika to *explain it to Jim in English. ①<u>It was not easy for her to do that.</u> However, she did her best, and Jim listened to her carefully. "Rika, I could learn about *washi* easily. Thank you," Jim said. "Many types of *washi* are made in Japan, but Masao's paper is my favorite. The *texture of it is wonderful!" Rika said, "Well, I think so, too... ." She realized that she didn't know much about Masao's paper. （ A ） She felt she should learn more.

That evening, Rika asked Masao to tell her about his paper. He said that she could ask him any question about it. "What is important for your papermaking?" she asked. "Good *soil is. *Washi* is made from trees, and the trees grow in the soil," he answered. He also told her that protecting the forest in the town was necessary for his work. Rika was surprised that he did many things for the forest. She was beginning to understand his papermaking. Her questions continued. （ B ） She wanted to know more and share it with Jim.

One week later, all of Jim's lessons in the studio were over. "I wish he could stay at the studio longer... ," Rika thought. （ C ） When he was leaving the studio, he said, "Thank you for helping me, Rika. It was so good to meet a person like you." She thought that Jim was talking about her English. She smiled and said, "②<u>Oh, really?</u> I will keep studying to be a better English speaker." He said, "Of course, that's important. But there is something more important. You have learned about the many wonderful things in your culture, and you can tell people about them in English. I think that is great."

A few days later, Rika was in the studio to learn more from Masao. （ D ） However, she wanted to. When she was learning there, she remembered that question: "What do you want to do with English?" She thought, "I'm starting to find my answer."

(注)
reader(s)　読者　　papermaking　製紙　　explain　説明する　　texture　手ざわり
soil　土

1　下線部①について，里香さんにとって簡単ではなかったのは，何をすることですか。本文に即して日本語で書きなさい。

2　次の英文を，本文の流れに合うように入れるとすれば，どこに入れるのが最も適切ですか。（ A ）～（ D ）から一つ選び，記号で答えなさい。

Jim was in another town by then, so she didn't have to stay at the studio.

3　下線部②と言ったときの，里香さんの気持ちに最も近いものを，次のア～エから一つ選び，記号で答えなさい。

ア　I'm glad that Jim told people about the wonderful things in our culture.
イ　I can't believe that Jim's dream is to become a *washi* craftsperson.
ウ　I'm happy that I could use my English to support Jim in the studio.
エ　I really want to know how my grandfather can be a better English speaker.

4　本文に即して，次の問いに英語で答えなさい。

(1)　Did Masao talk to Rika about Jim's plans in Japan before she met Jim?
(2)　What did Rika want Jim to do when all of his lessons in Masao's studio ended?

5　次の英文ア～オは，それぞれ本文の内容の一部です。ア～オを，本文の流れに合うように並べかえ，記号で答えなさい。

ア　Rika realized that she was beginning to find her answer to the question in the book.
イ　Rika decided to help Masao teach Jim about his papermaking.
ウ　Rika thought about her answer to a question when she was in the library.
エ　Jim told Rika that he liked her grandfather's paper the best.
オ　Masao explained that good soil was important for his papermaking.

6　次は，里香さんとＡＬＴのビル（Bill）さんの対話の一部です。対話の［　Ⅰ　］，［　Ⅱ　］に入る適切な英語を，文脈に合うように，それぞれ**4語以上**で書きなさい。

Bill: I'm glad that you had a good time with Jim. ［　Ⅰ　］ the town?
Rika: Five days ago. I miss him, but I know he is going to visit the town again to learn more from my grandfather. Jim is a big fan of him.
Bill: Wow. He really respects your grandfather. Do you feel the same?
Rika: Yes! My grandfather's love of papermaking is great. Though he works hard in his studio, he also ［　Ⅱ　］ protect our town's forest.
Bill: Oh, does he? Could you tell me more about them?

5 あなたの学校の英語の授業で，次のようなプリントが配られ，同じ学年の生徒から出た質問について，あなたの考えを書くことになりました。「配られたプリント」の □ に入る英文を，まとまりのある内容になるように，**4 文以上**で書きなさい。

配られたプリント

Name ＿＿〇〇〇＿＿

I want to know about good ways to learn English. I often watch movies in English, and I think that is a good way. What is another useful way to learn English? And why? Give me an idea.

(Your answer)

(注) プリントの中の，〇〇〇のところにはあなたの名前が入る。

山形県公立高等学校

令和５年度

公立高等学校入学者選抜
学力検査問題

国　　語

（ 8：50 ～ 9：40 ）

注　　意

1 「開始」の合図があるまで，開いてはいけません。

2 問題用紙は，7ページまであります。

3 解答用紙は，問題用紙の中にはさんであります。

4 「開始」の合図があったら，まず，解答用紙を取り出し，受検番号を書きなさい。次に，問題用紙のページ数を確認し，不備があればすぐに手を挙げなさい。

5 答えは，すべて解答用紙に書きなさい。

6 「終了」の合図で，すぐに鉛筆（シャープペンシルを含む）をおき，解答用紙を開いて裏返しにしなさい。

2023(R5) 山形県公立高
K 教英出版

一　次の文章を読んで、あとの問いに答えなさい。なお、文章中の〈　〉は、**登場人物の過去の発言を示しています。**

十九歳の「私」は、奥瀬見《おくせみ》で*パイプオルガンを作っている。「私」と同い年で、東京でフルートを学ぶ「陽菜《はるな》」は、奥瀬見を訪れ、「私」のオルガン制作を手伝っている。次は、「私」が、奥瀬見のカフェで、「亜季《あき》」（「陽菜」の姉）とともに、「陽菜」の出場するコンクールのオンライン配信を見ている場面である。

A亜季さんは、静かだった。ひとりだけ、別の場所にいるみたいだった。沈黙の中、ただ対象を観察するように、陽菜の姿を見つめている。

陽菜は、構えようとしない。フルートを握りしめたまま、ただ立っている。こんなことには慣れているのか、ピアノの伴奏者は落ち着いた様子で、陽菜のほうを見るともなく見ている。そこで陽菜は、後ろを振り返った。伴奏者に合図を送っているのだろうか。だが、それにしては、時間が長い。振り返ったまま、じっとそのまま固まっている。落ち着いていた伴奏者も、次第にa困惑の色を浮かべはじめる。1私はそこで、ハッと息を呑《の》んだ。オルガンだ。陽菜は、舞台の後方にあるオルガンを見上げていた。正面のカメラからは、陽菜の表情は見えない。陽菜が何を考えてオルガンを見ているのか、私には判《わか》らなかった。

「もう、大丈夫。」亜季さんがぼそっと呟《つぶや》いた。

「大丈夫だよ。全く、冷や冷やさせるなあ、あいつ。」

陽菜がこちらを向いた。どこか浮足立《うきあしだ》っていた雰囲気が、落ち着いたように見えた。楽器を構える。身体《からだ》で出だしを示し、陽菜はひゅっと、風を吸い込んだ。

*バッハの、『フルートと*通奏低音《つうそうていおん》のためのソナタ　ハ長調』。

〈陽菜がバッハを選ぶなんて、意外だったな。フランスものばかり吹いてたのにねえ。〉亜季さんがそう言っていた曲だ。〈あの子も奥瀬見にきて、変わったのかな。〉とも言っていた。

第一楽章。

ゆったりしたテンポで、陽菜はフルートを吹きはじめる。春風のようなフルートだった。彼女が彩色する美しい風が、電気と回線に乗って、ここ奥瀬見のカフェの色を変えていく。小柄な身体なのに、陽菜の音色は、太く重厚感がある。たっぷりと息を使い、フルートを余すところなく振動させている。フルートによって綴《つづ》られるバッハは、オルガンで聴くものとは印象が違った。バッハはこんなにもb柔らかく、水彩画のような穂先を持つ作曲家だったのだ。ピアノの音が止まり、無音の中、陽菜が長いソロを吹きはじめる。小鳥が木々の間を飛び交って遊んでいるような、可愛《かわい》らしくも難易度の高いソロを、陽菜は安定した指さばきで進めていく。フルートは*発音の難しい楽器だと聞くが、音のひとつひとつが球体のようにクリアだった。難易度が高いはずのソロなのに、全く難しさを感じさせない。美しい球体が次々と放たれ、空間を染めていく。

第一楽章が終わった。

〔注〕

* パイプオルガン＝　パイプに風を送ることで音を出す仕組みのオルガン。本文中のオルガンは、パイプオルガンのことである。
* バッハ＝　ドイツの作曲家。
* 通奏低音＝　低音パートの上に、和音を加えながら伴奏する演奏方法。
* 発音＝　ここでは「楽器で音を出すこと」という意味。
* 活写＝　いきいきと表現すること。

問一　＝＝部a、bの漢字の読み方を、ひらがなで書きなさい。

問二　～～部「場所」と熟語の構成が同じものを、次のア～オから一つ選び、記号で答えなさい。

ア　樹木　　イ　最高　　ウ　善悪　　エ　頭痛　　オ　洗顔

問三　――部1「私はそこで、ハッと息を呑んだ」のはなぜですか。その理由を、次のような形で説明したとき、［　　］に入る適切な言葉を、本文中から十一字で抜き出して書きなさい。

「陽菜」が長い時間舞台の後方を振り返ったままでいたのは、［　　］ためだと気づいたから。

問四　……部AからBまでの本文から、「亜季さん」はどのような人物であると読み取れますか。最も適切なものを、次のア～エから一つ選び、記号で答えなさい。

ア　妹に自分を重ね、悩みに向き合おうとする妹の心情に共感している人物。
イ　妹に対する感情を表に出さないで、妹の心情を慎重に分析している人物。
ウ　妹を心配するあまり、揺れ動く妹の心情から常に目を背けている人物。
エ　妹を見つめながら、行動や表情から妹の心情を深く読み取っている人物。

問五　――部2とあるが、「成果」とはどのようなことですか。次のような形で説明したとき、［Ⅰ］に入る適切な言葉を、本文中から五字で抜き出して書き、［Ⅱ］に入る適切な言葉を、本文中の言葉を使って、二十五字以内で書きなさい。

「陽菜、笑ってるね。」亜季さんが呟いた。舞台上の陽菜は、真面目な表情で口元を引き結んでいる。

B「笑ってないけど、笑ってるんだよ。」

私にも、判る気がする。陽菜はこの舞台を楽しんでいる。浅瀬で遊ぶような楽しさではない。コンクールという緊張感のある舞台を使って、陽菜はさらに深いところに潜ろうとしている。そういう、ヒリヒリした楽しさだ。もう、最初に会ったときの、悩んでいた陽菜はどこにもいない。陽菜は遠くまで、行ったんだ。

第二楽章。

快活で、どこか宮廷を思わせる、高貴な優雅さをまとった楽章。まるで鍵盤楽器を弾くように、陽菜の指先はくるくると回転し、自由自在に音楽を活写*していく。ピアニストは、踊るように通奏低音を叩《たた》いている。陽菜のフルートが、プロの伴奏者を踊らせている。人を突き動かすくらいの、強い音楽。

2〈私がオルガン制作に関わってる成果を、見せてあげるから。〉

楽章をふたつ聞いてみて、陽菜の言っていたことが判った気がした。とにかく引きだしの多い演奏だった。次から次へと風景が見えて、バッハの曲に含まれている色々な側面が表現されていく。

〈私には、個性がないんだよ。〉陽菜はかつて、悩んでいた。

〈好きな演奏がたくさんあって、好きな音がたくさんあって、自分の演奏はこれだってものがないんだ。〉

陽菜の演奏からは、「好き」がたくさん伝わってきた。強烈な個性があるのかはよく判らない。それでも、この曲が持っている様々な魅力を、陽菜は持てる引きだしをフルに使って表現している。手数が多く、異なる景色が次々と見える演奏。それは、たくさんの「好き」を持った、陽菜にしかできないことだと思った。陽菜はたぶん、オルガンを作ることで、この演奏ができるようになった。オルガンが様々な音色を弾き分けるように、陽菜は色々な音楽を使っている。オルガンに触れることで、陽菜は自分の武器を見つけたんだ。

第三楽章。第四楽章。曲が進むにつれ、客席が引き込まれていく。コンサートホールの観客も、カフェに集まった観客も、陽菜の演奏に魅了されていた。私は、両拳を握っていた。このままなんとか、最後まで着地してほしい。演奏を楽しむどころではなく、私は祈るような気持ちだった。

演奏が終わった。カフェの中が、わっと温かい拍手で満たされた。私も、手を叩いていた。全力で拍手を送っていた。

――私は？

私は、オルガンを作ることで、何かを見つけられたのだろうか。

舞台上から、陽菜はいなくなっていた。3きらびやかなオルガンが、裁判官のように私を見下ろしている気がした。

〈逸木裕『風を彩る怪物』による。一部省略がある。〉

以前は、自分の演奏に［ Ⅰ ］という悩みを抱えていた「陽菜」が、様々な音色を弾き分けるオルガンのように、自分の中にあるたくさんの好きな演奏や音を生かして、［ Ⅱ ］を表現するという自分にしかできない演奏を見つけたこと。

問六 ――部3のように感じた「私」の心情について、国語の授業で次のような話し合いが行われました。［　］に入る適切な言葉を、本文中の言葉を使って、二十五字以内で書きなさい。

心さん　「私」は、両拳を握って演奏を聴いているね。「陽菜」が最後まで無事に演奏することを祈る気持ちが読み取れるよ。

陸さん　演奏の後に、「私」は全力で拍手を送っていたけれど、はっと我に返り、自分について考え始めているよ。「陽菜」と違って、自分は［　］かもしれないということを強く意識したんだね。

心さん　なるほど。だから「私」には、オルガンが、厳しく問いかける裁判官のように感じられたんだね。

問七 本文中の演奏の場面について、表現の工夫とその効果を説明したものとして適切なものを、次の**ア**～**カ**から**二つ選び**、記号で答えなさい。

ア 色彩を使った表現を用いることで、「陽菜」が緊張感の中で演奏していることを暗示している。

イ 「陽菜」と伴奏者の様子を交互に描写することで、会場に一体感が生まれる過程を際立《きわだ》たせている。

ウ 直喩や隠喩を用いることで、「陽菜」が演奏するフルートの音の豊かさを想像しやすくしている。

エ 演奏を「陽菜」の視点からも描写することで、「陽菜」の優雅な動きをいきいきと伝えている。

オ 五感のすべてに訴える表現を用いることで、「陽菜」の演奏が持つ多彩な魅力を伝えている。

カ 曲や楽器の難しさにふれながら演奏を描写することで、「陽菜」の技術の高さを印象づけている。

二

次の文章は、元陸上競技選手である筆者が、書くことの必要性について述べたものです。これを読んで、あとの問いに答えなさい。

アスリートに書くことは必要なのか。[1]アスリートという職業は極めて身体的なものだ。いくら文章で理解し説明できるようになっていても、水の中で泳いだことがなければ泳げるようにはならない。私たちの世界では「その動きができる」ことが仕事の評価のほぼ全てであって、書けなくても一向に構わない。では、書くという行為は、パフォーマンスの向上には寄与*しないのだろうか。

競技によって多少の違いはあるけれども、*大腿部《だいたいぶ》では前の腿《もも》（大腿四頭筋《だいたいしとうきん》）と後ろの腿（ハムストリングス）のバランスは、六対四が怪我《けが》がしにくく望ましいとされる。怪我をした選手がリハビリをする際に、前が弱過ぎたから前腿を鍛える、というふうにバランスを意識しながら強化することは怪我予防の観点から望ましい。もし「足腰」という括《くく》りでしか下半身を捉えていない選手やコーチであれば、前後バランスを欠いていたから怪我をしたのに、さらにバランスを崩す方向に向かってしまうことにも繋《つな》がりかねない。アスリートにとって狙うべき部位を指し示すということは極めて重要だ。

[2]言葉を扱うという行為は、世界を分ける行為だ。雲と言った途端《とたん》、背景にあった空の上に浮かぶ白い物体に注意が向けられ、雲とそれ以外が分けられる。ハムストリングスと言った途端、注意が後ろの腿に向けられ、力の入れ具合が変化する。また走るという、地面を踏みその*反力《はんりょく》で身体を前方に運んでいく行為も、地面を「踏む」なのか「踏み込む」なのか「弾む」なのか「乗り込む」なのかによって*力感《りきかん》が変わる。自分自身の身体感覚を言語に置き換えることができれば伝達可能かつ再現可能なものになる。適切な部分に注意を向けることも、身体感覚を言語で保存し再現可能にすることも、どちらも競技力向上にはプラスに働く。

言葉が[a]巧みであり正確であるということが重要だとすれば、書かなくてもただ話せればいいとも考えられる。一体なぜ書く必要があるのか。

私が初めて世界大会でメダルを獲得したのは二十三歳だった。*一介の陸上選手だったのに、急に競技場の外でも顔と名前が一般に知られる存在となっていった。

ある時自分が書いた文章を読んでいて違いに気がついたことがある。競技を始めてからずっと「世界で一番になりたい。」「もっと上手《うま》くなりたい。」と考えていたはずなのに、いつの間にか「世界で一番にならなければならない。」「もっと上手くならなければならない。」に言葉が変わっていた。自分の想像を

＊ 反力＝　跳ね返ってくる力。
＊ 力感＝　力がこもっている感じ。
＊ 一介の＝　平凡な一人の。

問一 ＝＝部a、bの漢字の読み方を、ひらがなで書きなさい。

問二 〰〰部「もし」の品詞として最も適切なものを、次のア～エから一つ選び、記号で答えなさい。

ア 連体詞　イ 副詞　ウ 接続詞　エ 助動詞

問三 ――部1を、次のような形で説明したとき、□に入る適切な言葉を、本文中から十字で抜き出して書きなさい。

アスリートは、身体を使ってどのようなパフォーマンスができるかによって、□が決まる職業であるということ。

問四 ――部2について、「世界を分ける行為」とは、どのような行為ですか。次のような形で二つにまとめたとき、Ⅰ、Ⅱに入る言葉の組み合わせとして最も適切なものを、あとのア～カから一つ選び、記号で答えなさい。

○ 言葉によって、対象となる物事とそれ以外を Ⅰ 行為。
○ アスリートにとっては、言葉によって、注意を向ける身体の部分や、Ⅱ の違いを認識する行為。

ア Ⅰ 接続する　Ⅱ 前後バランス
イ Ⅰ 接続する　Ⅱ 身体感覚
ウ Ⅰ 分断する　Ⅱ 前後バランス
エ Ⅰ 分断する　Ⅱ 競技力
オ Ⅰ 区別する　Ⅱ 身体感覚
カ Ⅰ 区別する　Ⅱ 競技力

超えた勢いで世間の注目を集め、期待に応えようと勝利を義務だと感じ始めていた自分自身の心理が最初に現れたのが文章だった。

　人間は自分で書いてその文章を観察してみるまでは、自分が何を考えていたか客観的に把握していないということが起こり得る。観察とはb距離を取ることだ。また時間をかけて書き記していくことで、勝利に対しての姿勢一つとっても変化を発見することができる。そしてそこから自分がどのように偏りつつあるのかを見出《みいだ》すこともできる。3過去の自分との関係に着目すれば、書き記すことで自らとの対話は可能なのではないか。

　さてここまで書き記すことのメリットについて書いてきた。4一方で言葉にすることで世界を分けてしまうということになるが、これは良いことばかりなのだろうか。良いコンディションの状態で深い没頭体験に入ることを、アスリートの世界ではゾーンと呼んでいる。ゾーン体験報告で興味深いものに身体と外界の境界が曖昧になるというものがある。日本の弓道の世界に触れたドイツ人であるオイゲン・ヘリゲルが書いたこんな一文がある。

「いったい弓を引くのは私でしょうか、それとも私をいっぱいに引き絞るのが弓でしょうか。」

　それをする私とされる対象が一つとなったというゾーン体験だ。世界を分けることすらしていない。このような世界に没入する際には、言語的に説明しようとすること自体が、世界と自分を分けてしまうことにつながり、ゾーンに入ることの阻害要因になり得る。しかし、オイゲン・ヘリゲルが書き記さなければこのような没入体験を後世の人間が知ることもできない。

　書くことで明確に目的と対象を絞り込みトレーニングを積むが、最後の最後の瞬間は、言葉を超えた、世界と自分すら分かれていない世界で最高の競技が行われる。そしてまたその世界から戻ってきたアスリートが余韻を言葉に変え社会に書き残す。映像などでアスリートがどう動いたかいくらでも見ることができるようになった。ただ、主観的な体験だけは本人の言葉以外では残すこともできない。言葉はアスリートの主観の世界を知るための唯一の手段なのだ。

〈為末大「アスリートの主観の世界」『THE FORWARD Vol・3』実業之日本社による。一部省略がある。〉

〔注〕

＊　寄与＝　役立つこと。

＊　大腿部＝　太ももの部分。前側には大腿四頭筋、後ろ側にはハムストリングスという筋肉の集まりがある。（下図参照）

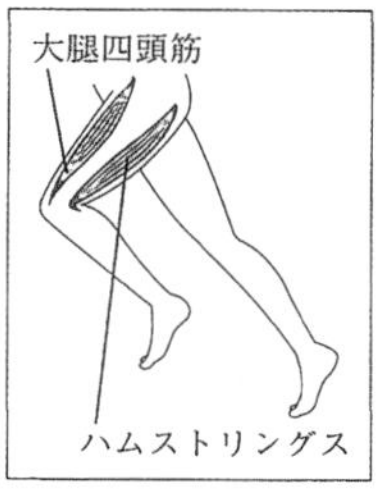

図

問五　――部3とあるが、筆者は、「自らとの対話」について、どのように考えていますか。次のような形で説明したとき、[Ⅰ]に入る適切な言葉を、本文中から二十一字でさがし、その最初の五字を抜き出して書き、[Ⅱ]に入る適切な言葉を、本文中の言葉を使って、十五字以内で書きなさい。

　筆者が自分の書いた文章を読んで、[Ⅰ]に気づいたように、人間は、自分の書いた文章を観察することにより、[Ⅱ]ことができるようになり、そこから自分の変化や偏りを発見することができる。

問六　――部4とあるが、筆者は、「言葉にすること」について、どのように考えていますか。次の三つの言葉を使って、六十字以内で書きなさい。なお、三つの言葉はどのような順序で使ってもかまいません。

阻害要因　　主観的な体験　　手段

問七　本文の特徴について説明したものとして最も適切なものを、次のア～エから一つ選び、記号で答えなさい。

ア　自分と異なる意見を示してそれに反論することで、言葉に関する自分の考えの正しさを強調している。

イ　陸上競技における実際の場面を取り上げることで、トレーニングの必要性を実感できるようにしている。

ウ　自分の体験を他のアスリートの体験と比較することで、自分の経験の独自性を強く印象づけている。

エ　言葉について問題提起をしてから主張を述べる流れを繰り返すことで、論の展開をつかみやすくしている。

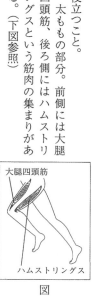

三　次の文章を読んで、あとの問いに答えなさい。

去りし頃（昔）、やごとなき君の御鎧《よろひ》を虫干*しありし時に（ある高貴な君主の鎧を家来が虫干ししていた時に）、一領《いちりやう》の（一着の）御鎧の縅*《をどし》の糸いかにしてか損じけん（どのようにしてほころびたのだろうか）、多くほつれてありけり。かの君は何心なく虫干しの席へいたらせたまひて、御鎧を見そなはして（ご覧になって）、1もつてのほかに御気色《けしき》あしく（きわめてご機嫌が悪くなり）、近習《きんじふ》の人々（君主の近くに仕える人々）に向かはせられ、我が鎧さへかくのごとくなれば（このようであるから）、家来の鎧は思ひやらるることぞかしとのたまひけり。御側《そば》近く控へし何某《なにがし》（ある家来）は、恐れ入りつつも取りあへず（すぐに）、

2朽ちぬともよしや鎧の縅糸またと乱れん世にしあらねば（朽ちてしまってもよいことです、鎧の縅の糸は。再び戦乱が起こるような時代ではありませんから。）

と治まる御代《みよ》のそのままを（平和に治まっている時代のありのままの様子を）祝《しゆく》し寿《ことぶ》き奉《たてまつ》りしかば（お祝い申し上げたので）、君も御機嫌の直らせられけり。その係の人々も御咎《とが》め（罰）をのがれ、いとありがたく覚え、早々に御武具の破損を調《ととの》へ備へて3怠らざりしとなん（怠りなく仕事に励んだということだ）。

〈『閑窓瑣談』による〉

〔注〕
＊ 虫干し＝ 衣類などが虫に食われるのを防ぐために、日陰で風に当てて干すこと。
＊ 縅＝ 鎧の板をつづり合わせるひも。

問一 〰〰部「たまひて」を現代かなづかいに直し、すべてひらがなで書きなさい。

問二 ――部1における「君」の心情を説明したものとして最も適切なものを、次のア～エから一つ選び、記号で答えなさい。

ア 君主である自分の鎧でさえ手入れが十分でないのだから、家来の鎧はなおさら手入れが十分でないだろうと思い、機嫌が悪くなっている。
イ 一着の鎧でさえ傷みを直すにはお金がかかるのだから、すべての鎧を直すにはたくさんのお金がかかるだろうと思い、機嫌が悪くなっている。
ウ 君主である自分の鎧は十分に手入れされていないのに、なぜ家来の鎧は丁寧に手入れされているのだろうと思い、機嫌が悪くなっている。
エ 一着の鎧が傷んでいる原因もわからないのに、すべての鎧と武器を修理して戦に勝つことなどできないだろうと思い、機嫌が悪くなっている。

問三 ――部2の和歌で、「何某」が「朽ちぬともよしや」と詠《よ》んだのは、自分たちが生きている時代を、どのような時代だと考えたからですか。現代語で書きなさい。

問四 ――部3について、「その係の人々」が怠りなく仕事に励むようになった理由を、次のような形で説明したとき、［　　］に入る適切な言葉を、現代語で十字以内で書きなさい。

鎧の縅の糸がほころびていたことに対して君主が［　　］ことを、とてもありがたく思ったから。

四

次の問いに答えなさい。

問一　次の1～5の═══部のカタカナの部分を、漢字で書きなさい。なお、楷書で丁寧に書くこと。

1　ヒタイの汗をふく。
2　川につり糸をタらす。
3　制度をカイカクする。
4　トウケイ資料をグラフにする。
5　ザッシを読む。

問二　山本さんは、総合的な学習の時間に、さくらんぼの新品種である「やまがた紅王《べにおう》」について調べ、資料を黒板に掲示し、クラス全体に向けて話をします。次は、その話の内容と資料です。これらを読んで、あとの(1)、(2)の問いに答えなさい。

話の内容

今日は、さくらんぼの新品種である「やまがた紅王」について話します。資料は、「やまがた紅王」の特長をまとめたものです。（ア）資料の中の図は、「やまがた紅王」を他の品種と比べた結果を示しています。まず、「やまがた紅王」はとびきりの大玉で、「紅秀峰《べにしゅうほう》」よりも大きいのが特長です。また、含まれている糖分の割合は、「佐藤錦《さとうにしき》」と同じくらいですが、酸味が少ないため、甘味を感じやすいという特長ももっています。（イ）さらに、見た目の美しさや、実がしっかりしていて日持ちがよいことも特長です。（ウ）令和四年は、数量限定で販売されていたので、まだ食べたことがない人もいると思いますが、令和五年から、本格的に販売されます。（エ）たくさんの「やまがた紅王」が「紅秀峰」や「佐藤錦」と同じようにお店に並ぶことでしょう。それぞれの品種のよさを感じながら、さくらんぼを味わってみてはいかがでしょうか。

資料

「やまがた紅王」の特長

○　とびきりの大玉である。
○　酸味が少なくて甘味を感じやすい。
○　色づきがよくてつやがある。
○　実が硬くてしっかりしている。

果実サイズのイメージ

図

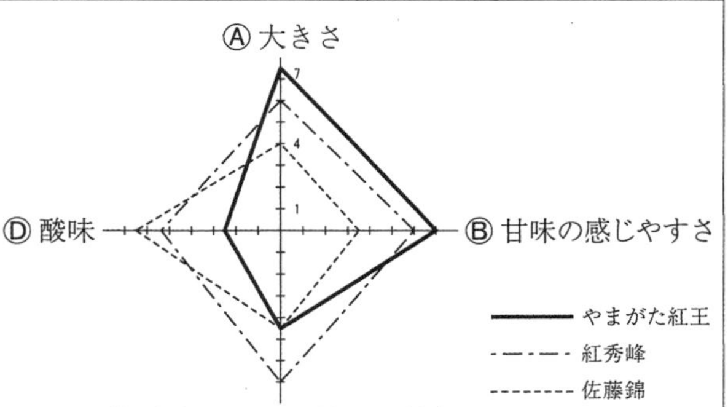

（「県民のあゆみ　令和４年７月号」から作成）

(1)　──部を話すとき、図を活用してわかりやすく伝えるとしたら、Ⓐ～Ⓓの項目をどのような順序で指し示すとよいですか。最も適切なものを、次のア～カから一つ選び、記号で答えなさい。

ア　Ⓐ→Ⓑ→Ⓒ→Ⓓ
イ　Ⓐ→Ⓑ→Ⓓ→Ⓒ
ウ　Ⓐ→Ⓒ→Ⓑ→Ⓓ
エ　Ⓐ→Ⓒ→Ⓓ→Ⓑ
オ　Ⓐ→Ⓓ→Ⓑ→Ⓒ
カ　Ⓐ→Ⓓ→Ⓒ→Ⓑ

(2)　山本さんは、話の内容がわかりやすく伝わるように、話題が変わるところで大きく間を取って話そうと考えています。間を取るところとして最も適切なものを、話の内容の（ア）～（エ）から一つ選び、記号で答えなさい。

検査問題は、次のページに続きます。

五　次のA、Bは、学んだ経験を通して得たことや考えたことを、小学生や中学生が標語にしたものです。

これらの標語を読み、「学んだことをどのように生かすか」という題で、まとまりのある二段落構成の文章を書きなさい。第一段落には、AとBの標語それぞれについて、どのようなことが読み取れるか、書きなさい。それをふまえ、第二段落には、あなたの考えを、自身の体験や見聞きしたことを含めて書きなさい。

ただし、あとの《注意》に従うこと。

A　広がった　見る聞く知るで　ぼくの夢

B　教育を　受けた私が　伝える番

《注意》

◇「題名」は書かないこと。
◇二段落構成とすること。
◇二〇〇字以上、二四〇字以内で書くこと。
◇文字は、正しく、整えて書くこと。

令 和 5 年 度

公立高等学校入学者選抜
学力検査問題

数　学

（　10：00　～　10：50　）

注　　意

1 「開始」の合図があるまで，開いてはいけません。

2 問題用紙は，7ページまであります。

3 解答用紙は，問題用紙の中にはさんであります。

4 「開始」の合図があったら，まず，解答用紙を取り出し，受検番号を書きなさい。次に，問題用紙のページ数を確認し，不備があればすぐに手を挙げなさい。

5 答えは，すべて解答用紙に書きなさい。

6 「終了」の合図で，すぐに鉛筆（シャープペンシルを含む）をおき，解答用紙を開いて裏返しにしなさい。

1 次の問いに答えなさい。

1　次の式を計算しなさい。

(1)　$1-(2-5)$

(2)　$\dfrac{3}{5}\times\left(\dfrac{1}{2}-\dfrac{2}{3}\right)$

(3)　$-12ab\times(-3a)^2\div6a^2b$

(4)　$(\sqrt{7}-2)(\sqrt{7}+3)-\sqrt{28}$

2　2次方程式 $(x-7)(x+2)=-9x-13$ を解きなさい。解き方も書くこと。

3　$x=23$，$y=18$ のとき，$x^2-2xy+y^2$ の値を求めなさい。

4　下の図は，山形市，酒田市，新庄市，米沢市における，2022 年 4 月 1 日から 4 月 30 日までの日ごとの最高気温のデータを，それぞれ箱ひげ図に表したものである。あとの①～③のそれぞれについて，これらの箱ひげ図から読み取れることとして正しいものを○，正しくないものを×としたとき，○と×の組み合わせとして適切なものを，あとのア～クから 1 つ選び，記号で答えなさい。

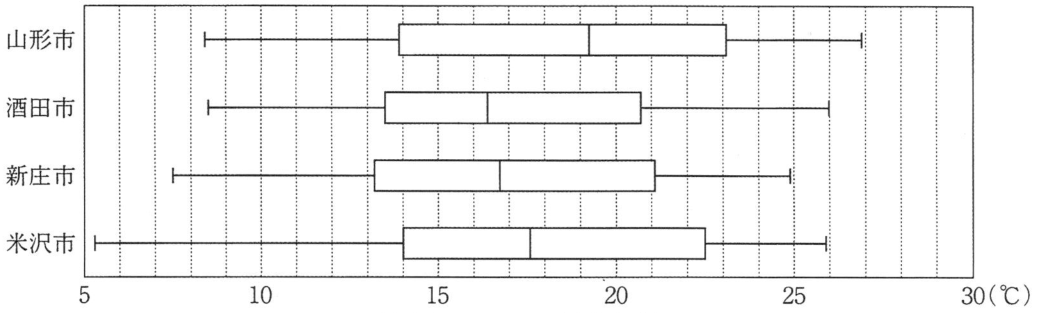

（気象庁ホームページから作成）

① 中央値は，山形市のほうが，酒田市より大きい。

② 四分位範囲がもっとも大きいのは，米沢市である。

③ 最高気温が 21 ℃ 以上の日数がもっとも少ないのは，新庄市である。

	ア	イ	ウ	エ	オ	カ	キ	ク
①	○	○	○	○	×	×	×	×
②	○	○	×	×	○	○	×	×
③	○	×	○	×	○	×	○	×

5　右の図は，投影図の一部である。この図から考えられる立体の見取図として**適切でないもの**を，次のア～エから 1 つ選び，記号で答えなさい。

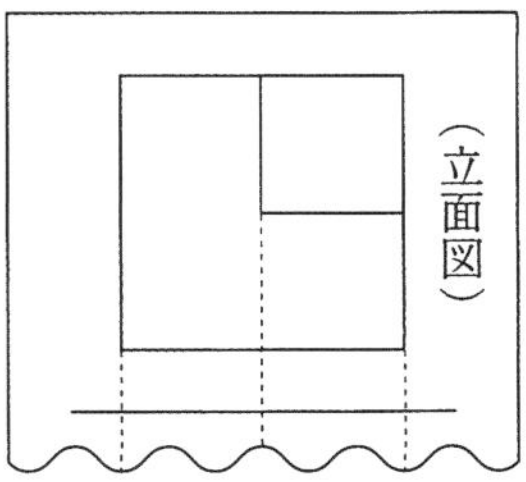

ア

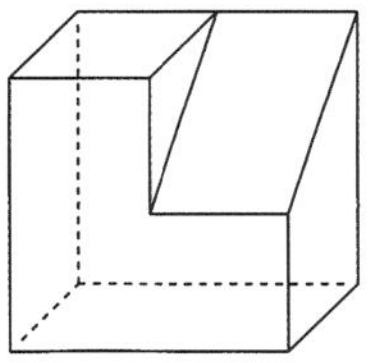

イ

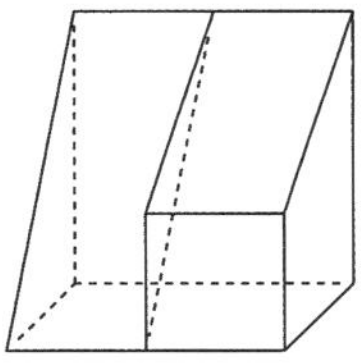

ウ

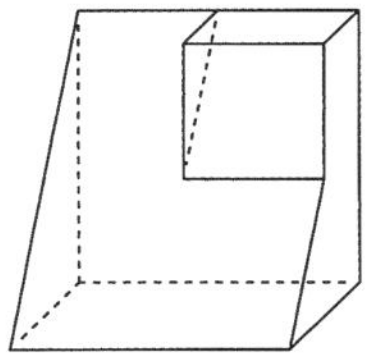

エ

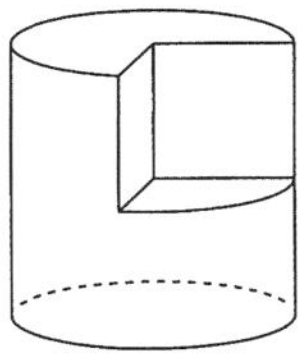

2 次の問いに答えなさい。

1　右の図において，①は関数 $y=\frac{a}{x}$ のグラフ，②は関数 $y=bx$ のグラフである。

①のグラフ上に x 座標が３である点Ａをとり，四角形ＡＢＣＤが正方形となるように，３点Ｂ，Ｃ，Ｄをとると，２点Ｂ，Ｃの座標は，それぞれ（７，２），（７，６）となった。このとき，次の問いに答えなさい。

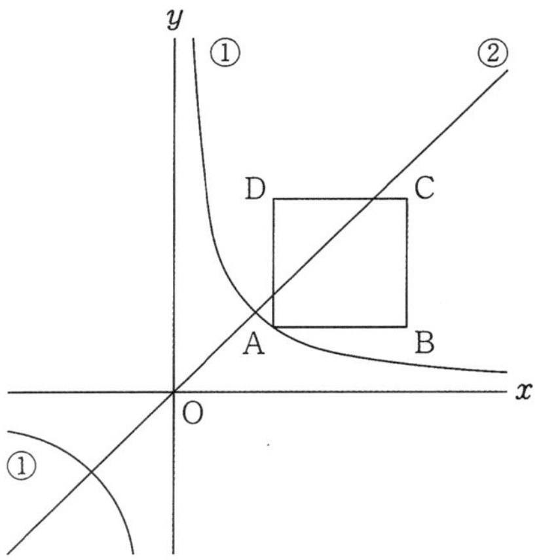

(1)　a の値を求めなさい。

(2)　関数 $y=bx$ のグラフが四角形ＡＢＣＤの辺上の点を通るとき，b のとる値の範囲を，不等号を使って表しなさい。

2　純さんと友子さんは，白玉３個と赤玉３個を使い，あることがらの起こりやすさを，条件を変えて調べてみることにした。

純さんは，図１のように，Ａの箱に白玉２個と赤玉１個，Ｂの箱に白玉１個と赤玉２個を入れ，Ａ，Ｂの箱から，それぞれ玉を１個ずつ取り出す。友子さんは，図２のように，Ｃの箱に白玉１個と赤玉１個，Ｄの箱に白玉２個と赤玉２個を入れ，Ｃ，Ｄの箱から，それぞれ玉を１個ずつ取り出す。

このとき，２個とも白玉が出ることの起こりやすさについて述べた文として適切なものを，あとのア～ウから１つ選び，記号で答えなさい。また，選んだ理由を，確率を使って説明しなさい。

ただし，それぞれの箱において，どの玉が取り出されることも同様に確からしいものとする。

図１

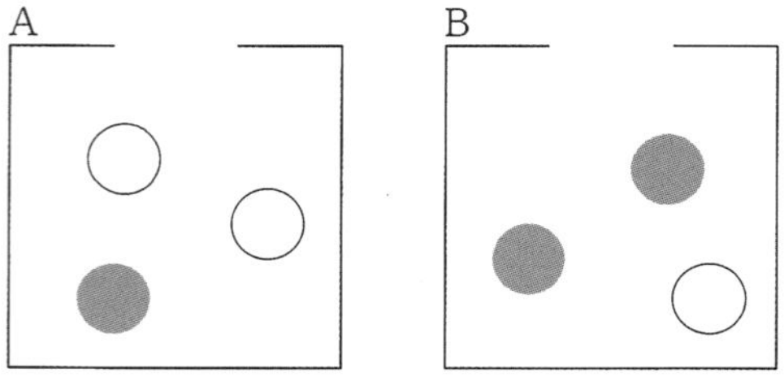

図２

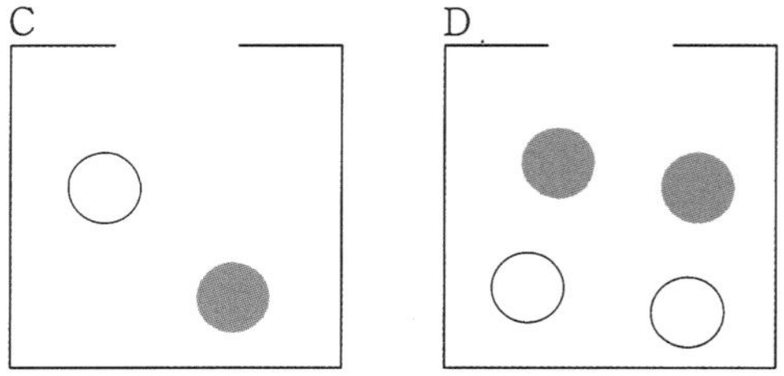

ア　純さんのほうが，友子さんより起こりやすい。

イ　友子さんのほうが，純さんより起こりやすい。

ウ　起こりやすさは２人とも同じである。

3　次の問題について，あとの問いに答えなさい。

〔問題〕

　ある洋菓子店では，お菓子を箱に入れた商品A，B，Cを，それぞれ作っています。下の表は，それぞれの商品に入っているお菓子の種類と個数を示したものです。この洋菓子店では，商品A，B，Cを合わせて40箱作り，そのうち，商品Cは10箱作りました。また，40箱の商品を作るために使ったお菓子の個数は，ドーナツのほうが，クッキーより50個少なくなりました。40箱の商品を作るために使ったドーナツは何個ですか。

表

	商品A	商品B	商品C
ドーナツ（個）	8	0	12
クッキー（個）	0	12	15

(1)　この問題を解くのに，方程式を利用することが考えられる。どの数量を文字で表すかを示し，問題にふくまれる数量の関係から，1次方程式または連立方程式のいずれかをつくりなさい。

(2)　40箱の商品を作るために使ったドーナツの個数を求めなさい。

4　あとの図において，四角形ABCDは，AB＝ADである。下の【条件】の①，②をともにみたす点Pを，定規とコンパスを使って作図しなさい。

　ただし，作図に使った線は残しておくこと。

【条件】

①　点Pは，∠BCDを二等分する直線上にあり，直線BCの上側の点である。

②　∠BPDの大きさは，∠BADの大きさの半分であり，90°より小さい。

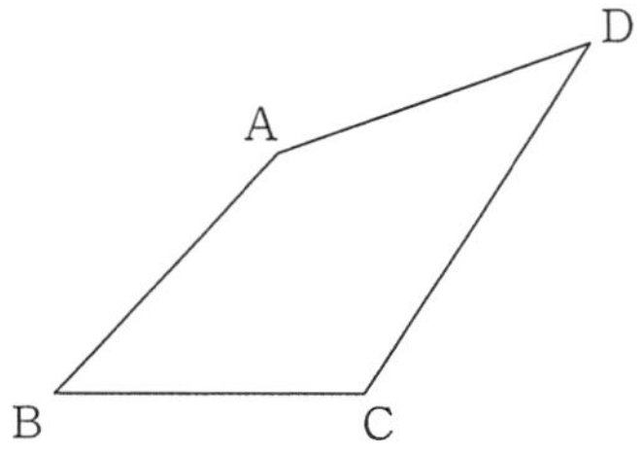

3 図1において，四角形ＡＢＣＤと四角形ＰＱＲＳは合同であり，ＡＤ∥ＢＣ，ＡＤ＝5cm，ＢＣ＝9cm，∠ＡＢＣ＝∠ＤＣＢ＝45°である。四角形ＡＢＣＤの辺ＢＣと四角形ＰＱＲＳの辺ＱＲは直線ℓ上にあって，頂点Ｂと頂点Ｒは直線ℓ上の同じ位置にある。いま，四角形ＰＱＲＳを直線ℓにそって矢印の方向に移動する。

図2のように，四角形ＰＱＲＳを$x$cm 移動したとき，四角形ＡＢＣＤと四角形ＰＱＲＳが重なっている部分の面積を$y$cm²とする。このとき，それぞれの問いに答えなさい。

図1

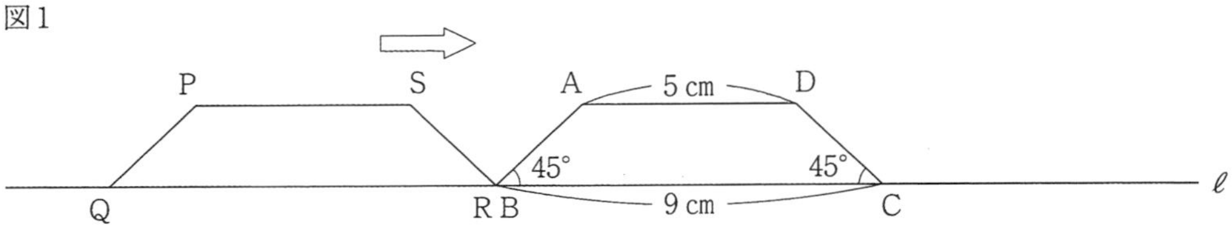

図2

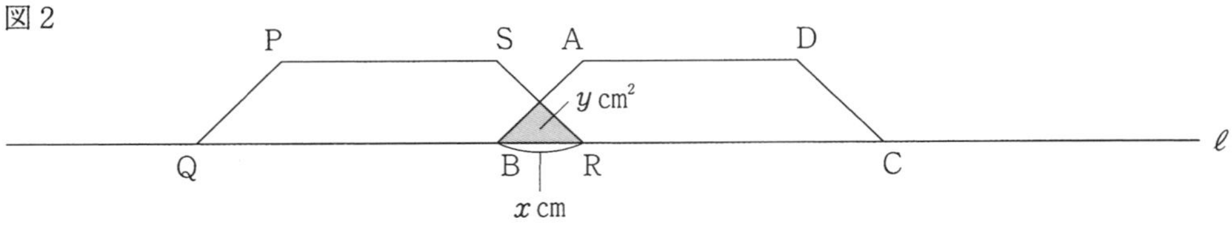

1 頂点Ｐが頂点Ｄと同じ位置にくるまで移動したときのxとyの関係を表にかきだしたところ，表1のようになった。次の問いに答えなさい。

表1

x	0	…	4	…	14
y	0	…	4	…	4

(1) $x=2$のときのyの値を求めなさい。

(2) 表2は，頂点Ｐが頂点Ｄと同じ位置にくるまで移動したときのxとyの関係を式に表したものである。［ア］～［ウ］にあてはまる数または式を，それぞれ書きなさい。

また，このときのxとyの関係を表すグラフを，図3にかきなさい。

表2

xの変域	式
$0 \leqq x \leqq 4$	$y=$ ［ア］
$4 \leqq x \leqq$ ［イ］	$y=2x-4$
［イ］ $\leqq x \leqq 14$	$y=$ ［ウ］

図3

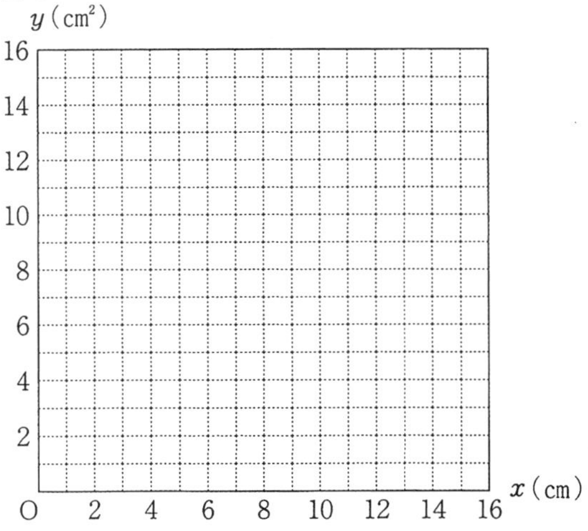

2　図4のように，四角形ＡＢＣＤを，四角形ＰＱＲＳと重なっている部分と，四角形ＰＱＲＳと重なっていない部分に分ける。重なっている部分の面積が，重なっていない部分の面積の２倍となるときのxの値のうち，最も小さい値を求めなさい。

図４

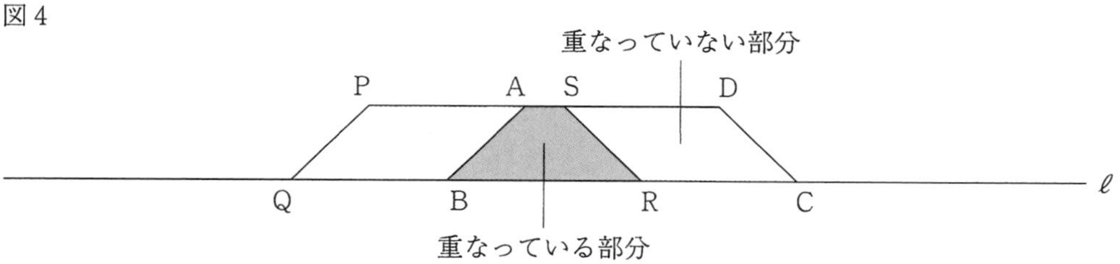

4　下の図のように，∠ＡＣＢ＝90°の△ＡＢＣがあり，辺ＢＣの長さは辺ＡＣの長さよりも長いものとする。点Ｄを，辺ＢＣ上に，ＡＣ＝ＣＤとなるようにとる。また，点Ｅを，辺ＡＢ上に，ＡＣ//ＥＤとなるようにとる。点Ａから線分ＣＥにひいた垂線と線分ＣＥとの交点をＦとし，直線ＡＦと直線ＢＣとの交点をＧとする。このとき，あとの問いに答えなさい。

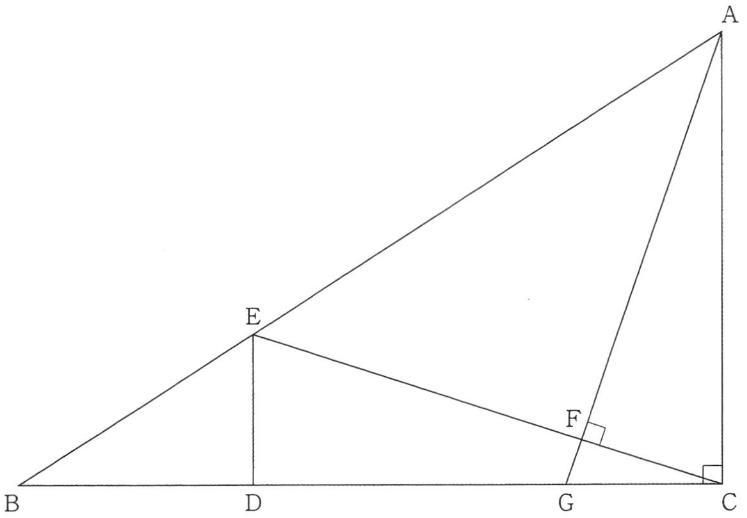

1　△ＡＧＣ≡△ＣＥＤであることを証明しなさい。

2　ＡＣ＝10 cm，ＢＣ＝15 cm であるとき，次の問いに答えなさい。

(1)　ＥＤの長さを求めなさい。

(2)　△ＡＦＣを，直線ＡＣを軸として１回転させてできる立体の体積を求めなさい。なお，円周率はπとする。

令 和 5 年 度

公立高等学校入学者選抜

学力検査問題

社　　会

（　11：10　～　12：00　）

注　　　意

1 「開始」の合図があるまで，開いてはいけません。

2 問題用紙は，7ページまであります。

3 解答用紙は，問題用紙の中にはさんであります。

4 「開始」の合図があったら，まず，解答用紙を取り出し，受検番号を書きなさい。次に，問題用紙のページ数を確認し，不備があればすぐに手を挙げなさい。

5 答えは，すべて解答用紙に書きなさい。

6 「終了」の合図で，すぐに鉛筆（シャープペンシルを含む）をおき，解答用紙を開いて裏返しにしなさい。

1 正樹さんは，世界のさまざまな地域を学習する授業で，略地図中のＡ国～Ｄ国や日本に関連することについて，地図や資料を使って調べました。あとの問いに答えなさい。

【略地図】

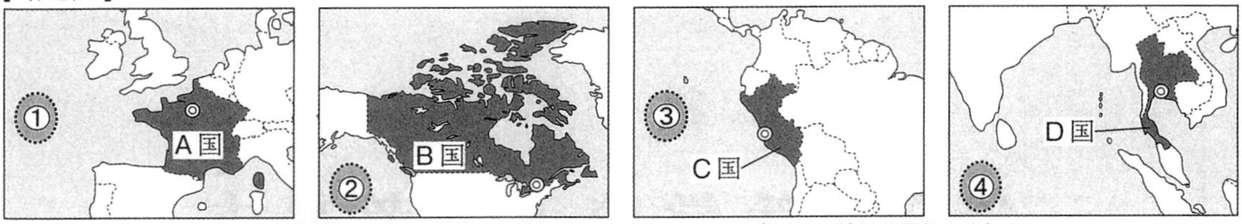

注１：略地図中の◎は，首都の位置を示している。　注２：各地図の縮尺は同じではない。

1　略地図において で示された①～④は，それぞれ三大洋の一部です。同じ海洋を示す組み合わせを，次のア～カから一つ選び，記号で答えなさい。また，その海洋名も書きなさい。

ア　①と②　　イ　①と③　　ウ　①と④　　エ　②と③　　オ　②と④　　カ　③と④

2　資料Ⅰは，略地図中のＡ国～Ｄ国の人口などについてまとめたものです。ア～エは，Ａ国～Ｄ国のいずれかです。資料Ⅰを見て，次の問いに答えなさい。

⑴　Ａ国にあたるものを，ア～エから一つ選び，記号で答えなさい。

⑵　Ａ国～Ｄ国の人口密度を比較したとき，人口密度が最も高い国はどれか，国の記号Ａ～Ｄで答えなさい。また，その国名も書きなさい。

【資料Ⅰ】　(2019年)

	人口 （千人）	国土面積 （千 km²）	１人あたりの国民総所得 （ドル）	日本への輸出額 （億円）
ア	32,510	1,285	6,635	2,683
イ	65,130	552	41,155	13,127
ウ	69,626	513	7,407	27,651
エ	37,411	9,985	45,935	12,864

（『世界国勢図会　2021／22年版』などから作成）

3　資料Ⅱは，正樹さんがＡ国の気候について学習したときにまとめたものです。資料Ⅱの［ X ］，［ Y ］，［ Z ］にあてはまる言葉の組み合わせとして適切なものを，次のア～クから一つ選び，記号で答えなさい。

ア　X　低緯度　Y　温暖　Z　高緯度から低緯度
イ　X　低緯度　Y　寒冷　Z　高緯度から低緯度
ウ　X　低緯度　Y　温暖　Z　低緯度から高緯度
エ　X　低緯度　Y　寒冷　Z　低緯度から高緯度
オ　X　高緯度　Y　温暖　Z　高緯度から低緯度
カ　X　高緯度　Y　寒冷　Z　高緯度から低緯度
キ　X　高緯度　Y　温暖　Z　低緯度から高緯度
ク　X　高緯度　Y　寒冷　Z　低緯度から高緯度

【資料Ⅱ】

○　疑問に思ったこと
　Ａ国の首都は山形市に比べ［ X ］に位置しているのに，冬の気候が［ Y ］である。どうしてだろうか。

○　調べてわかったこと
　Ａ国の気候は，［ Z ］方向へ流れる海流と，その上空をふく風の影響を受けている。

4　資料Ⅲは，正樹さんがＢ国と日本のおもな輸入相手国について調べ，まとめたものです。資料Ⅲの［ a ］，［ b ］にあてはまる国を，次のア～オからそれぞれ一つずつ選び，記号で答えなさい。

ア　アメリカ　　イ　イギリス　　ウ　ブラジル
エ　韓国　　オ　中国

【資料Ⅲ】Ｂ国と日本における輸入相手国上位３か国　(2019年)

Ｂ国		日本	
国名	%	国名	%
a	50.8	b	23.5
b	12.5	a	11.3
メキシコ	6.1	オーストラリア	6.3

（『世界国勢図会　2021／22年版』から作成）

5　次は，正樹さんが，略地図中のC国で，先住民の言語以外も公用語とされている，歴史的な背景についてまとめたものです。適切なまとめになるように，［ c ］にあてはまる言葉を書きなさい。

大航海時代に南北アメリカ大陸に進出した国である［ c ］として，C国は支配された。

6　正樹さんは，略地図中のD国が米の輸出国であることを知り，D国の稲作や，世界の米の輸出などについて調べました。次の問いに答えなさい。

(1)　D国の稲作などで行われる，同じ土地で，同じ作物を年に2回栽培することを何というか，書きなさい。

(2)　資料Ⅳは，米の輸出国における，米の生産量と輸出量についてまとめたものの一部です。次は，正樹さんが，資料Ⅳからわかったことや考えたことをまとめたものです。適切なまとめになるように，［ d ］には **高い** か **低い** のいずれかの言葉を書き，［ e ］にはあてはまる言葉を，**消費**，**割合**という二つの語を用いて書きなさい。

【資料Ⅳ】　(2019年)

	生産量（万t）	輸出量（万t）
D国	2,836	685
中国	20,961	272
インド	17,765	973

（『世界国勢図会　2021／22年版』から作成）

D国は，中国やインドと比較すると，生産された米が輸出に向けられる割合が［ d ］国であることがわかる。このことから，D国は，中国やインドよりも，生産された米が国内で［ e ］国であると考えられる。

2　里菜さんは，山形県で第6回「山の日」全国大会が行われたことに興味を持ち，日本の地形や，これまでに「山の日」全国大会が行われた，山形県を含む六つの県について調べました。資料は，そのときまとめたものです。あとの問いに答えなさい。

【里菜さんのまとめ】

○　日本列島は，標高の高い山々や火山がつらなっており，陸地の約［ ① ］が山地や丘陵地である。
○　日本列島の中央部にあたる地域にある［ ② ］を境にして，日本の山地や山脈は，並ぶ方向が異なっている。
○　日本列島の中央部には，3000m級の山々がつらなる。特に，飛騨山脈，木曽山脈，赤石山脈の三つの山脈は，［ ③ ］とよばれ，「日本の屋根」ともたとえられる。

1　里菜さんのまとめについて，次の問いに答えなさい。

(1)　［ ① ］，［ ② ］にあてはまる言葉の組み合わせとして最も適切なものを，次のア～エから一つ選び，記号で答えなさい。

ア　①　4分の3　②　フォッサマグナ　　イ　①　2分の1　②　フォッサマグナ
ウ　①　4分の3　②　カルデラ　　エ　①　2分の1　②　カルデラ

(2)　［ ③ ］にあてはまる言葉を書きなさい。

2　略地図は，これまでに「山の日」全国大会が行われた六つの県をまとめたものです。次の問いに答えなさい。

【略地図】

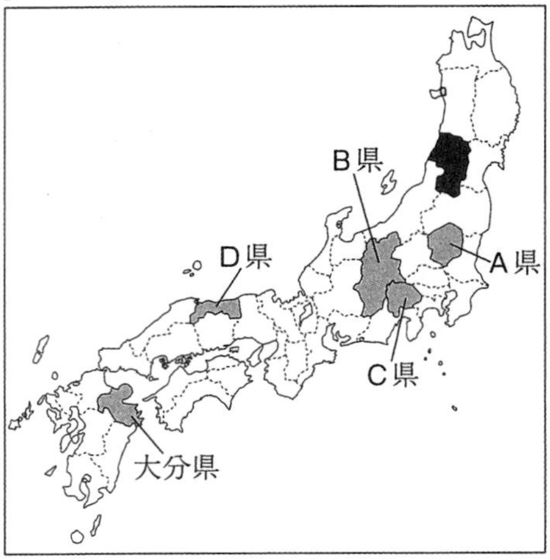

(1)　資料は，略地図中の山形県とＡ県～Ｄ県の米の産出額などについてまとめたものです。ア～オは，山形県かＡ県～Ｄ県のいずれかです。Ａ県にあたるものを，ア～オから一つ選び，記号で答えなさい。また，その県名も書きなさい。

【資料】　(2019年)

	米の産出額(億円)	野菜の産出額(億円)	果実の産出額(億円)	畜産の産出額(億円)
ア	473	818	743	279
イ	898	460	719	371
ウ	61	110	595	78
エ	151	213	69	286
オ	671	784	76	1,156

(『データでみる県勢　2022年版』から作成)

(2)　里菜さんは，略地図中の大分県に日本最大級の地熱発電所があることを知り，地熱発電について調べ，メモにまとめました。メモの［　X　］にあてはまる言葉として適切なものを，次のア～エから一つ選び，記号で答えなさい。

【メモ】

○　地熱発電所では，地下にある高温の熱水や蒸気を利用して発電している。
○　地熱は，［　X　］などと同様に，再生可能エネルギーの一つである。

ア　鉄鉱石　　イ　レアメタル　　ウ　バイオマス　　エ　メタンハイドレート

3　地形図Ⅰ，地形図Ⅱは，里菜さんが大分県と山形県の山について調べるため，準備したものです。地形図Ⅰは大分県のある場所，地形図Ⅱは山形県のある場所を示しています。あとの問いに答えなさい。

【地形図Ⅰ】

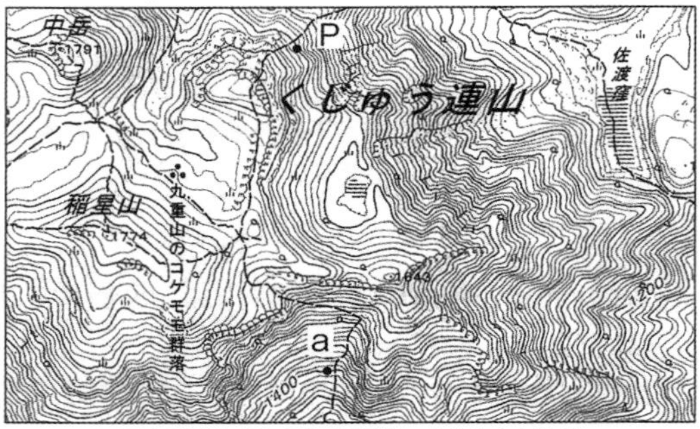

(国土地理院「1：25,000地形図　久住」から作成)

【地形図Ⅱ】

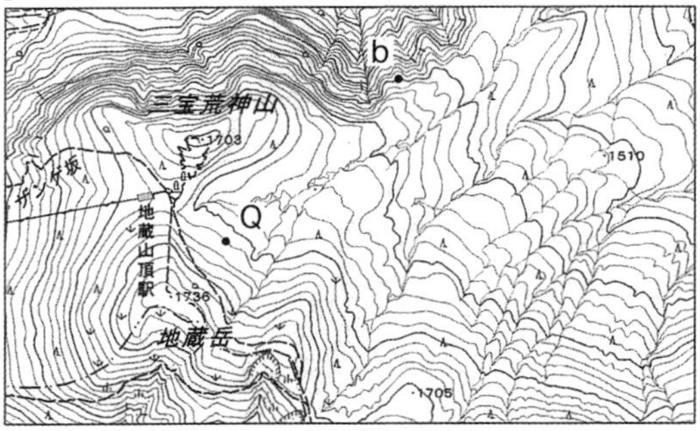

(国土地理院「1：25,000地形図　蔵王山」から作成)

(1)　地形図Ⅰ中のａ地点と地形図Ⅱ中のｂ地点の標高差はおよそ何ｍか，最も適切なものを，次のア～オから一つ選び，記号で答えなさい。

ア　100 m　　イ　150 m　　ウ　200 m　　エ　250 m　　オ　300 m

(2)　次は，里菜さんが，地形図Ⅰと地形図Ⅱを比較して読み取ったことをまとめたものの一部です。［　Y　］にあてはまる言葉を，等高線の間隔と，斜面の様子に着目して書きなさい。

地形図Ⅰ中のＰ地点と地形図Ⅱ中のＱ地点を比べると，Ｐ地点のほうが，［　　Y　　］ことがわかる。

3 良子さんは，さまざまな時期のわが国の政治の展開や社会の様子について調べ，表にまとめました。あとの問いに答えなさい。

【表】

	時　期	ま　と　め
A	3世紀	中国の［　X　］の歴史書に，邪馬台国の卑弥呼が，倭の30ほどの小さな国々を従えていたと記されている。
B	8世紀	奈良に平城京がつくられた。8世紀後半，貴族や僧の間で勢力争いが激しくなり，政治が混乱した。
C	15世紀	自治の広まりを背景に，土一揆がおこった。土一揆に加わった人々が，土倉や酒屋などをおそった。
D	17世紀	徳川家康が江戸に幕府を開いた。17世紀後半，江戸，大阪，京都の三つの都市が大きく発展した。

1　Aについて，次の問いに答えなさい。

(1)　下線部について，西暦で表すと何年から何年までか，書きなさい。

(2)　［　X　］にあてはまる，卑弥呼が使いを送った国を，次のア〜エから一つ選び，記号で答えなさい。

ア　漢　　イ　隋　　ウ　魏　　エ　秦

2　Bについて，次の問いに答えなさい。

(1)　8世紀のできごととして適切なものを，次のア〜カから二つ選び，記号で答えなさい。

ア　中大兄皇子が政治の改革を始めた。　イ　朝鮮半島に百済と新羅が成立した。

ウ　朝廷が墾田永年私財法を定めた。　エ　栄西や道元が中国から禅宗の教えを伝えた。

オ　関東で平将門が反乱をおこした。　カ　国の成り立ちなどをまとめた『古事記』が完成した。

(2)　下線部に関連して，新しい都で政治を立て直そうとして，平城京から長岡京，次いで平安京に都を移した天皇はだれか，書きなさい。

【資料】

正長元年より以前に関しては、神戸《かんべ》四か郷には負債はいっさいない。

3　Cの下線部について，資料は，15世紀におこった，ある土一揆の成果を記した石碑の文章を現代語訳したものです。土倉や酒屋などがおそわれたのは，人々に対してどのようなことを行っていたからか，資料をふまえて書きなさい。

4　Dについて，次の問いに答えなさい。

(1)　次のア〜エの文化財は，それぞれ，鎌倉文化，室町文化，元禄文化，化政文化のいずれかの文化の時期につくられたものです。ア〜エのうち，17世紀につくられた文化財を一つ選び，記号で答えなさい。

ア

イ

ウ

エ

(2)　下線部に関連して，江戸幕府は参勤交代の制度をつくりました。この制度は大名にどのようなことを義務づけた制度か，往復という言葉を用いて書きなさい。

4 次の略年表や資料は，友希さんが，近現代のわが国の社会や経済の変化に関連するできごとについて調べ，まとめたものです。次の問いに答えなさい。

【略年表】

年		できごと
1872		新橋と横浜の間に初めて鉄道が開通する …… ①
1882	A	X がアメリカ留学から帰国する
1901		八幡製鉄所が操業を開始する
1922		全国水平社が結成される …………………… ②
1946		日本国憲法が公布される …………………… ③
	B	
1989		元号が平成に改まる
1997		地球温暖化防止京都会議が開催される …… ④

（Aは1872～1901年の時期，Bは1946～1989年の時期）

1　略年表中の①について，このころ，政府は「富国強兵」の政策のもと，交通を整備したり，官営工場を建てたりするなど，近代的な産業を育てる政策を進めていました。その政策を，**漢字4字**で書きなさい。

2　略年表中のAの時期に，わが国でおこったできごとを，次のア～エから一つ選び，記号で答えなさい。

ア　農地改革が始まる　　イ　王政復古の大号令が出される
ウ　米騒動がおこる　　エ　第一回帝国議会が開かれる

【資料Ⅰ】

3　略年表中の X には，岩倉使節団に同行した5人の女子留学生の一人であり，のちに女子英学塾を設立した，資料Ⅰの人物名が入ります。この人物はだれか，次のア～エから一つ選び，記号で答えなさい。

ア　樋口一葉　　イ　津田梅子　　ウ　与謝野晶子　　エ　平塚らいてう

4　略年表中の②について，このころ，民主主義が強く唱えられ，普通選挙運動の活発化など民主主義にもとづく社会運動がさかんになりました。資料Ⅱは，近現代における選挙権の変化についてまとめたものの一部です。適切なまとめになるように， Y にあてはまる言葉を書きなさい。

【資料Ⅱ】

選挙法成立年	選挙法実施年	有権者の資格
1889	1890	直接国税15円以上を納める Y
1925	1928	Y
1945	1946	20歳以上の男女

5　略年表中の③の翌年には，日本国憲法の制定にともない，民主主義教育の理念を示し，9年間の義務教育や男女共学などを定めた新しい法律が制定されました。この法律名を書きなさい。

6　次のア～エは，略年表中のBの時期のできごとです。ア～エを，おこった年の古い順に並べかえ，記号で答えなさい。

ア　石油危機がおこる　　イ　サンフランシスコ平和条約が結ばれる
ウ　日本が国際連合に加盟する　　エ　東海道新幹線が開通する

7　略年表中の④に関連して，京都議定書では，先進国に温室効果ガスの排出削減が義務づけられましたが，2015年に採択された新たな枠組みでは，先進国，発展途上国を問わず，各国が温室効果ガスの排出削減の目標値を決定しました。この枠組みを何というか，書きなさい。

5 修さんは，民法改正により成年年齢が引き下げられたことを知り，法律ができるまでの流れや成年年齢の引き下げに関連することを調べました。ポスターやメモは，そのときまとめたものの一部です。あとの問いに答えなさい。

【ポスター】

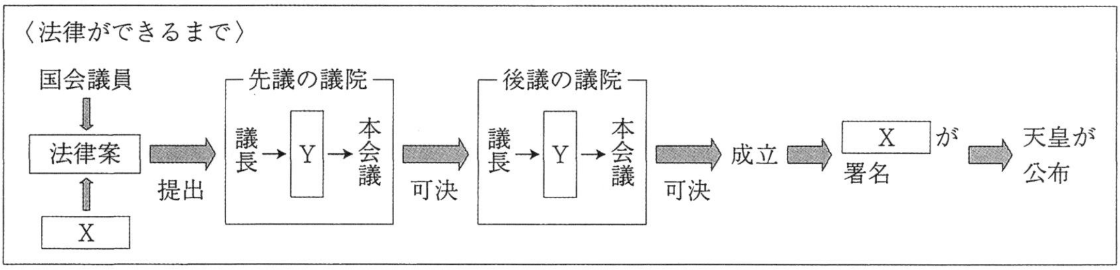

1　ポスターについて，次の問いに答えなさい。

(1)　[X]にあてはまる，法律案を作成して国会に提出したり，成立した法律に署名したりする機関の名称を書きなさい。

(2)　[Y]にあてはまる，衆議院と参議院のそれぞれに設置され，本会議の前に法律案を審査する，国会議員で作る会議のことを何というか，**漢字3字**で書きなさい。

(3)　次は，修さんが，法律案の審議と予算の審議の異なる点について，日本国憲法に定められていることをもとにまとめたものです。適切なまとめになるように，[a]にあてはまる言葉を書きなさい。

> 法律案は，衆議院が先議の場合と参議院が先議の場合があるが，予算は，[a]ことになっている。

2　メモⅠ中の下線部に関連して，修さんは，わが国の裁判のしくみについて調べました。資料は，そのときまとめたものの一部です。次の問いに答えなさい。

【メモⅠ】成年年齢引き下げにともなって変更された年齢

○　親の同意がなくても，契約ができる年齢
○　裁判員に選ばれる年齢

（法務省のホームページなどから作成）

(1)　わが国では三審制が採られており，裁判の判決に不服であれば，資料のように[b]や上告をすることで，一つの事件について3回まで裁判を受けられます。[b]にあてはまる言葉を書きなさい。

(2)　同じ裁判所であっても，裁判の種類によっては，裁判員裁判を行う場合があります。資料のア～カの裁判所のうち，裁判員裁判が行われる裁判所にあたるものを，ア～カから一つ選び，記号で答えなさい。

【資料】

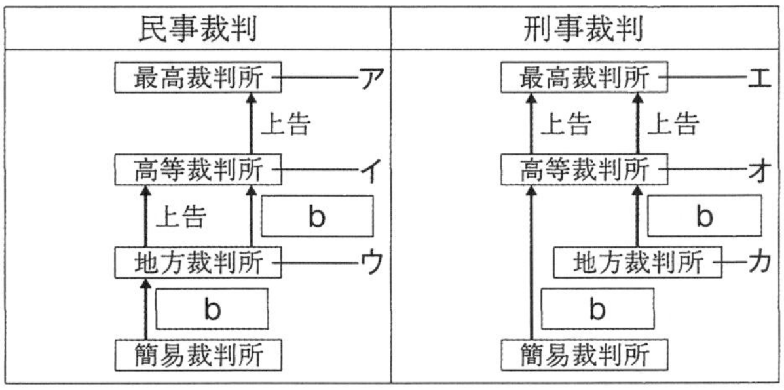

3　メモⅡの[Z]には，自分の生き方や生活の仕方について自由に決定する，「新しい人権」の一つが入ります。医師から十分な説明や情報を得たうえで，患者が治療方法を選ぶインフォームド・コンセントなどが例にあげられる，[Z]にあてはまる権利を何というか，書きなさい。

【メモⅡ】成年年齢引き下げで期待されることとは

> 成年年齢を18歳に引き下げることは，18歳，19歳の若者の[Z]を尊重するものであり，その積極的な社会参加をうながすことになると期待されている。

（法務省のホームページから作成）

6 春菜さんは，「私たちの暮らしと経済」について，テーマを決めて調べました。表は，そのときまとめたものの一部です。あとの問いに答えなさい。

【表】	テーマ	まとめ
A	価格の働き	価格は，消費者が買う量である需要量や，生産者が売る量である供給量を決めるための目安となる。
B	景気変動に対する取り組み	極端な景気変動は私たちの生活を不安定にするため，政府は，景気の安定を図る財政政策をとる。
C	私たちの暮らしと社会保障	日本の社会保障制度は，社会保険，公的扶助，［X］，公衆衛生の四つの柱からなる。

1 Aについて，次の問いに答えなさい。

(1) 資料Ⅰは，市場経済における，ある商品の価格と需要量，供給量の関係を模式的に表したものです。次は，春菜さんが資料Ⅰを見てまとめたものです。［a］，［b］にあてはまる言葉の組み合わせとして適切なものを，あとのア～エから一つ選び，記号で答えなさい。

【資料Ⅰ】

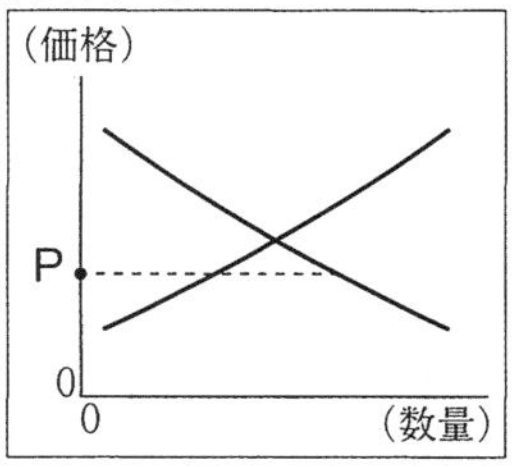

> ある商品の価格がPのとき，需要量が供給量を［a］いることから，商品の希少性が［b］と考えられる。

ア a 下回って b 高く，価格が下がる　　イ a 下回って b 低く，価格が下がる
ウ a 上回って b 低く，価格が上がる　　エ a 上回って b 高く，価格が上がる

(2) 寡占状態にある市場では，商品の価格が需要量と供給量との関係を反映せず，消費者にとって不利益が生じる場合があります。寡占状態にある市場における消費者の不利益とはどのようなことか，**競争**，**購入**の二つの言葉を用いて書きなさい。

2 Bについて，春菜さんは，政府の財政政策についてメモⅠにまとめました。［c］，［d］にあてはまる言葉の組み合わせとして適切なものを，次のア～エから一つ選び，記号で答えなさい。

【メモⅠ】

> 政府は，景気を回復させようとするとき，公共事業などの歳出を［c］たり，［d］を行ったりする場合がある。

ア c 減らし d 減税　　イ c 減らし d 増税
ウ c 増やし d 減税　　エ c 増やし d 増税

3 Cについて，次の問いに答えなさい。

(1) ［X］にあてはまる，高齢者や子どもなど，社会的に弱い立場になりやすい人々に対して，生活の保障や支援のサービスをすることを何というか，書きなさい。

(2) 春菜さんは，社会保障に関するさまざまな意見を整理するため，資料Ⅱをまとめました。メモⅡは，春菜さんが，社会保障の在り方についてまとめたものです。メモⅡ中の下線部のような意見は，資料Ⅱのどの欄にあてはまりますか。ア～エから一つ選び，記号で答えなさい。

【メモⅡ】

> 社会保障の在り方について，政府の役割や国民の負担などが議論されている。私は，<u>「大きな政府」を目指しながら世代間で負担を公平に分かち合う</u>ための方策について，さらに調べてみたい。

【資料Ⅱ】

		社会保障の財源について	
		税金でまかなう割合を高める	保険料でまかなう割合を高める
社会保障の給付について	水準を引き上げる	ア	イ
	水準を引き下げる	ウ	エ

令 和 5 年 度

公立高等学校入学者選抜
学力検査問題

理　　科

（　12：50　～　13：40　）

注　　　意

1　「開始」の合図があるまで，開いてはいけません。

2　問題用紙は，7ページまであります。

3　解答用紙は，問題用紙の中にはさんであります。

4　「開始」の合図があったら，まず，解答用紙を取り出し，受検番号を書きなさい。次に，問題用紙のページ数を確認し，不備があればすぐに手を挙げなさい。

5　答えは，すべて解答用紙に書きなさい。

6　「終了」の合図で，すぐに鉛筆（シャープペンシルを含む）をおき，解答用紙を開いて裏返しにしなさい。

1　一郎さんは，植物が行う光合成について興味をもち，オオカナダモとアジサイを使って観察や実験を行った。次の問いに答えなさい。

1　一郎さんは，光合成が葉の細胞のどの部分で行われるかを調べるため，光を十分に当てたオオカナダモの先端近くの葉をいくつか切り取り，次の①，②の手順で実験１を行い，わかったことをまとめた。あとの問いに答えなさい。

【実験１】

①　切り取った葉をスライドガラスにのせ，水を１滴落として，カバーガラスをかけ顕微鏡で観察した。

②　①とは別の切り取った葉を熱湯にひたし，あたためたエタノールに入れて脱色した。５分後，水でよくゆすぎスライドガラスにのせ，ヨウ素液を１滴落として，カバーガラスをかけ顕微鏡で観察した。

【わかったこと】

図１は①，図２は②において，顕微鏡で観察したオオカナダモの葉のスケッチである。オオカナダモの葉は同じような形のたくさんの細胞が集まってつくられていることがわかった。

①では細胞内に緑色の粒の葉緑体がたくさん観察され，②では葉緑体が青紫色の粒として観察された。このことから，葉緑体で［ a ］がつくられており，光合成は葉緑体で行われていることがわかった。

図１

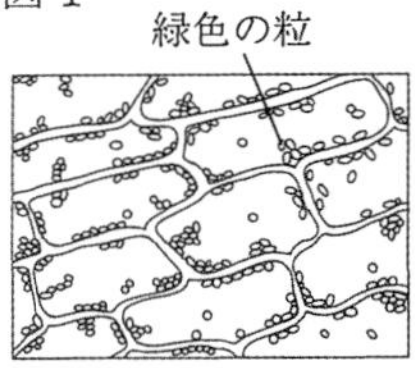

図２

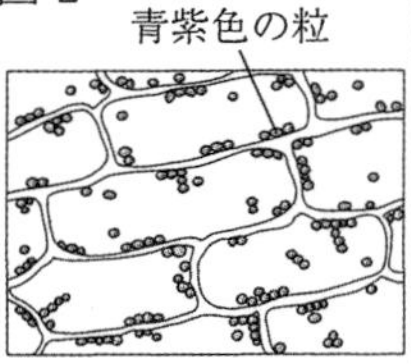

(1)　下線部について，形やはたらきが同じ細胞が集まって組織をつくり，さらにいくつかの種類の組織が集まって葉がつくられる。葉のように特定のはたらきをもつ，組織の集まりを何というか，書きなさい。

(2)　［ a ］にあてはまる語を書きなさい。

2　一郎さんは，植物が光合成を行うときに必要なものを調べるため，次の①～③の手順で実験２を行った。あとの問いに答えなさい。

図３

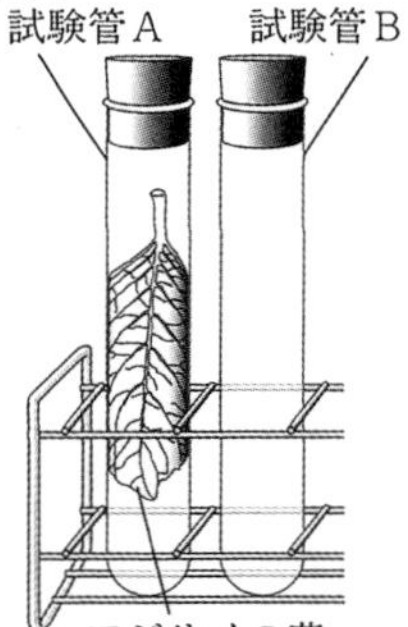

【実験２】

①　試験管Ａ，Ｂを用意し，試験管Ａにだけアジサイの葉を入れた。

②　試験管Ａ，Ｂにストローで息をふきこみ，図３のように，ゴム栓をした。

③　試験管Ａ，Ｂに30分間光を当てたあと，それぞれの試験管に少量の石灰水を入れ，ゴム栓をしてよく振り，石灰水の変化を観察した。

【結果】　試験管Ａの石灰水は変化せず，試験管Ｂの石灰水は白くにごった。

(1)　実験２において，石灰水の変化を観察したのはなぜか，「アジサイの葉が」のあとに続けて書きなさい。

(2)　実験２のあと，一郎さんは，実験２だけでは植物が光合成を行うときに必要なものを調べきれていないことに気づいた。そこで，試験管Ｃを用意し，光が必要であることを確かめるために追加の実験を行った。次は，一郎さんが行った追加の実験の手順をまとめたものである。［ b ］～［ d ］にあてはまる言葉の組み合わせとして最も適切なものを，あとのア～クから一つ選び，記号で答えなさい。

試験管Ａと比較するために，試験管Ｃには，アジサイの葉を［ b ］，息を［ c ］，ゴム栓をして，光を［ d ］。30分後，少量の石灰水を入れ，ゴム栓をしてよく振り，白くにごるかを確認する。

ア	b	入れ	c	ふきこみ	d	当てる
イ	b	入れ	c	ふきこみ	d	当てない
ウ	b	入れ	c	ふきこまず	d	当てる
エ	b	入れ	c	ふきこまず	d	当てない
オ	b	入れず	c	ふきこみ	d	当てる
カ	b	入れず	c	ふきこみ	d	当てない
キ	b	入れず	c	ふきこまず	d	当てる
ク	b	入れず	c	ふきこまず	d	当てない

2 美香さんは，生物のふえ方に興味をもち，生殖や遺伝について調べた。次は，美香さんがまとめたものの一部である。あとの問いに答えなさい。

【有性生殖と無性生殖について】

エンドウは，おしべとめしべでつくられる生殖細胞が受精することで新しい個体ができる。このような生殖を有性生殖という。一方，同じ植物でもジャガイモは有性生殖も行うが，図１のように①体の一部から新しい個体をつくる無性生殖も行う。有性生殖と無性生殖では，親から子への②遺伝子の受けつがれ方が異なる。

図１

【遺伝について】

エンドウの種子の形には，丸い種子としわのある種子があり，この形質は子や孫へと遺伝する。親の形質がどのように子や孫に遺伝していくかを調べるため，メンデルは実験を行い，遺伝の規則性を発見した。

〈メンデルが行った実験〉

図２のように，③丸い種子をまいて育てた純系のエンドウのめしべに，しわのある種子をまいて育てた純系のエンドウの花粉を受粉させると，親の代から生じた④子の代の種子はすべて丸い種子になった。

次に，子の代の丸い種子をまいて育て自家受粉させると，⑤子の代から生じた孫の代の種子は，丸い種子が 5474 個，しわのある種子が 1850 個になった。

図２

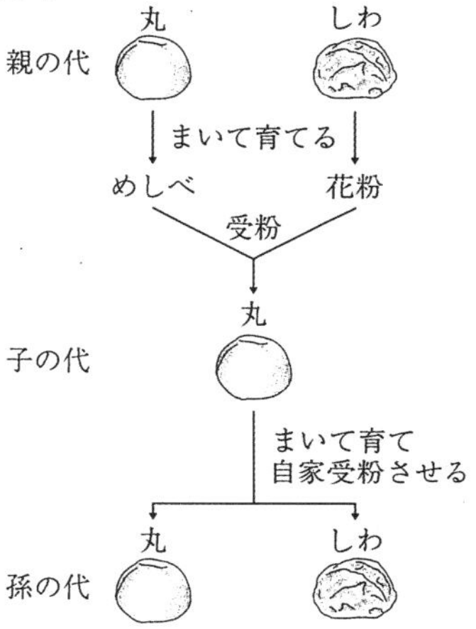

1　下線部①について，次の問いに答えなさい。

(1)　ジャガイモのように，植物が体の一部から新しい個体をつくる無性生殖を何というか，書きなさい。

(2)　無性生殖では，子の形質は，親の形質と比較してどのようになるか，親から子への遺伝子の受けつがれ方に着目して，書きなさい。

2　下線部②について，染色体に含まれる遺伝子の本体を何というか，書きなさい。

3　エンドウの種子の形を丸くする遺伝子をＡ，しわにする遺伝子をａとすると，図２の親の代の丸い種子をつくる純系はＡＡ，しわのある種子をつくる純系はａａの遺伝子の組み合わせで表すことができる。種子の形を決める遺伝子の子や孫への伝わり方について，次の問いに答えなさい。

(1)　下線部③について，めしべの胚珠の中の卵細胞に存在する，種子の形を決める遺伝子として最も適切なものを，次のア～オから一つ選び，記号で答えなさい。

ア　Ａ　　イ　ａ　　ウ　ＡＡ　　エ　Ａａ　　オ　ａａ

(2)　次は，下線部④，⑤の丸い種子について述べたものである。［ X ］，［ Y ］にあてはまるものの組み合わせとして最も適切なものを，あとのア～カから一つ選び，記号で答えなさい。

> 子の代の丸い種子の遺伝子の組み合わせは［ X ］のみだと考えられる。孫の代の丸い種子の遺伝子の組み合わせはＡＡとＡａであり，その数の割合はＡＡ：Ａａ＝［ Y ］であると考えられる。

ア　X　ＡＡ　Y　1：1　　イ　X　ＡＡ　Y　1：2　　ウ　X　ＡＡ　Y　3：1

エ　X　Ａａ　Y　1：1　　オ　X　Ａａ　Y　1：2　　カ　X　Ａａ　Y　3：1

3 哲也さんは，地層について興味をもち，家の近くの地層を観察した。次は，哲也さんがまとめたものの一部である。あとの問いに答えなさい。

【地層の観察】

図1

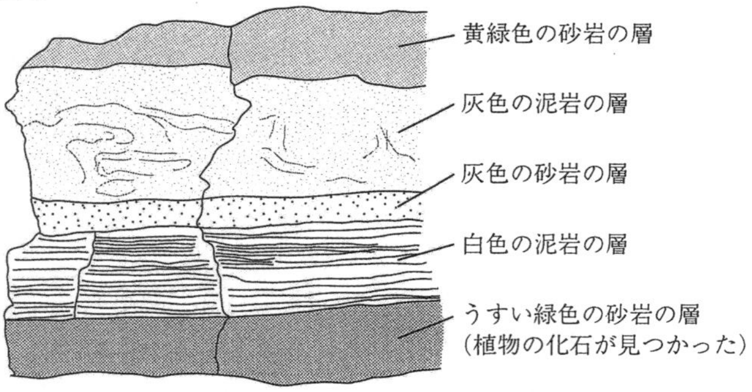

図2

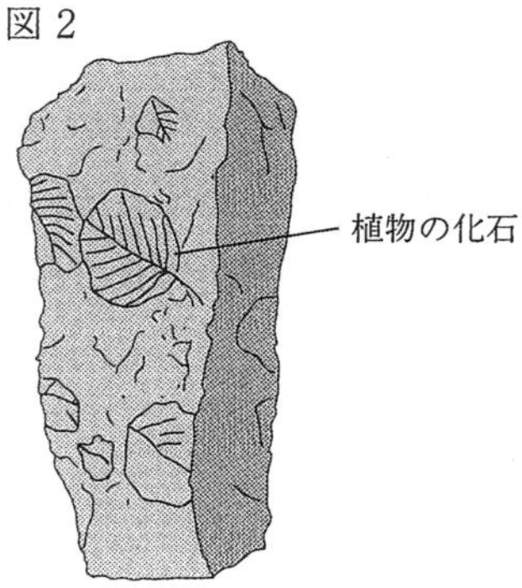

図1は観察した地層のスケッチである。堆積した岩石の種類について，ルーペなどを使って調べると，砂岩と泥岩が交互に堆積していた。図2は，うすい緑色の砂岩の層から見つかった，植物の化石を含む岩石のスケッチである。

【調べたこと】

○　砂岩と泥岩が交互に重なった地層について

砂岩や泥岩の地層が堆積した①地質年代は，堆積物の種類や付近で発見された火山灰により，新生代の中でも300 ～ 500万年前と推定される。当時地層が堆積した場所は湖の底であったと考えられ，そこに静かに砂や泥が堆積していた。しかし，湖に入る河口付近に堆積し続けた地層は不安定になると地すべりを起こし，水と土砂が混じり合ったものがより深い場所に流された。その後，砂と泥は分かれて堆積したが，これは［　X　］からである。これらの現象が同じ場所で何度も繰り返し発生したことで，砂岩と泥岩が交互に重なった地層となった。

○　見つかった植物の化石について

専門家に聞いたところ，②ブナの葉の化石であることがわかった。ブナの葉の化石が見つかった地層が堆積した当時，この場所は，温帯の涼しい環境であったことがわかる。

1　砂岩や泥岩は，堆積物が固まってできた堆積岩である。堆積岩を，次のア～オからすべて選び，記号で答えなさい。

ア　れき岩　　イ　安山岩　　ウ　チャート　　エ　花こう岩　　オ　凝灰岩

2　下線部①に関連して，次は新生代に繁栄した生物の化石について，哲也さんがまとめたものである。［　a　］，［　b　］にあてはまるものの組み合わせとして適切なものを，あとのア～カから一つ選び，記号で答えなさい。

ある時期にだけ栄えて［　a　］範囲にすんでいた生物の化石からは，地質年代を知ることができる。新生代に堆積した地層にしか見られない化石として，［　b　］の化石がある。

ア　a　せまい　b　アンモナイト　　イ　a　広い　b　アンモナイト

ウ　a　せまい　b　サンヨウチュウ　　エ　a　広い　b　サンヨウチュウ

オ　a　せまい　b　ナウマンゾウ　　カ　a　広い　b　ナウマンゾウ

3　［　X　］にあてはまる言葉を，砂と泥の沈み方の違いに着目して，書きなさい。

4　下線部②のような，地層が堆積した当時の環境を知る手がかりとなる化石を何というか，書きなさい。

4 山形県内に住む恵子さんは，夏によく見られる雲の形と秋によく見られる雲の形が違うことに興味をもち，調べた。次は，恵子さんがまとめたものである。あとの問いに答えなさい。

【雲のでき方】

雲は，空気中にうかぶ水滴や小さな氷の粒の集まりである。水蒸気を含む空気のかたまりが上昇すると，まわりの気圧が低いため体積が [a] なって温度が下がり，露点に達して水滴や氷の粒が生じ，雲ができる。

【夏によく見られる雲】

夏によく見られる図1のような雲を積乱雲という。積乱雲は①地表付近から空の高いところにまで達するほどの厚みがある。

図1

夏は太平洋高気圧が発達し，日本列島は②小笠原気団の影響を受け，南東からの季節風がふきこむ。晴れていると強い日差しによって大気が局地的に熱せられ，急激な上昇気流が生じ，積乱雲のような厚みのある雲ができる。

【秋によく見られる雲】

秋によく見られる図2のような雲を巻積雲という。巻積雲は小さな雲が規則的にならび，魚のうろこのように見えるためうろこ雲ともよばれる。

図2

夏の終わりごろには太平洋高気圧がおとろえて，梅雨の時期に似た気圧配置になり，③停滞前線ができるようになる。その後は移動性高気圧と低気圧が日本付近を交互に通過し，④低気圧からのびる温暖前線付近ではゆるやかな上昇気流が生じるため，空の高いところに巻積雲のような厚みの少ない雲ができる。

1 [a] にあてはまる言葉を書きなさい。

2 下線部①について，次は，恵子さんが，雲ができるなどの気象現象や大気の大きな動きが起こる範囲について調べたことをまとめたものである。[b]，[c] にあてはまる数値の組み合わせとして最も適切なものを，あとのア～エから一つ選び，記号で答えなさい。

> 気象現象や大気の大きな動きが起こるのは地表から上空 [b] km 程度までであり，地球の半径約 [c] km と比べるときわめてうすい。

ア b 10 c 6400　　イ b 10 c 64000

ウ b 100 c 6400　　エ b 100 c 64000

3 下線部②について，小笠原気団の性質を，気温と湿度に着目して，書きなさい。

4 下線部③について，夏の終わりから9月ごろにできるようになる停滞前線を何というか，書きなさい。

5 下線部④に関連して，図3は，天気図の一部を表している。X－Yの線での，地表から垂直方向における前線面の断面を表す模式図として最も適切なものを，次のア～エから一つ選び，記号で答えなさい。

図3

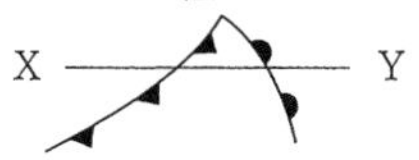

ア

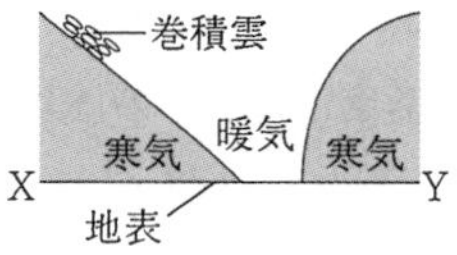

イ

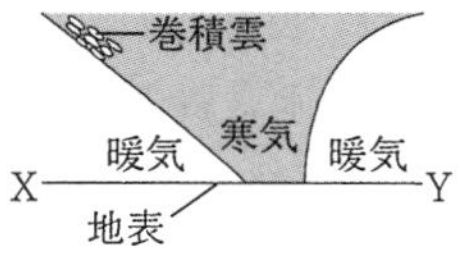

ウ

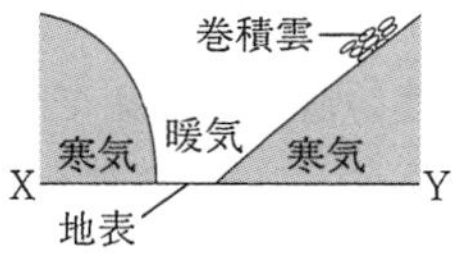

エ

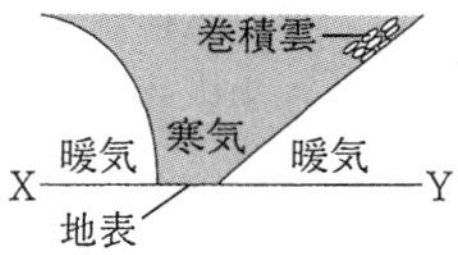

5 里奈さんと慎也さんは，酸性やアルカリ性を示す水溶液に興味をもち，次の①，②の手順で実験を行った。あとの問いに答えなさい。

【実験】

① 塩化ナトリウム水溶液でしめらせたろ紙をスライドガラスにのせ，それらの両端を金属のクリップでとめ，電源装置につないだ。

② 図のように，赤色リトマス紙，青色リトマス紙，うすい塩酸をしみこませたたこ糸を，塩化ナトリウム水溶液でしめらせたろ紙の上にのせ，約 10 V の電圧を加えて，リトマス紙の色の変化を観察した。

図

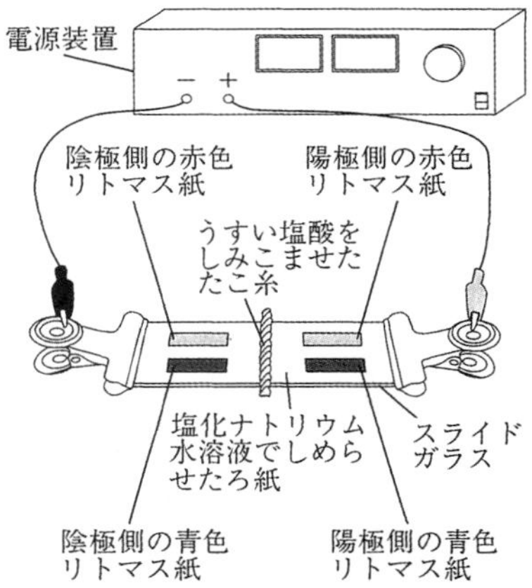

【結果】

電圧を加えると，陰極側の青色リトマス紙が，たこ糸側からしだいに赤色に変化した。ほかのリトマス紙には，色の変化はなかった。

1 塩化ナトリウム水溶液は，物質の分類上，次のア～エのどれにあたるか。適切なものを一つ選び，記号で答えなさい。

ア 単体　　イ 純粋な物質　　ウ 混合物　　エ 化合物

2 下線部について，純粋な水ではなく塩化ナトリウム水溶液でろ紙をしめらせた理由を，書きなさい。

3 次は，実験後の里奈さんと慎也さんの対話である。あとの問いに答えなさい。

里奈：電圧を加えると，陰極側の青色リトマス紙の色がたこ糸側からしだいに変化したね。

慎也：そうだね。リトマス紙の色は，塩化ナトリウム水溶液でしめらせたろ紙にのせても変化しなかったから，うすい塩酸に含まれる陽イオンの [a] イオンが，青色リトマス紙の色を変化させたことがわかるね。

里奈：酸性を示すイオンは [a] イオンだと確認できたね。では，アルカリ性を示すイオンが水酸化物イオンであることも，授業で習ったアルカリ性の水溶液を使って確認できるかな。

慎也：うすい塩酸のかわりにうすい水酸化ナトリウム水溶液を使って実験してみたらどうかな。うすい水酸化ナトリウム水溶液にはナトリウムイオンと水酸化物イオンが含まれているよね。塩化ナトリウム水溶液と共通のイオンであるナトリウムイオンはリトマス紙の色を変化させないから，水酸化物イオンに着目して確認できると思うよ。

里奈：なるほど。確かにそうだね。

慎也：この実験で [b] リトマス紙の色がたこ糸側からしだいに変化すれば，アルカリ性を示すイオンが，水酸化物イオンであるといえるね。

(1) [a] にあてはまる語を書きなさい。

(2) [b] にあてはまる言葉として適切なものを，次のア～エから一つ選び，記号で答えなさい。

ア 陰極側の赤色　　イ 陽極側の赤色　　ウ 陰極側の青色　　エ 陽極側の青色

4 うすい塩酸は，水に濃い塩酸を加えてつくられる。水に質量パーセント濃度が 35 % の濃い塩酸 10 g を加えて，質量パーセント濃度が 2 % のうすい塩酸をつくりたい。必要な水は何 g か，求めなさい。

6 酸化銀を加熱すると銀と酸素ができる化学変化について調べるために，次の①，②の手順で実験を行った。表は，実験結果である。あとの問いに答えなさい。

表

試験管に入れた酸化銀の質量（g）	1.00	2.00	3.00
試験管内に残った固体の質量（g）	0.93	1.86	2.79

【実験】 ① 酸化銀 1.00 g を試験管に入れ，酸素が発生しなくなるまで十分に加熱した。加熱した試験管が冷めたあと，試験管内に残った固体の質量をはかった。

② 酸化銀を 2.00 g，3.00 g にして，①と同様のことをそれぞれ行った。

1 酸化銀を加熱したときの色の変化として最も適切なものを，次のア～カから一つ選び，記号で答えなさい。

ア 赤色から黒色　　イ 黒色から白色　　ウ 白色から黒色

エ 赤色から白色　　オ 黒色から赤色　　カ 白色から赤色

2 酸化銀の熱分解の化学反応式を，次のア～エから一つ選び，記号で答えなさい。

ア $2\,Ag_2O \rightarrow 2\,Ag_2 + 2\,O$　　イ $2\,Ag_2O \rightarrow 4\,Ag + 2\,O$

ウ $2\,Ag_2O \rightarrow 2\,Ag_2 + O_2$　　エ $2\,Ag_2O \rightarrow 4\,Ag + O_2$

3 酸化銀を 4.00 g にして，①と同様のことを行った。発生した酸素の質量は何 g か，求めなさい。

4 酸化銀を 5.00 g にして，加熱した。加熱した試験管が冷めたあと，試験管内に残った固体の質量をはかったところ，4.72 g であり，加熱が不十分であったことがわかった。試験管内に残った固体のうち銀の質量は何 g か，求めなさい。

7 物体にはたらく力について調べるために，次の実験１，２を行った。表は，実験結果のうち，ばねののびを示したものである。あとの問いに答えなさい。ただし，ばねののびは，ばねを引く力の大きさに比例するものとし，糸はのび縮みせず，質量と体積は無視できるものとする。また，質量 100 g の物体にはたらく重力の大きさを１Ｎとする。

図１　図２

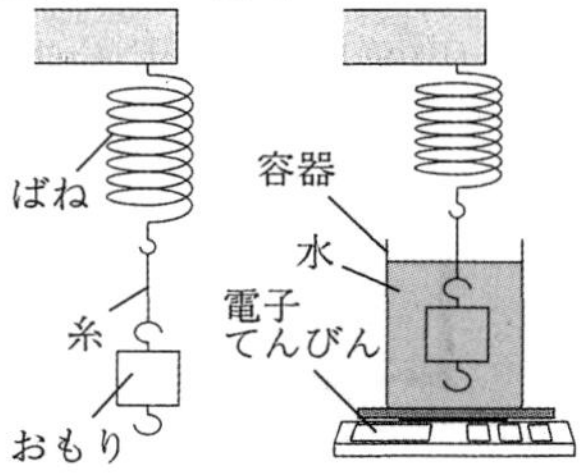

【実験１】 図１のように，ばねに糸と質量 50 g のおもりをつるし，おもりを静止させ，ばねののびを調べた。

【実験２】 実験１と同じばね，糸，おもりを用いて，図２のような装置を組み，おもりが容器の底につかないようにおもりを水中に完全に沈めて静止させ，ばねののびと電子てんびんが示す値を調べた。

表

	ばねののび（cm）
実験１	17.5
実験２	15.4

1 下線部について，物体に力がはたらいていないときや，力がはたらいていてもそれらがつり合って合力が０のときは，静止している物体は静止し続け，運動している物体は等速直線運動を続ける。このことを何の法則というか，書きなさい。

2 実験２において，水中のおもりにはたらく重力の大きさは何Ｎか，求めなさい。

3 実験２において，おもりを水中に完全に沈めたときに，水中のおもりにはたらく浮力の大きさは何Ｎか。最も適切なものを，次のア～オから一つ選び，記号で答えなさい。

ア 0.04 N　　イ 0.06 N　　ウ 0.08 N　　エ 0.10 N　　オ 0.12 N

4 実験２において，おもりを水中に入れる前と水中に完全に沈めたあとの電子てんびんが示す値を比べたとき，値の関係を述べた文として適切なものを，次のア～ウから一つ選び，記号で答えなさい。

ア 水中に沈めたあとのほうが，大きい。　　イ 水中に沈めたあとのほうが，小さい。　　ウ 等しい。

8 光の進み方と凸レンズのはたらきを調べるために，図１のような装置を組み，次の実験１，２を行った。なお，物体は，透明なシートにＬの文字を書いたものである。あとの問いに答えなさい。

【実験１】

① 光学台に白熱電球と物体を固定し，物体から 20 cm 離れた位置に凸レンズを置いたあと，光源である白熱電球を点灯した。

② スクリーンの位置を調整して，物体の像がスクリーンにはっきりとうつったとき，凸レンズとスクリーンとの距離をはかり，記録した。

③ ①の凸レンズの位置を，物体から５cm ずつ遠ざけ，②と同様のことをそれぞれ行った。

グラフは実験１の結果を表している。

図１

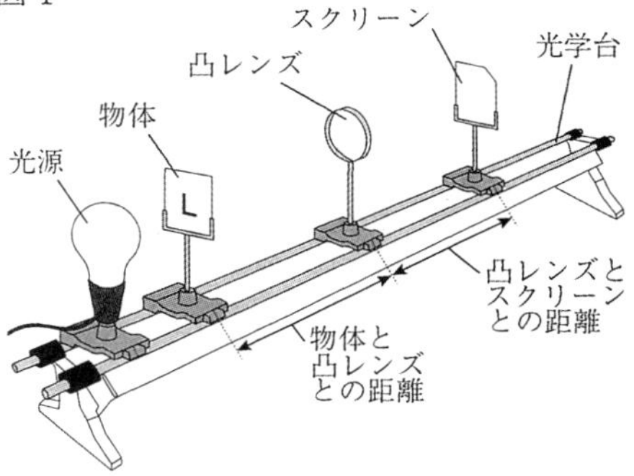

【実験２】

実験１と同じ装置を用いて光源を点灯し，スクリーンに物体の像をはっきりとうつしたあと，凸レンズの上側半分を黒いシートでおおって，光を通さないようにした。このとき，スクリーンにうつった像を観察した。

グラフ

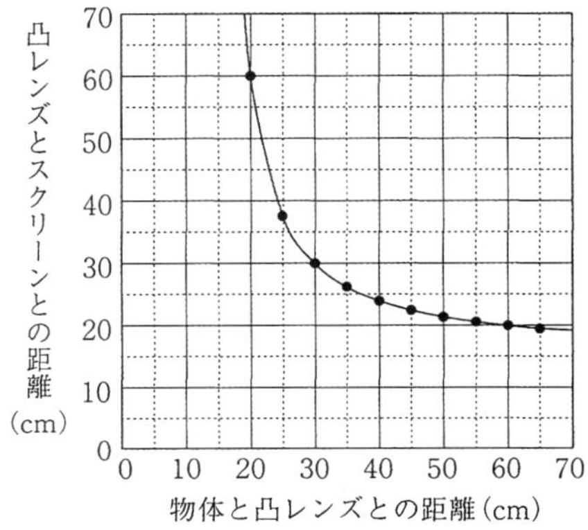

1 実験１について，使用した凸レンズの焦点距離は何 cm か，書きなさい。

2 実験１について，スクリーンに像がはっきりとうつっているとき，物体側から観察したスクリーンの像として最も適切なものを，次のア～エから一つ選び，記号で答えなさい。

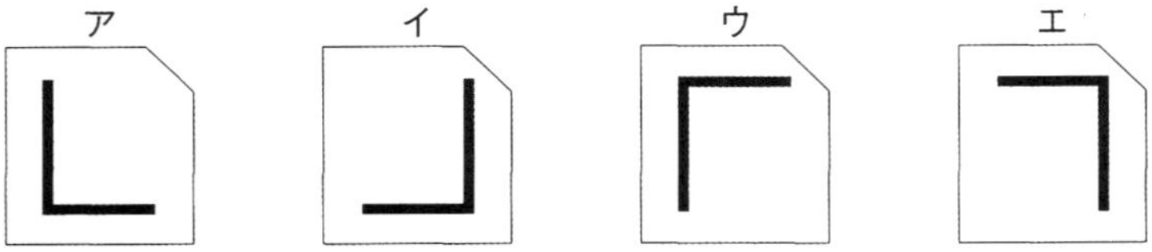

3 実験１について，図２は，スクリーンに物体の像がはっきりとうつっているときの模式図であり，物体上の点Ｐから出た光の道すじのうち，２本をＸ，Ｙで表している。光の道すじＸ，Ｙの，スクリーンまでの道すじを，それぞれ図２にかきなさい。ただし，光の進む方向は，凸レンズの中心線で変わるものとし，図２中の点Ｆは凸レンズの焦点である。

図２

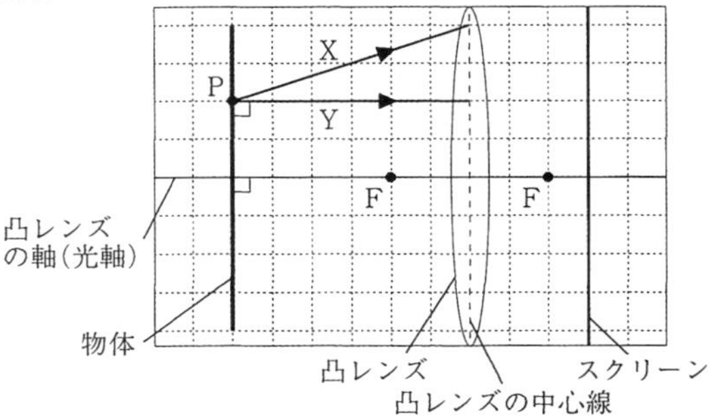

4 実験２について，凸レンズの上側半分を黒いシートでおおったときにスクリーンにうつった像は，黒いシートでおおう前にうつった像と比べてどのように変化したか，簡潔に書きなさい。

令 和 5 年 度

公立高等学校入学者選抜
学力検査問題

英　　語

（　14：00　～　14：50　）

注　　　　意

1 「開始」の合図があるまで，開いてはいけません。

2 最初に，放送によるテストがあります。

3 問題用紙は，7ページまであります。

4 解答用紙は，問題用紙の中にはさんであります。

5 「開始」の合図があったら，まず，解答用紙を取り出し，受検番号を書きなさい。次に，放送によるテストが始まる前に問題用紙のページ数を確認し，不備があればすぐに手を挙げなさい。

6 答えは，すべて解答用紙に書きなさい。

7 「終了」の合図で，すぐに鉛筆（シャープペンシルを含む）をおき，解答用紙を開いて裏返しにしなさい。

1 これはリスニングテストです。放送の指示に従って答えなさい。

※教英出版注
音声は，解答集の書籍ＩＤ番号を教英出版ウェブサイトで入力して聴くことができます。

1

No. 1

ア

イ

ウ

エ

No. 2

Yuta さんと Nina さんが見ているカレンダーの一部

8月

	日	月	火	水	木	金	土
	1	2	3	4	5 ア	6 イ	7 ウ
エ	8	9	10	11	12	13	14

2

＜早紀《さき》さんのメモ＞

次の休日の予定について

ジョンさんと動物園に行く

・待ち合わせ場所：（　ア　）の近くの書店

→そこから（　イ　）まで歩く

・待ち合わせ時刻：９時（　ウ　）分

3

No. 1
ア To the temple.
イ To the museum.
ウ To the university.
エ To the stadium.

No. 2
ア Because he heard that the tourists were his father's friends.
イ Because he didn't use a map to help the tourists.
ウ Because the tourists said that his English helped them.
エ Because the tourists decided to meet him again in their life.

4 答えは，解答用紙に書きなさい。

（メモ用）

（　　）のところの英語を聞き取り，書きなさい。

Betty: The park in this photo is beautiful.
Taku: I think so, too.
It is (　　　　　　　　　　　　　　　　) Japan.

2 次の問いに答えなさい。

1 次の対話文の（　　）の中に最も適する英語を，それぞれ 1 語ずつ書きなさい。

(1) *Lucy:* You are a good baseball player. How (　　　) have you been playing it?
Akira: Since I was six. It's my favorite sport.

(2) *Bill:* How was the (　　　) in Kyoto yesterday?
Keiko: It was sunny at first, but it started to rain when I left Kyoto.

(3) *Sakura:* According to our research, forty-eight percent of our class comes to school by bike.
Kevin: Does about (　　　) of the class ride a bike to get here? That's a lot.

2 次の対話文の（　　）の中に最も適するものを，あとのア～エからそれぞれ一つずつ選び，記号で答えなさい。

(1) *Kate:* Have you read this book yet?
Shinji: No, I haven't. How about you?
Kate: I read it yesterday. It was very exciting because...
Shinji: Please stop! (　　　　　　　　　　)

ア I also read the book yesterday.
イ I have already read it.
ウ I will read the book again soon.
エ I am going to read it tomorrow.

(2) *Peter:* I brought too many sandwiches for my lunch.
Hitomi: Wow! Did you think you could eat all of them?
Peter: Yes. I thought I could when I bought them, but now I can't. Can you eat some for me?
Hitomi: OK. (　　　　　　　　　　)

ア I am surprised that you love making so many sandwiches.
イ I will have one, but you should also ask others to help you.
ウ I don't think you can eat more, but you still say you can.
エ I should buy some for you because you ate all of them.

3 次の対話文の下線部について，あとのア～カの語句を並べかえて正しい英文を完成させ，（ X ），（ Y ），（ Z ）にあてはまる語句を，それぞれ記号で答えなさい。

(1) *Cathy:* What did you do last weekend?
Jun: (　　)(X)(　　)(Y)(　　)(Z) her homework.

ア stayed at　イ and helped　ウ home　エ finish　オ my sister　カ I

(2) *Eri:* I want to (　　)(X)(　　)(Y)(　　)(Z) for Jim.
Bob: I'm going to choose this blue one. I think he will like it.

ア buy　イ shirt　ウ you　エ which　オ will　カ know

これで，2 の問題を終わり，3 の問題に移ります。問題用紙 2 ページの 3 を見てください。(間 2 秒)
これから，中学生の裕司（Yuji）さんが，英語の授業で，短いスピーチをします。スピーチのあと，クエスチョンズと言って二つの質問をします。それぞれの質問の答えとして最もふさわしいものを，ア，イ，ウ，エの中から一つずつ選び，記号で答えなさい。英文は 2 回読みます。　(間 2 秒)
では，始めます。　(間 2 秒)

When my father and I were walking near the museum last month, two foreign tourists asked us how to get to the stadium. I wasn't sure they could understand my English, but I said, "OK." I showed them a map and did my best. They finally understood how to get there. They said my English helped them. I was happy. On that day, I decided to use English more in my daily life.　(間 2 秒)

Questions: No. 1　Where did the tourists want to go?　(間 8 秒)
No. 2　Why did Yuji become happy?　(間 8 秒)
くりかえします。　(間 2 秒)　(英文を読む)　(間10秒)

これで，3 の問題を終わり，4 の問題に移ります。問題用紙 2 ページの 4 を見てください。(間 2 秒)
これから，英語による対話文を 2 回読みます。(　　) のところの英語を聞き取り，書きなさい。
(間 2 秒)
では，始めます。　(間 2 秒)

(Betty): The park in this photo is beautiful.
(Taku): I think so, too. It is one of the most famous places in Japan.　(間15秒)
くりかえします。　(間 2 秒)　(英文を読む)　(間15秒)

これでリスニングテストを終わります。次の問題に移ってください。

三

問一	問二	問三	問四

/13

四

問一 1	問一 2	問一 3	問一 4	問一 5	問二 (1)	問二 (2)
	らす					（　）

/15

五

/9	/6	/3
A B C D	A B C D	A B C
A B C D	A B C D	A B C

/18

100字

200字

240字

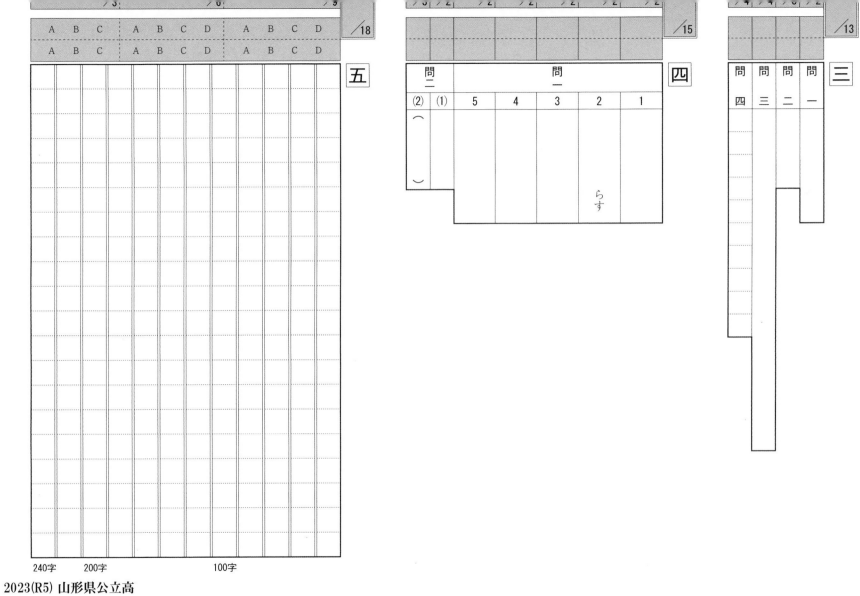

1	(1)			/3
	(2)	ア	$y=$	/3
		イ		/3
		ウ	$y=$	/3
		図3 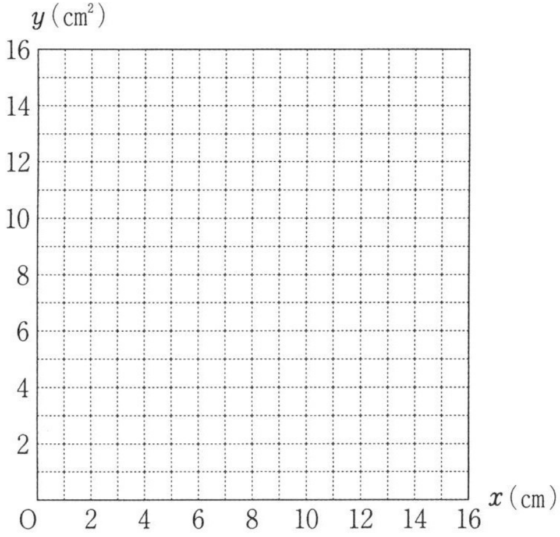		/4
2				/4

1		<証明>	/9
2	(1)	cm	/5
	(2)	cm^3	/5

K 教英出版

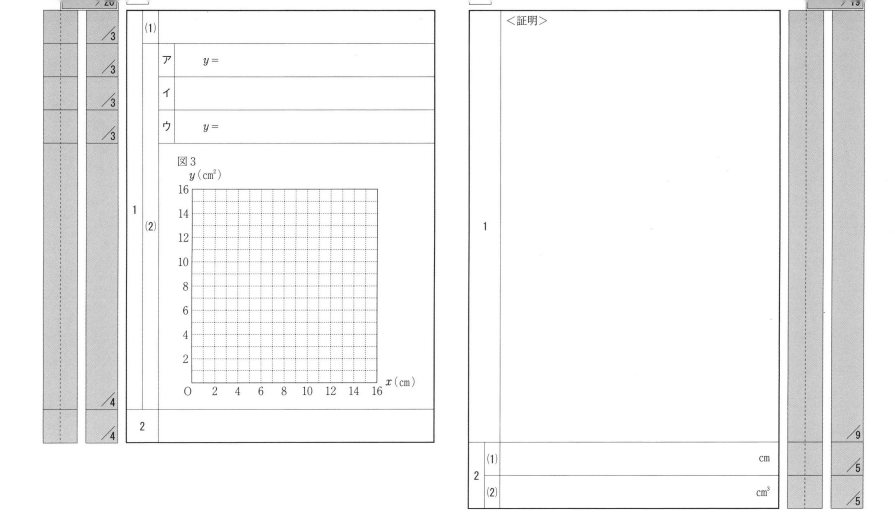

4

／17

1		／2
2		／3
3		／2
4		／3
5		／2
6	→ → →	／3
7		／2

5

／15

1	(1)		／2
	(2)		／2
	(3)		／3
2	(1)		／2
	(2)		／3
3			／3

6

6 ／15

1	(1)		／3
	(2)		／3
2			／3
3	(1)		／3
	(2)		／3

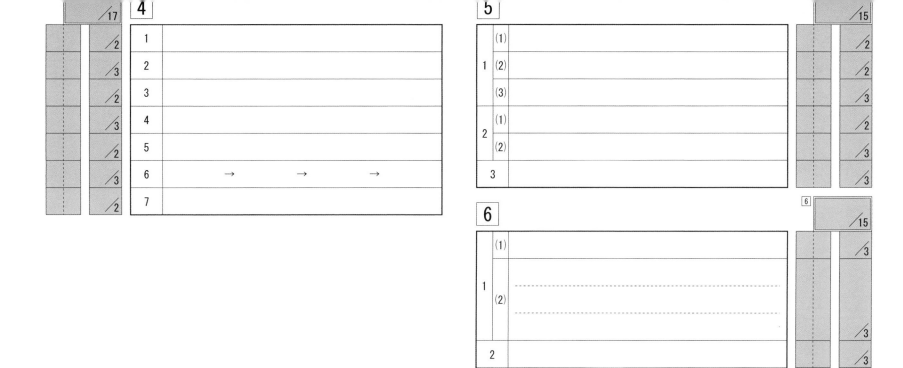

5

/13

1			/3
2			/3
3	(1)		/2
	(2)		/2
4		g	/3

6

/12

1		/3
2		/3
3	g	/3
4	g	/3

7

/12

1	（の法則）	/3
2	N	/3
3		/3
4		/3

8

/13

1	cm	/3
2		/3
3	図 2 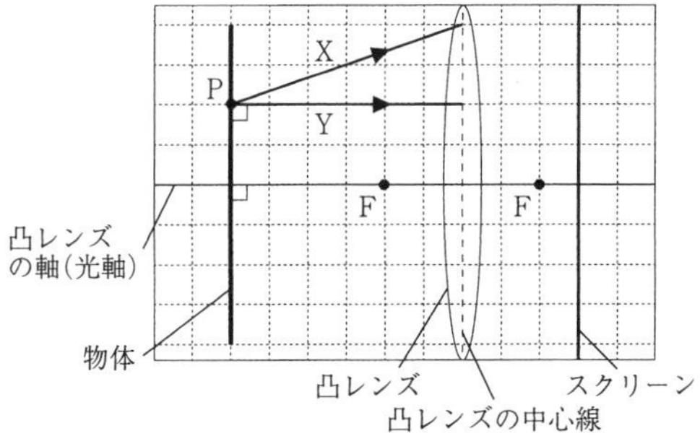	/4
4		/3

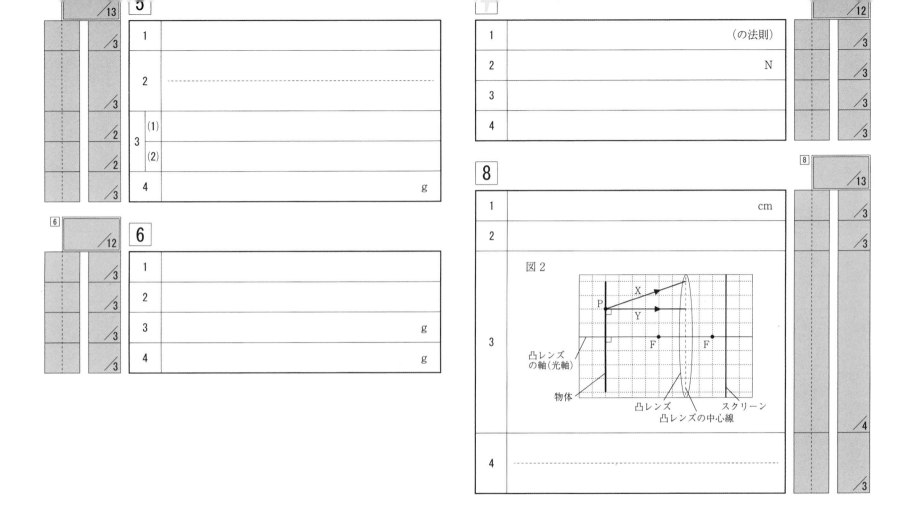

/30

4

1		/3
2	(　　　　　　　　　　)	/4
3		/4
4 (1)		/3
4 (2)		/3
5	→ → → →	/5
6 I	( ) this folk tale in English?	/4
6 II	One member of the club said that we could ( ) in the town's folk tales.	/4

5

/10

(1)

A	A
B	B
C	C
D	D

/8

(2)

A	A
B	B
C	C

/2

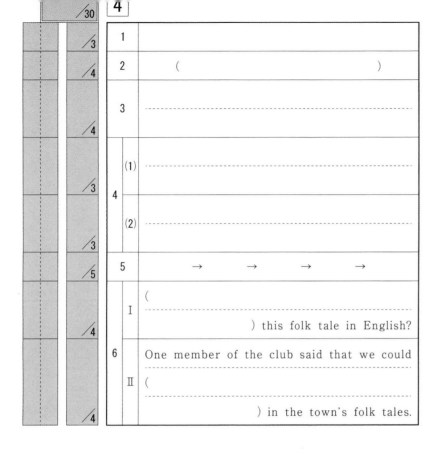

5

英　語　解　答　用　紙

※100点満点

受検番号		総得点	

の欄には何も記入しないこと。

1

			採点
1	No.1		/3
	No.2		/3
2	ア		/3
	イ		/3
	ウ		/3
3	No.1		/3
	No.2		/3
4	*Betty:* The park in this photo is beautiful. *Taku:* I think so, too. It is ( ) Japan.		/5

1　/26

2

					採点
1	(1)				/2
	(2)				/2
	(3)				/2
2	(1)				/3
	(2)				/3
3	(1)	X	Y	Z	/3
	(2)	X	Y	Z	/3

2　/18

3

			採点
1	X		/2
	Y		/2
	Z		/2
2			/4
3			/3
			/3

3　/16

【解答】

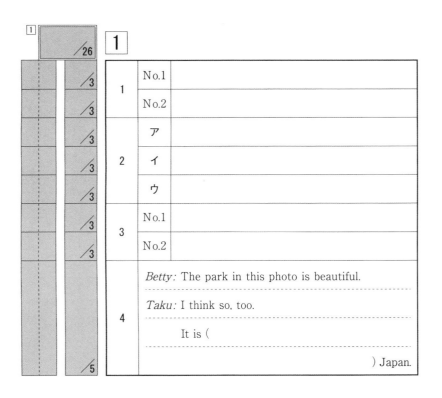

理　科　解　答　用　紙

※100点満点

受検番号		総得点	

の欄には何も記入しないこと。

1

/12

1	(1)		/3
	(2)		/3
2	(1)	アジサイの葉が	/3
	(2)		/3

2

/13

1	(1)		/2
	(2)		/3
2			/2
3	(1)		/3
	(2)		/3

3

/12

1		/3
2		/3
3		/3
4		/3

4

/13

1		/2
2		/2
3		/3
4		/3
5		/3

社　会　解　答　用　紙

※100点満点

受検番号		総得点	

□の欄には何も記入しないこと。

1 （/18）

				配点
1		記号	海洋名	/2
2	(1)			/2
2	(2)	記号　国	国名	/2
3				/2
4		a	b	/2
5				/3
6	(1)			/2
6	(2)	d		/3
6	(2)	e		

2 （/17）

				配点
1	(1)			/3
1	(2)			/2
2	(1)	記号	県名　　県	/3
2	(2)			/3
3	(1)			/3
3	(2)			/3

3 （/18）

				配点
1	(1)	年から	年まで	/2
1	(2)			/2
2	(1)			/3
2	(2)			/2
3				/3
4	(1)			/3
4	(2)			/3

【解答

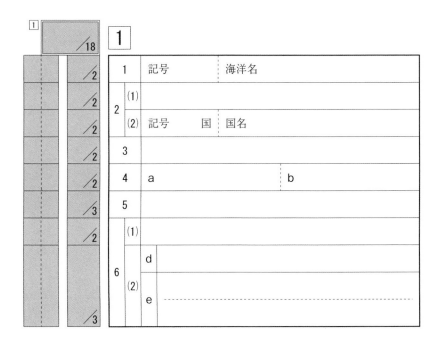

※100点満点

数 学 解 答 用 紙

受検番号		総得点	

の欄には何も記入しないこと。

1 /32

1

			得点
1	(1)		/3
	(2)		/4
	(3)		/4
	(4)		/4
2		$(x-7)(x+2)=-9x-13$ 答	/5
3			/4
4			/4
5			/4

2 /29

2

			得点
1	(1)		/4
	(2)		/4
2		記号 <理由>	/6
3	(1)		/6
	(2)	個	/4
4		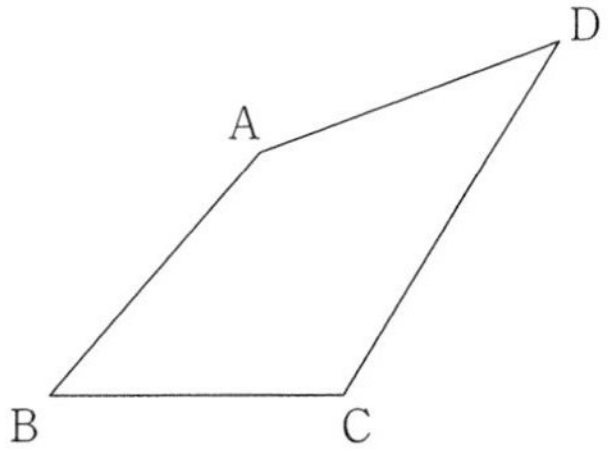	/5

【解答

国語解答用紙

※100点満点

受検番号	

総得点	

□の欄には何も記入しないこと。

一

問一 a	問一 b	問二	問三	問四	問五 Ⅰ	問五 Ⅱ	問六	問七	計
/2	/2	/2	/3	/3	/2	/4	/5	/2 /2	/27
	らかく								

二

問一 a	問一 b	問二	問三	問四	問五 Ⅰ	問五 Ⅱ	問六	問七	計
/2	/2	/2	/3	/3	/2	/4	/6	/3	/27
み									

【解答】

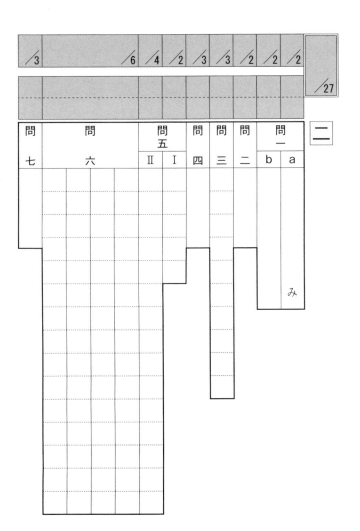

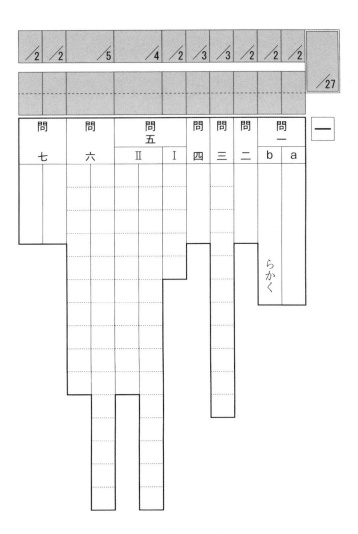

※教英出版注
音声は，解答集の書籍ＩＤ番号を教英出版ウェブサイトで入力して聴くことができます。

〔令和５年度〕

英語リスニングテスト台本

〔注〕（　　）内は音声としていれない。

ただいまから，リスニングテストを行います。問題は１，２，３，４の四つです。聞いている間にメモをとってもかまいません。　（間３秒）

それでは１の問題から始めます。問題用紙１ページの１を見てください。　（間５秒）
これから，No. 1とNo. 2，それぞれの場面の対話文を読みます。それぞれの場面の対話文を読んだあと，クエスチョンと言って質問します。その質問の答えとして最もふさわしいものを，ア，イ，ウ，エの中から一つずつ選び，記号で答えなさい。英文は２回読みます。　（間２秒）
では，始めます。　（間２秒）

No. 1　*(Steve)*: Look, Tomoko. Are you practicing for this contest?
(Tomoko): Yes. My topic is about my dance team. Can you come?
(Steve): Of course. I will go to Green Hall. I think you'll make a good speech.
(Tomoko): Thanks.　（間２秒）
Question: Which poster are they looking at?　（間３秒）
くりかえします。　（間２秒）　（英文を読む）　（間５秒）

No. 2　*(Yuta)*: Do you remember the movie we have wanted to see? Can we see it tomorrow?
(Nina): Tomorrow is August 5, right? Sorry, I can't, but I'm free from this Friday to next Monday.
(Yuta): The movie ends soon. The last day is August 7. Hmm.... Every Saturday I'm busy, so I can't go. How about on this day?
(Nina): OK!　（間２秒）
Question: When will they see the movie?　（間３秒）
くりかえします。　（間２秒）　（英文を読む）　（間10秒）

これで，１の問題を終わり，２の問題に移ります。問題用紙１ページの２を見てください。（間２秒）
まず最初に，そこにある「早紀さんのメモ」をよく見てください。　（間５秒）
これから，中学生の早紀（Saki）さんと，留学生のジョン（John）さんの対話文を読みます。これを聞いて，「早紀さんのメモ」の，ア，イ，ウに，それぞれあてはまる日本語や数字を書きなさい。英文は２回読みます。　（間２秒）
では，始めます。　（間２秒）

(Saki): John, we're going to go to the zoo on the next holiday. I can't wait!
(John): Saki, I don't know much about this city. Can I meet you at the bookstore near the post office and go to the zoo together?
(Saki): OK. Let's meet at the store. Then we can walk to the station. I want to take the train that leaves at 9:40, so why don't we meet at 9:15?
(John): Sure!　（間10秒）
くりかえします。　（間３秒）　（英文を読む）　（間10秒）

3 中学生の健（Ken）さんは，ＡＬＴのミラ（Mila）さんの話を聞いて，ヨーロッパにおける日本語学習者（Japanese-language learner）について調べ，表（table）とグラフ（graph）にまとめました。次は，表とグラフを見ている，健さんとミラさんの対話です。表とグラフおよび対話について，あとの問いに答えなさい。

表　国別の日本語学習者数（人）

国　名	2015年	2018年	2015年からの増減
X	20,875	24,150	3,275
イギリス	20,093	20,040	−53
Y	13,256	15,465	2,209
Z	5,122	8,495	3,373
イタリア	7,031	7,831	800

グラフ　日本語学習の理由

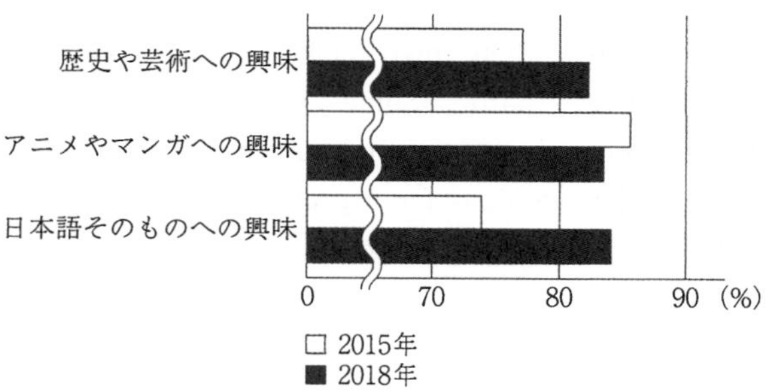

国際交流基金「海外の日本語教育の現状」から作成

Ken: I knew you started learning Japanese when you were in your country, *the U.K., and last week you told us that there were many Japanese-language learners in Europe. I wanted to learn more about them, so I made this table and this graph.

Mila: The table is interesting. I didn't know the U.K. had so many Japanese-language learners. More people learned Japanese in my country than in *Germany in 2018.

Ken: In France, you can see a big change from 2015 to 2018. More than three thousand learners *were added.

Mila: The number increased a lot in Spain, too. I also found that Spain had the smallest number of the five countries in 2015. Now, does this graph show why people in Europe learned Japanese?

Ken: Yes. I know anime is popular there, but I'm surprised that over eighty percent of the learners were interested in the Japanese language in 2018.

Mila: I started learning Japanese because I was a big fan of anime, but soon I became interested in the language, too. I still read the Japanese-language textbook I used in the U.K.

Ken: Really? ①I'd like to look at it!

Mila: OK. I'll bring it tomorrow.

（注）the U.K.　イギリス　　Germany　ドイツ　　(were) added　加えられた

1　表中のＸ～Ｚには，ドイツ，フランス，スペインのいずれかの国名が入ります。対話の内容に即して，Ｘ～Ｚのそれぞれにあてはまる国名を，日本語で書きなさい。

2　下線部①について，健さんが見たいものは何ですか。対話の内容に即して日本語で書きなさい。

3　表とグラフおよび対話の内容に合うものを，次のア～オから二つ選び，記号で答えなさい。

ア　Ken found that Mila learned Japanese in the U.K. after making the table and the graph.
イ　Mila looks at the table and says that the U.K. didn't have many Japanese-language learners.
ウ　The table shows that more people learned Japanese in the U.K. in 2015 than in 2018.
エ　Over eighty percent of the learners in Europe were interested in history and art in 2015.
オ　Mila says that she became an anime fan before she got interested in the Japanese language.

4 中学生の加奈（Kana）さんは，芽衣（Mei）さんと武史（Takeshi）さんとともに，自分たちの町の民話（folk tale）についての紙芝居（*kamishibai*）を作る企画（project）に取り組みました。次の英文は，加奈さんたちの企画に関連する出来事について描いたものです。これを読んで，あとの問いに答えなさい。

Mr. Sato, Kana's teacher, told his students that the goal of the group activity was to create a project to make their town more popular. "You have two months before the presentation in the class," said Mr. Sato. "Some *people from the town hall will also join us on that day." Kana worried because she didn't know much about the town. She *moved to the town last year. "How can I have ideas for a project?" she thought.

The members of Kana's group were Mei and Takeshi. Mei said, "Kana, are you ready?" Kana said, ①"Maybe... , but I... ." "Don't worry. Let's go to the school library. We'll get some hints for our project," Mei said. （ A ） Kana felt a little happy and said, "Sure!" Mei asked, "Is it OK, Takeshi?" Takeshi agreed in a weak voice. Kana thought he was just a little *shy.

In the school library, Kana and Mei talked and collected books, and Takeshi used his computer. After spending a lot of time there, they found their town had many interesting folk tales. Kana was surprised and said, "I think this town can become more popular if many people enjoy these stories." Then Mr. Sato came and told them that there was a folk tale club in their town. （ B ） "The club members have been studying folk tales for many years. If you visit them, they will give you more stories," he said.

Three days later, Kana's group visited the club. （ C ） When Kana was writing them down, one club member said, "We're happy that young people like you are interested in our folk tales. I think more people will become interested *thanks to you." His words made Kana so happy.

When they walked back to school, they talked about ways to share a folk tale with more people. "How about... *kamishibai*?" Takeshi said in a quiet voice. Kana smiled and said, "That's nice! Even children can enjoy its story." （ D ） Mei said, "I want to write the story in English, too. We can introduce it to people overseas." They had many ideas and got excited.

When they were planning their *kamishibai*, Mei said, "By the way, can you draw pictures?" Kana didn't think she could draw pictures, and she said Mei could. Mei laughed and said, "I wish I could. Did you forget my pictures in art class?" Then Takeshi suddenly said, "Maybe I can help. I'll show you some *sketches. I can draw cute pictures for children, too."

Two months later, they finally finished their project and showed it in the class. Their classmates and the people from the town hall really enjoyed it. Kana remembered the two months with her members, and felt happy.

One day in the next month, Mr. Sato said to Kana's group, "Today the people from the town hall visited me and said that your *kamishibai* was great. They also said that they wanted you to *perform it at the town's event. What do you think?" The three students looked at each other, and Kana said with a smile, ②"We are ready to do that!"

(注)
people from the town hall　町役場の人々　　moved ← move　引っ越す　　shy　内気な
thanks to ～　～のおかげで　　sketch (es)　スケッチ　　perform　上演する

1　下線部①と言ったときの，加奈さんの気持ちに最も近いものを，次のア～エから一つ選び，記号で答えなさい。

ア　I think I can have a lot of ideas for this activity and we can finish our project easily.
イ　I don't think I can help you because I have to move to another town next month.
ウ　I have lived in this town for three years, but I need to know more about the town.
エ　I don't know much about this town, so I'm not sure I can have ideas for our project.

2　次の英文を，本文の流れに合うように入れるとすれば，どこに入れるのが最も適切ですか。(A)～(D)から一つ選び，記号で答えなさい。

Members of the club were kind and gave the group many good stories.

3　下線部②について，加奈さんが，自分たちは準備ができていると言ったのは，何をすることですか。本文に即して日本語で書きなさい。

4　本文に即して，次の問いに英語で答えなさい。

(1)　Where did Kana and her members go first to get information for their project?
(2)　Did Mei say she could draw pictures when her group was planning the *kamishibai*?

5　次の英文ア～オは，それぞれ本文の内容の一部です。ア～オを，本文の流れに合うように並べかえ，記号で答えなさい。

ア　People from the town hall joined the class and saw the presentation by Kana's group.
イ　Takeshi talked about a way to share a story and Kana said that she liked it.
ウ　Mr. Sato told his students what the goal of the group activity was.
エ　Takeshi said that he could draw some pictures for the project.
オ　Mr. Sato gave Kana's group some information about a club in their town.

6　加奈さんたちは，自分たちの企画の一部として，紙芝居の英語版を完成させました。次は，加奈さんがＡＬＴのノア（Noah）さんに紙芝居の英語版を見せたときに交わされた対話の一部です。対話の［　Ⅰ　］，［　Ⅱ　］に入る適切な英語を，文脈に合うように，それぞれ**4語以上**で書きなさい。

Noah: Amazing! ［　Ⅰ　］ this folk tale in English?
Kana: Because we thought people in foreign countries could enjoy it, too. That was not easy for us, but we helped each other to do it.
Noah: I see! You also worked hard together to find this story, right?
Kana: Yes, but a folk tale club helped us, too. One member of the club said that we could ［　Ⅱ　］ in the town's folk tales. After visiting the club, we talked about what to do for that.

5 あなたの学校の英語の授業で，次の「コンピュータの画面」のように，ＡＬＴのライアン(Ryan)さんから一人一人のコンピュータに質問が示され，その質問について，それぞれが自分の考えを書き，クラスで共有することになりました。「コンピュータの画面」の □ に入るあなたの考えを，まとまりのある内容になるように，**４文以上の英文**で書きなさい。

コンピュータの画面

R **Ryan**
My friend wants to come to our town in Japan. He has never visited Japan. He is asking me about the best season to come here. I have lived here for only three months, so I need your ideas. Which is the best season? And why?

A **Aiko**
□□□□□□□□□□□□□□□□□□□□□□□□□□□□

K **Kazuki**
□□□□□□□□□□□□□□□□□□□□□□□□□□□□

□

提出

(注) 画面の中の□□□には，クラスの生徒が書いた考えが表示されている。

山形県公立高等学校

令 和 4 年 度

公立高等学校入学者選抜
学力検査問題

国　　語

（ 8：50 ～ 9：40 ）

注　　意

1　「開始」の合図があるまで，開いてはいけません。

2　問題用紙は，6ページまであります。

3　解答用紙は，問題用紙の中にはさんであります。

4　「開始」の合図があったら，まず，解答用紙を取り出し，受検番号を書きなさい。次に，問題用紙のページ数を確認し，不備があればすぐに手を挙げなさい。

5　答えは，すべて解答用紙に書きなさい。

6　「終了」の合図で，すぐに鉛筆（シャープペンシルを含む）をおき，解答用紙を開いて裏返しにしなさい。

2022(R4) 山形県公立高
K 教英出版

一　次の文章を読んで、あとの問いに答えなさい。

〔二十四歳の「私」（夏凪《なつなぎ》詩乃《しの》）は、以前は会社勤めをしていたが、今は「おばあちゃん」が営む手作り*雑貨店『ゆうつづ堂』で雑貨作りや店の運営の手伝いをしている。次は、「私」が、仕事やこれからのことについて両親と話し合う場面である。〕

私は単刀直入に、今の想《おも》いを告げた。

「お母さんの言うとおり、安定してるかといえばしてないし、私に合った仕事は他にもあるかもしれない。でも、私は『ゆうつづ堂』を自分の居場所だと思ってる。なにがあっても守りたい、大切な場所なの。」

私だけではない。あの店は、あの店を愛するお客さんや、おばあちゃんにとっても、かけがえのない場所だ。私は携帯を取り出し、画像を開いた。昨日撮った写真が、画面に表示される。

「これを見て。」

こたつの天板の真ん中に、携帯を置く。お母さんとお父さんが覗《のぞ》き込み、息をのんだ。映し出された写真は、ネックレスを掲げた*菫《すみれ》さんの姿だ。昨日、彼女にネックレスを手渡したとき、写真を撮らせてもらったのだ。お父さんがほうとa感嘆する。

「いい写真だな。この女性の表情、こっちまでほっこりするような笑顔だ。」

写真が趣味のお父さんに写真を褒《ほ》められると、ちょっと嬉《うれ》しい。お父さんはのんびりと、画面の中のネックレスを指差した。

「で、このネックレス、詩乃《しの》が作ったのか。」

「うん。作ったっていっても、もともとあったものを修繕して、少しアレンジを加えただけなんだけど……。」

「十分すごいじゃないか。この表情を引き出したのは、ネックレスなんだろ。」

お父さんはやはりおばあちゃんみたいにマイペースで、1*躊躇《ちゅうちょ》なく褒め言葉を並べてくれる。反対にお母さんは、難しい顔で黙っていた。私は数秒奥歯を噛《か》み、やがて意を決した。こたつの天板に人差し指を立て、コンコンコンと、三回叩《たた》く。軽やかな音に反応して、お母さんの目がこちらを向いた。私は、指をこたつに置いたまま、言った。「私が小さい頃に、お母さんに教えてもらった。これ、気持ちが切り替わるんだったよね。」トントントンと三回、指で叩く仕草。幸運のおまじないを基にした、お母さんの癖。

「おばあちゃんが作る雑貨は、それと似てるの。その雑貨を手にした人が勇気を出したり、自信を持ったりできる、スイッチなんだ。『ゆうつづ堂』は、そんなスイッチを人に分けてくれる店なの。私は、お客さんの背中を押す雑貨を作りたい。誰かの支えになりたい。その想いを活《い》かせる場所、『ゆうつづ堂』しか知らないんだ。」

話しているうちに想いが溢《あふ》れ出して、止まらなくなる。お母さんは黙って聞

〔注〕

＊雑貨店＝　日常生活で用いる小物やアクセサリーを売る店。

＊菫さん＝　「私」が以前勤めていた会社の先輩。結婚式につけるアクセサリーの修理を「私」に依頼していた。

＊躊躇なく＝　ためらうことなく。

＊綾香＝　夏凪綾香。「お母さん」の名前。

問一　══部a、bの漢字の読み方を、ひらがなで書きなさい。

問二　〰〰部における「息をのむ」の意味として最も適切なものを、次のア～エから一つ選び、記号で答えなさい。

ア　驚いて息を止める　　イ　緊張して息が苦しくなる

ウ　怒りで息が荒くなる　　エ　感動して息を吐き出す

問三　――部1について、このときの「私」の心情を、次のような形で説明したとき、□に入る適切な言葉を、本文中の言葉を使って、三十字以内で書きなさい。

「お母さん」の厳しい表情を見て少しためらったが、気持ちを奮い立たせて、『ゆうつづ堂』が、「お客さんに勇気と自信を与えたい、誰かの支えになりたい」という自分の□と決心した。

問四　――部2における「お母さん」の心情を説明したものとして最も適切なものを、次のア～エから一つ選び、記号で答えなさい。

ア　『ゆうつづ堂』にこだわり家族との話し合いに参加しない「私」を全く理解できずにいる気持ち。

イ　他の仕事との兼業までして店を運営していこうと思っている「私」をひそかに心配する気持ち。

ウ　自分の思いを優先して非現実的とも思える希望を述べている「私」に少しあきれている気持ち。

エ　母親の自分より「おばあちゃん」の気持ちを尊重している「私」にやや不満を感じている気持ち。

いていた。しばらくして、2お茶を手に取り、ため息を吹きかける。

「あんたはまた、そんな夢心地な……。楽しいだけじゃだめなのも、店が好きって気持ちだけじゃどうにもならないのも、わかってるんじゃなかったの？」

「うん。だから、考えたんだ。もっとお店が繁盛《はんじょう》するように、来年からは即売会にたくさん出店しようかなって。それと、遠くの人にも知ってもらえるように、ネット販売始めてみようかなとか！」

私が言うと、お母さんもお父さんも驚いた顔をした。

「それでも不安だったら、副業ＯＫの会社に就職して、店との兼業も考えてる。昼は会社、夕方以降と会社が休みの日は『ゆうつづ堂』の店番をするの。」

「そうだけど、ハードすぎない？」

お母さんが青い顔をする。私は小さく頷《うなず》いた。

「大変だよね。でも、ちょっと大変だとしても私は店を守りたい。それが私の幸せなんだ。」

お母さんの思い描く幸せが〝安定〟であるように、私にとっては、店を最優先するのが幸せなのだ。

菫さんが初めて店に来たとき、おばあちゃんが紅茶を飲みながら言っていた。

「時が来たら、どうするか自然と決まるんじゃないかしら。」

仕事も夢も中途半端《ちゅうとはんぱ》になるかもと焦《あせ》っていた菫さんに、おばあちゃんはそう言った。「こうなりたい」と思える自分に、b慌てて近づかなくてもいい。私も、店を守りたいという願望のためなら、時間も手間もいくらでもかける。

お母さんが絶句する。と、3お父さんがのんびり口を開いた。

「体を壊さない程度になら、いいんじゃねえか？」

間延びした声が、居間にのっぺり広がる。

「詩乃がそうまでして守りたいものができたんだ。それって、親として祝福してやるべきことじゃねえかな。いや、もちろん、体を壊さない程度にってのが前提だけどな。」そう話すお父さんに、お母さんの目線が行く。視線を浴びるお父さんは、へへ、と笑った。

「まあ、『いざとなったら』そういうのも考えてるって段階だろ？　俺は詩乃が元気ならなんでもいいよ。*綾香《あやか》もそうだろ。」

お父さんに同意を求められても、お母さんは数秒押し黙っていた。けれどしばらくして、遠慮がちに呟《つぶや》く。

「もし、『やっぱり無理』って思ったら、私たちを頼りなさい。あんたはいつも、私に相談する前に決めちゃうから。」

「うん。」4頷いた私の声は、ちょっとだけ潤んでしまった。

「味方してくれて、ありがとう。」

＜植原翠『手作り雑貨ゆうつづ堂』による。一部省略がある。＞

問五　――部3について、「お父さん」はこの場面においてどのような役割を果たしていますか。次のような形で説明したとき、［　　］に入る適切な言葉を、五字以内で書きなさい。

> 「私」と「お母さん」との対立で生じてしまった空気を、のっぺり広がるのんびりとした口調の間延びした声で［　　］ことで、その場の雰囲気を良い方向に変える役割。

問六　――部4「頷いた私の声は、ちょっとだけ潤んでしまった」のはなぜですか。その理由を、次のような形で説明したとき、［Ⅰ］に入る適切な言葉を、本文中から六字で抜き出して書き、［Ⅱ］に入る適切な言葉を、本文中の言葉を使って書きなさい。

> 「私」と「お母さん」とでは、［Ⅰ］や守りたいものが違っているものの、最終的には、「お母さん」が「私」に［Ⅱ］と感じられて、うれしさが込み上げてきたから。

問七　本文の表現の工夫とその効果を説明したものとして最も適切なものを、次のア～エから一つ選び、記号で答えなさい。

ア　「お父さん」と「お母さん」の人物像を描き分けることで、理想と現実の間で悩む「私」の心情が暗示されている。

イ　なかなか態度を変えない「お母さん」の言動を丁寧に描くことで、「私」の思いの強さを読者に印象づけている。

ウ　「私」が将来の夢を語る中に『ゆうつづ堂』での神秘的な出来事が織り込まれて、物語がより魅力的になっている。

エ　「私」が自らの思いを語る言葉に「！」や「？」が用いられており、共感を得られないいらだちが強調されている。

二

次の文章は、筆者が大学生向けに行った講義をもとにしたものです。これを読んで、あとの問いに答えなさい。

問一 ＝＝部a、bの漢字の読み方を、ひらがなで書きなさい。

問二 〰〰部の「られ」の働きとして最も適切なものを、次のア～エから一つ選び、記号で答えなさい。

ア 受け身　イ 可能　ウ 自発　エ 尊敬

問三 ――部1「これ」の内容として最も適切なものを、次のア～エから一つ選び、記号で答えなさい。

ア 食品を買う人が増え、自分で食材を調理する人が減ったこと。
イ 毎日の食を確保するためにテイクアウトやネット注文に頼ること。
ウ 地元の新鮮な野菜や果物を直売所などで買うようになったこと。
エ 食品や食材を購入することで、毎日の食事を成り立たせること。

問四 ――部2「環境を持続させていたのです」とあるが、その理由を次のような形で説明したとき、［Ⅰ］に入る適切な言葉を、本文中から五字で抜き出して書き、［Ⅱ］に入る適切な言葉を、本文中の言葉を使って、十五字以内で書きなさい。

自然環境は、そこに生きる人々にとっての［Ⅰ］であるため、自分たちの代だけでなく［Ⅱ］があったから。

問五 ――部3について、筆者は「産業革命のころ」に「新しい働き方」に変わったと述べていますが、どのような労働からどのような労働に変化しましたか。次の三つの言葉を使って、七十字以内で書きなさい。なお、三つの言葉はどのような順序で使ってもかまいません。

使用するモノ　購入　賃金

お詫び

著作権上の都合により、文章は掲載しておりません。
ご不便をおかけし、誠に申し訳ございません。

教英出版

〈平賀緑『食べものから学ぶ世界史』による。一部省略がある。〉

〔注〕

＊ 学食＝ 学生食堂の略。学生のために大学内に設けられた食堂。

＊ 「買い食い」＝ ここでは「食べるために買うこと」という意味。

＊ 地力＝ 土地が作物を育てる能力。

＊ カラクリ＝ ものなどを動かすための複雑な仕掛け。

問六 ――部4について、「資本主義的食料システム」とはどのようなものですか。最も適切なものを、次のア～エから一つ選び、記号で答えなさい。

ア 人々の幸せや自然環境を守るために、さまざまな企業が互いに協力し、十分な食料を効率よく供給するシステム。

イ 「商品作物」を生産し人々に売るために、農業やそれ以外の産業が複雑に関係し、食料を提供するシステム。

ウ 深刻化する食品ロスを減らすために、産業や政府が食料供給のバランスを整え、食料生産を抑制するシステム。

エ 経済を成長させるために、「商品」の製造に必要な資源をできるだけ確保し、効率だけを追求するシステム。

問七 本文の論理の展開の仕方について説明したものとして最も適切なものを、次のア～エから一つ選び、記号で答えなさい。

ア はじめに労働についての古い習慣を示し、労働と食料生産との関係が変化した歴史的背景を説明しながら、資本主義経済の仕組みを技術的な視点から解説している。

イ はじめに労働についての新しい習慣を示し、働く目的の変化を環境問題の視点からデータをもとに解説しながら、資本主義経済の仕組みを比較的高く評価している。

ウ はじめに食料についての身近な例を示し、食料生産や労働の目的の変化を順を追って丁寧に説明しながら、資本主義経済の仕組みを筋道を立てて解き明かしている。

エ はじめに食料についての特殊な例を示し、食料生産の目的が利潤を得ることだけに変化した理由を解き明かしながら、資本主義経済の仕組みを厳しく批判している。

三　次の文章を読んで、あとの問いに答えなさい。

雲門大師《うんもんだいし》（中国の禅僧）、門前の川にて大根の茎を洗ひけるに、誤つてその一葉《ひとは》を流したり。大師流れに随《したが》ひて之《これ》を追ひかけ、漸《やうや》く之を拾ひ上げけるに、傍《かたは》らに立ち止まりて眺め[〰]ゐたる庄屋《しやうや》（村の長はこれを不思議に思い）は[1]之を奇とし、「天下の名僧とも云《い》はるる大師が、何故《なぜ》にかかる吝嗇《りんしよく》の振る舞ひ（このようなけちな振る舞い）をなさるるや。」と[A]詰《なじ》りけり（責めた）。大師は不審なる顔をなしつつ、拾ひ上げたる一葉を[B]指さして、「一茎《ひとくき》の大なるも一葉の微なるも（大根の大きい一茎もわずかな一葉も）、均《ひと》しく天より人間を[C]養ひくだされんとて生育したまはる賜物《たまもの》なり。然《しか》るに一葉何の用をかなすとて（何の役にも立たないと考えて）、之を流し之を捨てて意とせざるは（気にとめないのは）、[2]これ天恩を忘れて人道に背くものなり。」と拾ひ上げたる一葉を捧《ささ》げて恭《うやうや》しく天を拝す。顧みて庄屋に向かひ、「いかに足下《そこもと》はこの感あらざるや。」（「どうしてあなたはこのように思わないのか。」）と[D]問はれしに、庄屋は返す言葉もなく、心中深くその知識達徳（尊い考え）に感服し、[3]その後は大師の教訓を受けけるとぞ。

〈『想古録』による〉

問一　〰〰部「ゐたる」を現代かなづかいに直し、すべてひらがなで書きなさい。

問二　══部A～Dの中から、主語が「雲門大師」であるものをすべて選び、記号で答えなさい。

問三　――部1「之」の指す内容として最も適切なものを、次のア～エから一つ選び、記号で答えなさい。

ア　雲門大師が、川で洗った大根の一葉を流してしまったこと。
イ　雲門大師が、川で大根を洗っている庄屋を眺めていたこと。
ウ　雲門大師が、川に流した大根の一葉を追いかけて拾ったこと。
エ　雲門大師が、川に大根が流れていく様子を不思議がったこと。

問四　――部2について、「雲門大師」がこのように言ったのは、「大根の一葉」を、どのようなものだと考えているからですか。本文中から二十四字でさがし、その最初の五字を抜き出して書きなさい。

問五　――部3について、「庄屋」が「雲門大師」の教えを受けるようになった理由を、次のような形で説明したとき、［　］に入る適切な言葉を、現代語で十五字以内で書きなさい。

わずかな一葉であっても天に感謝するという行為の根底にある雲門大師の［　　　　］から。

四

次の問いに答えなさい。

問一 次の1～5の＝＝部のカタカナの部分を、漢字で書きなさい。なお、楷書で丁寧に書くこと。

1 ハイに空気を吸い込む。

2 人の意見に耳をカす。

3 品物をソウコにしまう。

4 他の国とメイヤクを結ぶ。

5 結果から原因をスイソクする。

問二 次は、校内放送において、委員会活動を紹介するために行った「委員長に活動の内容や目的を尋ねる」という企画の中で、生徒会役員の西さんが図書委員長の林さんにインタビューをしている場面です。

この場面における**西さんの質問の仕方**を説明したものとして最も適切なものを、あとのア～エから一つ選び、記号で答えなさい。

西さん 図書委員会はどのような活動をしているのですか。

林さん 皆さんに新しい本を紹介したり、図書室に特集コーナーを作ったりしています。

西さん なるほど。それらの活動をする目的は何ですか。

林さん 生徒の皆さんに一冊でも多く本を読んでもらうためです。

西さん そもそも、本を読むことにはどんな意義があるのでしょうか。林さんはどのように考えていますか。

林さん 読書により新しい知識を得たり、自分の考えを広げたりすることができます。また、読書は毎日の生活を楽しくしてくれますし、良い本との出会いは一生の財産にもなると思います。

西さん 読書にはそんな素晴らしい一面があるのですね。

ア 相手の話を途中でさえぎって、足りない情報を聞き出そうとしている。

イ 自分の体験に関連した質問をして、相手の共感を得ようとしている。

ウ 同じ質問を繰り返すことで、納得できる結論を導き出そうとしている。

エ 視点を変えながら質問することで、相手の考えに迫ろうとしている。

五

次のグラフは、全国の十六歳以上を対象に、平成十四年と平成二十九年に実施した「国語に関する世論調査」の中の、「これからの時代に必要だと思う言葉の知識や能力は何か」という質問に対する回答結果を表したものです。

このグラフをもとに、「**これからの自分に必要な言葉の知識や能力**」という題で、まとまりのある二段落構成の文章を書きなさい。第一段落には、グラフを見て気づいたことを書きなさい。それをふまえ、第二段落には、あなたの考えを、そう考えた理由を含めて書きなさい。

ただし、あとの《**注意**》に従うこと。

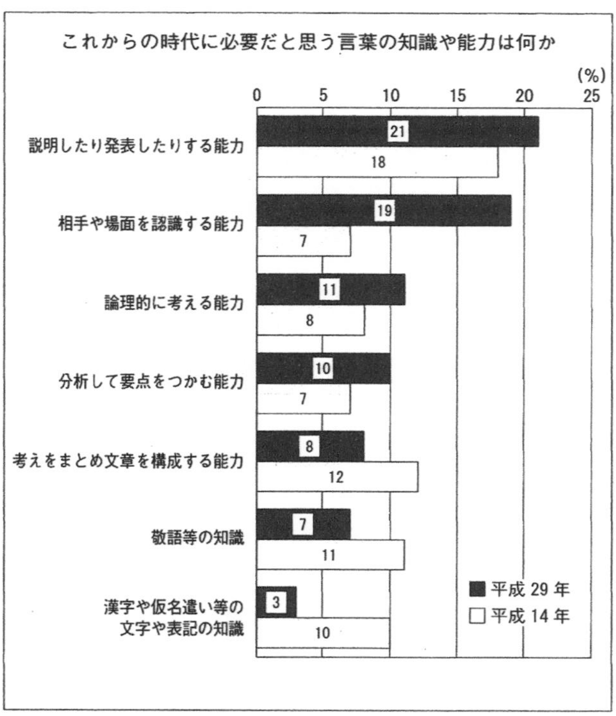

（「国語に関する世論調査」から作成）

《**注意**》

◇「題名」は書かないこと。

◇二段落構成とすること。

◇二〇〇字以上、二四〇字以内で書くこと。

◇文字は、正しく、整えて書くこと。

◇グラフの数値を使う場合は、次の例にならって書くこと。

例 十｜% 二｜十｜一｜%

令 和 4 年 度

公立高等学校入学者選抜
学力検査問題

数　　学

（　10：00　～　10：50　）

注　　　意

1 「開始」の合図があるまで，開いてはいけません。

2 問題用紙は，7ページまであります。

3 解答用紙は，問題用紙の中にはさんであります。

4 「開始」の合図があったら，まず，解答用紙を取り出し，受検番号を書きなさい。次に，問題用紙のページ数を確認し，不備があればすぐに手を挙げなさい。

5 答えは，すべて解答用紙に書きなさい。

6 「終了」の合図で，すぐに鉛筆（シャープペンシルを含む）をおき，解答用紙を開いて裏返しにしなさい。

1 次の問いに答えなさい。

1　次の式を計算しなさい。

(1)　$-7-(-2)-1$

(2)　$-\frac{3}{4}\div\frac{6}{5}+\frac{1}{2}$

(3)　$(-6xy^2+8xy)\div(-2xy)$

(4)　$(2-\sqrt{6})^2+\sqrt{24}$

2　2次方程式 $(3x+1)(x-2)=x-1$ を解きなさい。解き方も書くこと。

3　下の図のように，箱の中に，1から5までの数字を1つずつ書いた5枚のカードが入っている。この箱からカードを1枚取り出し，それを箱にもどさずに，もう1枚取り出す。このとき，取り出した2枚のカードに書かれた数の大きいほうを小さいほうでわると，余りが1となる確率を求めなさい。

ただし，どのカードが取り出されることも同様に確からしいものとする。

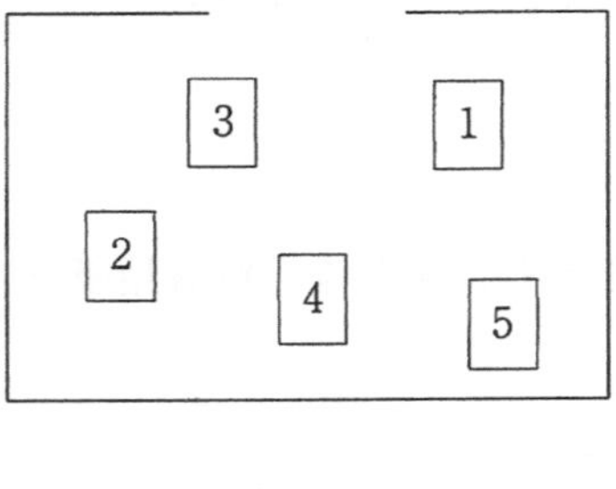

4　空間内に，直線 ℓ をふくむ平面Ａと，直線 m をふくむ平面Ｂがある。直線 ℓ，平面Ａ，直線 m，平面Ｂの位置関係について，つねに正しいものを，次のア～エから１つ選び，記号で答えなさい。

ア　平面Ａと平面Ｂが平行であるならば，直線 ℓ と直線 m は平行である。
イ　直線 ℓ と直線 m が平行であるならば，平面Ａと平面Ｂは平行である。
ウ　平面Ａと平面Ｂが垂直であるならば，直線 ℓ と平面Ｂは垂直である。
エ　直線 ℓ と平面Ｂが垂直であるならば，平面Ａと平面Ｂは垂直である。

5　下の表は，あるサッカーチームが昨年行った42試合の，試合ごとの得点と試合数を示したものである。修二さんは，このチームが今年行った30試合の，試合ごとの得点と試合数について，昨年と比較して，わかったことを次のようにまとめた。今年の試合ごとの得点と試合数を示したものとして最も適切なものを，あとのア～エから１つ選び，記号で答えなさい。

表

得点（点）	試合数（試合）
0	12
1	15
2	8
3	4
4	2
5	1
計	42

＜わかったこと＞

・得点の最頻値は，等しい。
・得点の中央値は，等しい。
・得点が１点以上の試合数の割合は，今年のほうが大きい。

ア

得点（点）	試合数（試合）
0	7
1	10
2	8
3	3
4	2
5	0
計	30

イ

得点（点）	試合数（試合）
0	4
1	11
2	10
3	3
4	1
5	1
計	30

ウ

得点（点）	試合数（試合）
0	9
1	10
2	5
3	3
4	2
5	1
計	30

エ

得点（点）	試合数（試合）
0	8
1	8
2	9
3	3
4	2
5	0
計	30

2 次の問いに答えなさい。

1 右の図において，①は関数 $y=\frac{1}{2}x^2$ のグラフ，②は反比例のグラフ，③は関数 $y=ax^2$ のグラフである。

①と②は点Aで交わっていて，点Aの x 座標は 2である。また，②と③との交点をBとする。このとき，次の問いに答えなさい。

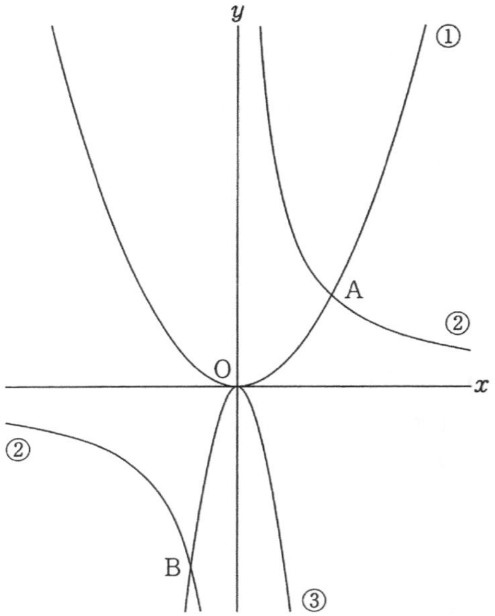

(1) 関数 $y=\frac{1}{2}x^2$ について，x の値が -4 から 0まで増加するときの変化の割合を求めなさい。

(2) 点Bの x 座標と y 座標がともに負の整数で，a が整数となるとき，a の値を求めなさい。

2 あとの図のように，直線 ℓ 上にある点Aと，直線 ℓ 上にない2点B，Cがある。下の【条件】の①，②をともにみたす点Pを，定規とコンパスを使って作図しなさい。

ただし，作図に使った線は残しておくこと。

【条件】

① 直線APと直線 ℓ は，垂直である。
② 点Bを，点Pを中心として回転移動させると，点Cと重なる。

3　次の問題について，あとの問いに答えなさい。

〔問題〕
　陽子さんの住む町の面積は630 ㎢ であり，Ａ地区とＢ地区の２つの地区に分かれています。陽子さんが町の森林について調べたところ，Ａ地区の面積の70 %，Ｂ地区の面積の90 % が森林であり，町全体の森林面積は519 ㎢ でした。このとき，Ａ地区の森林面積は何 ㎢ ですか。

(1)　この問題を解くのに，方程式を利用することが考えられる。どの数量を文字で表すかを示し，問題にふくまれる数量の関係から，１次方程式または連立方程式のいずれかをつくりなさい。

(2)　Ａ地区の森林面積を求めなさい。

4　右の図は，歩さんのクラスの座席を，出席番号で表したものであり，１から30までの自然数が，上から下へ５つずつ，左から右へ，順に並んでいる。

　歩さんのクラスでは，この図をもとにして，この図の中に並んでいる数について，どのような性質があるか調べる学習をした。

　歩さんは，例の１，２，７や４，５，10のように，Ｌ字型に並んでいる３つの自然数に着目すると，$1+2+7=10$，$4+5+10=19$となることから，Ｌ字型に並んでいる３つの自然数の和は，すべて３の倍数に１を加えた数であると考え，文字式を使って下のように説明した。［　　　］に，説明のつづきを書いて，説明を完成させなさい。

図

教卓

1	6	11	16	21	26
2	7	12	17	22	27
3	8	13	18	23	28
4	9	14	19	24	29
5	10	15	20	25	30

例

1	
2	7

4	
5	10

＜説明＞

Ｌ字型に並んだ３つの自然数のうち，もっとも小さい自然数を n とする。Ｌ字型に並んだ３つの自然数を，それぞれ n を使って表すと，

［　　　　　　　　　　　　　　　　　　　　］

したがって，Ｌ字型に並んだ３つの自然数の和は，３の倍数に１を加えた数である。

3　図１のように，ＡＥ＝４cm，ＥＦ＝３cm，ＦＧ＝５cm の直方体があり，線分ＥＢは四角形ＡＥＦＢの対角線である。点Ｐは，Ａを出発し，毎秒１cm の速さで，辺ＡＥ上，線分ＥＢ上，辺ＢＣ上をＣまで動き，Ｃで停止する。

図２のように，５点Ｐ，Ｅ，Ｆ，Ｇ，Ｈを結び，四角すいＰＥＦＧＨをつくる。点ＰがＡを出発してから x 秒後の四角すいＰＥＦＧＨの体積を y cm³ とする。このとき，それぞれの問いに答えなさい。

図１

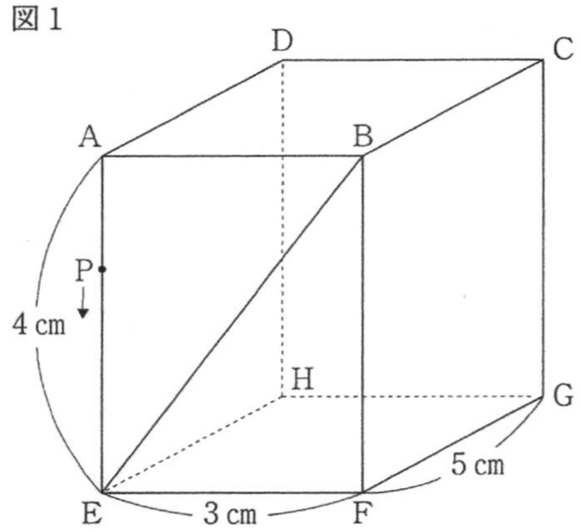

図２

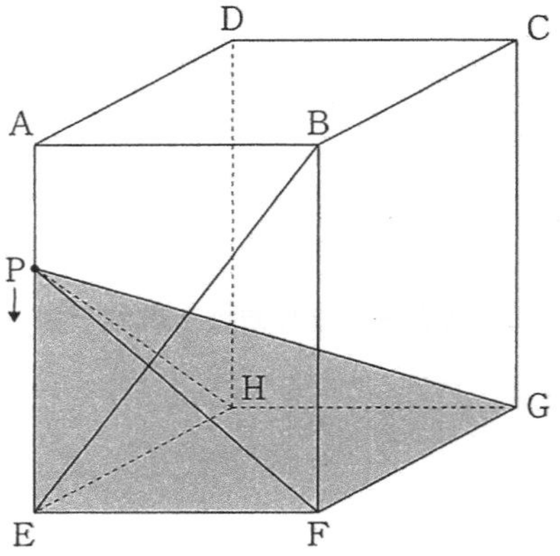

１　点ＰがＡを出発してからＣで停止するまでの x と y の関係を表にかきだしたところ，表１のようになった。次の問いに答えなさい。

(1)　$x=3$ のときの y の値を求めなさい。

表１

x	0	…	4	…	14
y	20	…	0	…	20

(2)　表２は，点ＰがＡを出発してからＣで停止するまでの x と y の関係を式に表したものである。［ア］～［ウ］にあてはまる数または式を，それぞれ書きなさい。

また，このときの x と y の関係を表すグラフを，図３にかきなさい。

表２

x の変域	式
$0 \leqq x \leqq 4$	$y=$［ア］
$4 \leqq x \leqq$［イ］	$y=$［ウ］
［イ］$\leqq x \leqq 14$	$y=20$

図３

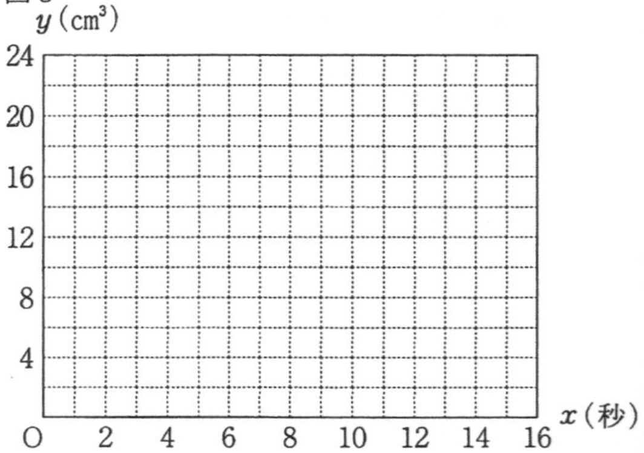

2　点Ｐが辺ＢＣ上にあり，△ＰＦＧと△ＰＥＦの面積の比が４：３になるのは，点PがAを出発してから何秒後か，求めなさい。

4　下の図のように，点Ｏを中心とし，線分ＡＢを直径とする半円Ｏがある。点Ｂとは異なる点Ｃを，弧ＡＢ上に，∠ＢＯＣの大きさが90°より小さくなるようにとり，点ＢとＣを結ぶ。また，点Ｃを通る半円Ｏの接線上に，ＯＣ∥ＡＤとなるように点Ｄをとる。線分ＡＤと半円Ｏとの交点のうち点Ａとは異なる点をＥとする。線分ＡＤ上に，ＡＦ：ＦＤ＝５：３となるように点Ｆをとる。線分ＡＣと線分ＢＦ，ＢＥとの交点をそれぞれＧ，Ｈとし，線分ＯＣと線分ＢＦ，ＢＥとの交点をそれぞれＩ，Ｊとする。このとき，あとの問いに答えなさい。

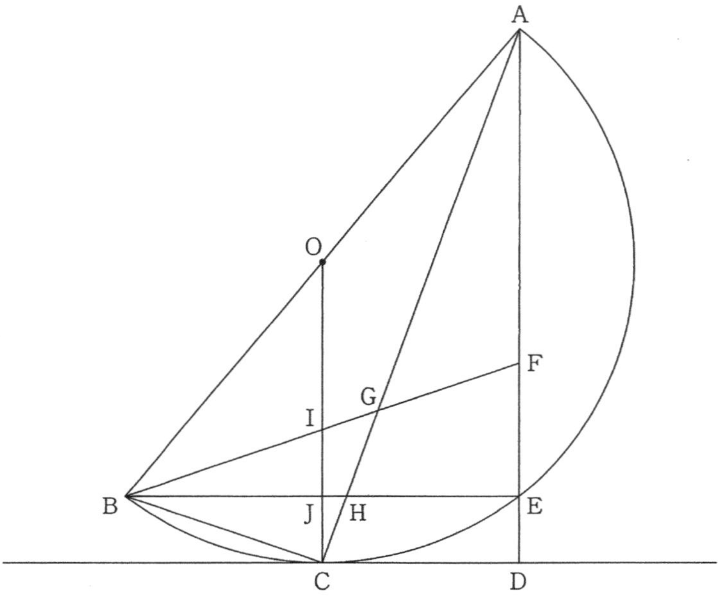

1　△ＡＢＣ∽△ＡＨＥであることを証明しなさい。

2　ＡＢ＝９cm，ＢＣ＝３cmであるとき，次の問いに答えなさい。

(1)　ＣＤの長さを求めなさい。

(2)　ＧＩの長さを求めなさい。

令 和 4 年 度

公立高等学校入学者選抜
学力検査問題

社　　会

（　11：10　～　12：00　）

注　　　意

1 「開始」の合図があるまで，開いてはいけません。

2 問題用紙は，7ページまであります。

3 解答用紙は，問題用紙の中にはさんであります。

4 「開始」の合図があったら，まず，解答用紙を取り出し，受検番号を書きなさい。次に，問題用紙のページ数を確認し，不備があればすぐに手を挙げなさい。

5 答えは，すべて解答用紙に書きなさい。

6 「終了」の合図で，すぐに鉛筆（シャープペンシルを含む）をおき，解答用紙を開いて裏返しにしなさい。

1 夏美さんは，世界の国々を調べる授業で，略地図Ⅰ中のＡ国～Ｄ国や日本に関連することについて，地図や資料を使って調べました。あとの問いに答えなさい。

【略地図Ⅰ】

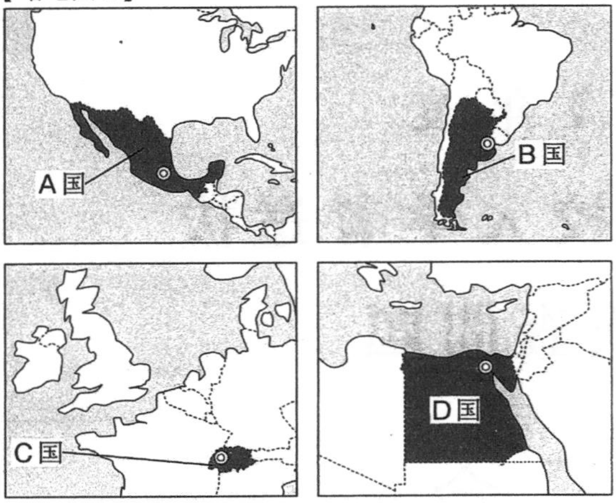

【略地図Ⅱ】

注１：略地図Ⅰ中の◎は，首都の位置を示している。　注２：略地図Ⅰ中の各地図の縮尺は同じではない。
注３：略地図Ⅱは東京からの距離と方位が正しい地図である。

1　略地図Ⅰ中のＡ国～Ｄ国の首都の位置は，略地図Ⅱ中の①～④のいずれかに対応しています。東京からみた首都の方位が，８方位で示すと東にあたる国はどれか，最も適切なものを，国の記号Ａ～Ｄで答えなさい。

2　世界を分ける六つの州のうち，略地図Ⅰ中のＡ国が属している州について述べた文として適切なものを，次のア～エから一つ選び，記号で答えなさい。

ア　大西洋とインド洋に面している。　　イ　グレートプレーンズとよばれる平原が広がっている。
ウ　六つの州の中で最も面積が大きい。　エ　流域面積が世界最大の河川が流れている。

3　次は，夏美さんが略地図Ⅰ中のＢ国の首都の気候についてまとめたものです。あとの問いに答えなさい。

> Ｂ国の首都は，［　X　］ので，東京と季節が逆になる。しかし，世界の気候を，熱帯，乾燥帯，温帯，亜寒帯，寒帯と大きく五つの気候帯に区分したときには，どちらも同じ気候帯に属している。

⑴　［　X　］にあてはまる言葉を書きなさい。

⑵　Ｂ国の首都の雨温図を表したグラフとして適切なものを，次のア～エから一つ選び，記号で答えなさい。また，その気候帯の名前を書きなさい。

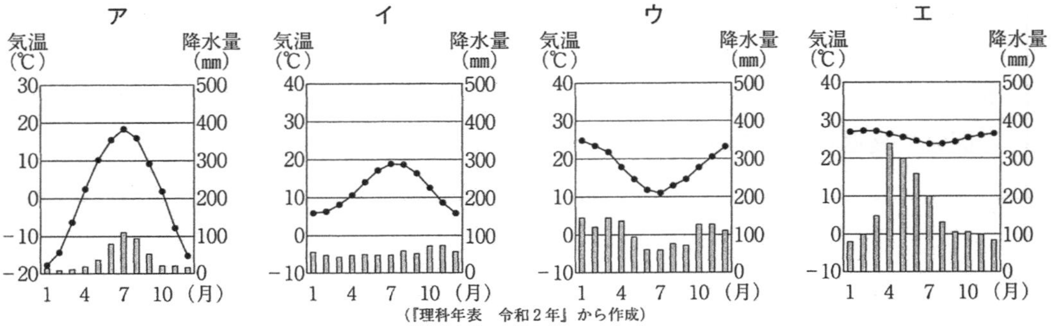

（『理科年表　令和２年』から作成）

4　日本のように，国土を海で囲まれた国のことを島国という一方で，略地図Ⅰ中のＣ国のように，国土がまったく海に面していない国のことを何というか，**漢字３字**で書きなさい。

5　資料は，略地図Ⅰ中のＡ国～Ｄ国と日本を比較するために，年齢別人口の割合などについてまとめたものです。ア～エは，Ａ国～Ｄ国のいずれかです。Ｄ国にあたるものを，ア～エから一つ選び，記号で答えなさい。

【資料】　　(2018年)

	年齢別人口の割合（%）			小麦の生産量	輸出額に占める輸送機械の割合
	0～14歳	15～64歳	65歳以上	（千ｔ）	（%）
ア	15.0	66.8	18.3	497	1.6
イ	24.7	64.1	11.2	18,518	7.8
ウ	26.5	66.2	7.2	2,943	26.5
エ	34.2	61.9	3.9	8,800	0.4
日本	12.2	59.7	28.1	765	23.2

（『世界国勢図会　2020／21年版』などから作成）
注：年齢別人口の割合は，四捨五入してあるため合計が100にならないものもある。

6　次は，夏美さんが，略地図Ⅰ中のＡ国～Ｄ国の国境線についてまとめたものです。［Ｙ］にあてはまるＤ国の国境線の特徴を，基準として利用している線と，国境線の形状に着目して，書きなさい。

国境線には，自然の地形に沿って引かれたものがあり，Ａ国～Ｃ国では，河川や山脈などが利用されていることがわかった。一方で，人間が考えた基準に沿って引かれた国境線もあり，Ｄ国の南部や西部の国境線には［　　　Ｙ　　　］という特徴があることがわかった。

2

都道府県を調べる授業で，優さんは中国・四国地方について調べました。地図や資料は，そのときまとめたものです。次の問いに答えなさい。

【略地図】

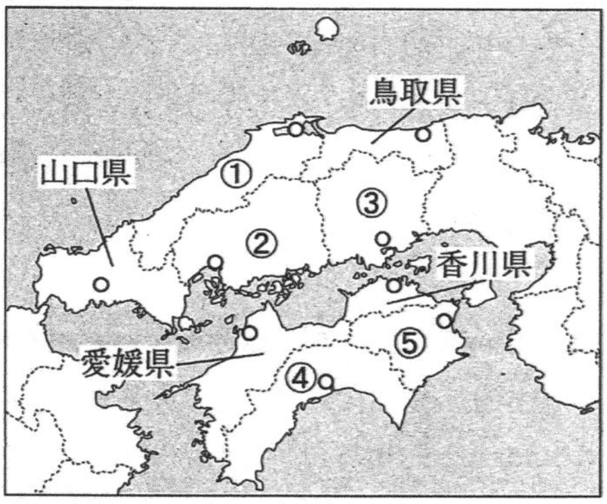

注：略地図中の○は，県庁所在地の位置を示している。

1　都道府県は，地形の特色などから，さまざまな地域に区分されることがあります。次のア～オの地域区分のうち，中国・四国地方の県をふくむものをすべて選び，記号で答えなさい。

ア　瀬戸内　　イ　北陸　　ウ　中央高地
エ　山陰　　オ　東海

2　資料Ⅰは，略地図中の，②の県の県庁所在地を流れる川の河口部の様子です。資料Ⅰにみられるような，河口部に，川が運んできた細かい土砂が堆積してできた地形のことを何というか，次のア～エから一つ選び，記号で答えなさい。

ア　扇状地　　イ　三角州　　ウ　盆地　　エ　台地

【資料Ⅰ】

3　資料Ⅱは，石油化学コンビナートの分布を，資料Ⅲは，日本国内での原油の生産量と海外からの輸入量を示しています。石油化学コンビナートは，どのような場所に立地しているか，資料Ⅲをふまえて書きなさい。

【資料Ⅲ】　　(千 kL)

	2020年
国内での生産量	512
海外からの輸入量	143,880

（『日本国勢図会　2021／22年版』から作成）

【資料Ⅱ】

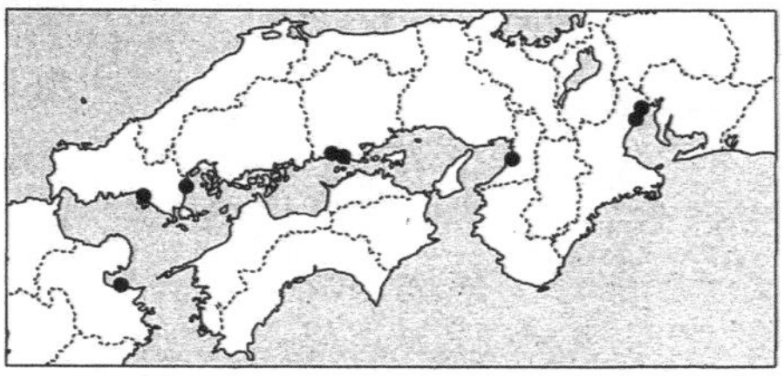

（『日本国勢図会　2021／22年版』から作成）
注：資料Ⅱ中の●は，石油化学コンビナートの位置を示している。

4　資料Ⅳは，東京都中央卸売市場における，なすの月別取扱量と，月別平均価格を表しています。次は，優さんが，資料Ⅳをふまえて，略地図中の④の県のなすの栽培についてまとめたものです。あとの問いに答えなさい。

④の県では，温暖な気候を生かし，温室を利用して出荷時期を早めて販売できるようにする［ a ］が行われている。このような栽培方法により，④の県では，東京都中央卸売市場において，なすの［ b ］時期に，多くのなすを出荷できていると考えられる。

【資料Ⅳ】　(2018年)

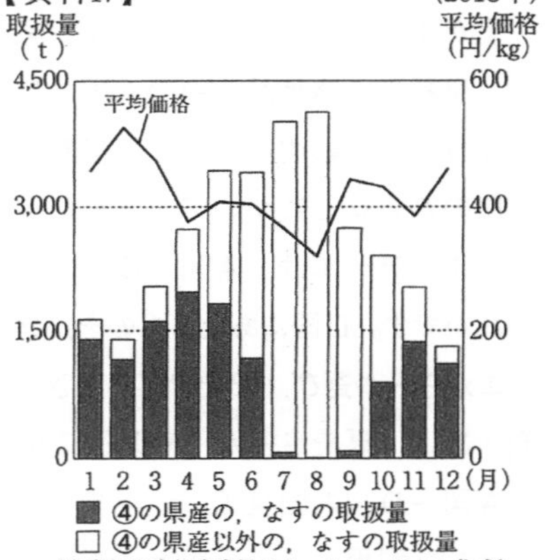

（東京都中央卸売市場のホームページから作成）

(1)　［ a ］にあてはまる栽培方法を書きなさい。

(2)　［ b ］にあてはまる言葉を，**供給量**，**価格**の二つの語を用いて書きなさい。

5　資料Ⅴは，略地図中の①～⑤の県における，県庁所在地の人口や，林業産出額などについてまとめたものです。ア～オは，①～⑤の県のいずれかです。⑤の県にあたるものを，**ア**～**オ**から一つ選び，記号で答えなさい。また，その県名も書きなさい。

【資料Ⅴ】　(2018年)

	県庁所在地の人口（千人）	林業産出額（億円）	漁業生産量（t）	県庁所在地の1月の平均降水量（mm）
ア	1,195	77	123,424	44.6
イ	709	59	26,411	34.2
ウ	332	82	94,110	58.6
エ	255	110	22,498	38.9
オ	204	67	117,788	147.2

（『データでみる県勢　2021年版』などから作成）

6　優さんは，中国・四国地方における地域の活性化について調べ，中国・四国地方の県では，「6次産業化」をすすめていることを知りました。さらに，優さんは，山形県も「6次産業化」をすすめていることを知り，メモⅠ，メモⅡにまとめました。メモⅡの［ X ］，［ Y ］，［ Z ］にあてはまる言葉の組み合わせとして適切なものを，次の**ア**～**カ**から一つ選び，記号で答えなさい。

ア　X 加工　Y 生産　Z 販売
イ　X 加工　Y 販売　Z 生産
ウ　X 生産　Y 加工　Z 販売
エ　X 生産　Y 販売　Z 加工
オ　X 販売　Y 加工　Z 生産
カ　X 販売　Y 生産　Z 加工

【メモⅠ】「6次産業化」とは

○　農林漁業者が，農産物などの持つ価値をさらに高め，所得を向上させていくこと。
○　「6」は，第1次産業の「1」，第2次産業の「2」，第3次産業の「3」をかけ算した，「6」を意味する。

（農林水産省のホームページなどから作成）

【メモⅡ】　山形県が考える「6次産業化」の例

○　「1次×2次×3次」
農林漁業者が，［ X ］から［ Y ］，［ Z ］まで取り組む。
○　「1次×2次」
農林漁業者が，［ X ］と［ Y ］に取り組む。
○　「1次×3次」
農林漁業者が，［ X ］と［ Z ］に取り組む。

（山形県のホームページから作成）

3 学さんは，わが国の歴史において，社会のしくみが変化した時期について調べました。次の表は，そのとき調べたことをまとめたものです。あとの問いに答えなさい。

【表】

	A	B	C	D
まとめ				
	この貨幣は，唐にならい発行された和同開珎である。和同開珎が発行されたころ，律令国家の新しい都として，平城京がつくられた。	この絵は，武芸に励む武士が描かれた絵巻の一部である。源頼朝は鎌倉幕府を開き，武士による新しい政治を始めた。	この絵は，大阪城が描かれた屏風《びょうぶ》の一部である。大阪城を本拠地とした豊臣秀吉は，各地の大名を従え，全国統一を果たした。	この人物は，江戸幕府の15代将軍［ X ］である。倒幕を目指す動きが高まるなかで，［ X ］は，政権を朝廷に返した。

1　Aの下線部について，次の問いに答えなさい。

【略地図】

(1)　次は，学さんが，律令国家が定めた班田収授法についてまとめたものです。［　　　］にあてはまる言葉を，**戸籍**という語を用いて書きなさい。

班田収授法では，［　　　　　　　］という土地が与えられた。

(2)　律令国家が略地図中のaにおいた，外交や防衛などの拠点となった役所として適切なものを，次のア～エから一つ選び，記号で答えなさい。

ア　大宰府　　イ　多賀城　　ウ　問注所　　エ　開拓使

2　Bの下線部について，鎌倉幕府の支配が西国に広がるきっかけとなった，後鳥羽上皇が鎌倉幕府を倒そうとして兵をあげたできごとを何というか，書きなさい。

3　Cの下線部について，次の問いに答えなさい。

(1)　豊臣秀吉が行った太閤検地の結果，農民が年貢を納めたり，武士が軍役を果たしたりする際の基準が，土地の予想される収穫量で表されました。この収穫量のことを何というか，**漢字2字**で書きなさい。

(2)　豊臣秀吉が行ったこととして適切なものを，次のア～エから一つ選び，記号で答えなさい。

ア　藩校を設け，武士の子弟を教育した。

イ　五街道を定め，陸上の交通路を整備した。

ウ　キリスト教の宣教師を，国外追放するよう命じた。

エ　有力な守護大名を，将軍の補佐役として任命した。

4　Dについて，次の問いに答えなさい。

(1)　［ X ］にあてはまる人物名を書きなさい。

(2)　メモは，学さんが，幕末の日本と関係の深い国について調べ，まとめたものです。［ Y ］にあてはまる国の国名を，書きなさい。

【メモ】

○　清が［ Y ］に敗れたことを知ると，幕府は異国船打払令（外国船打払令）を改めた。

○　生麦事件の報復で，［ Y ］は鹿児島を攻撃した。

4 次の略年表は，近現代のわが国の動きについて，国際社会とのかかわりを中心にまとめたものです。次の問いに答えなさい。

【略年表】

年	できごと
1871	岩倉使節団が欧米に向け出発する
A	
1911	関税自主権が完全に回復される
1919	パリ講和会議が開かれる …………… ①
1933	国際連盟からの脱退を通告する …… ②
1945	第二次世界大戦が終わる
1956	国際連合に加盟する ………………… ③
1972	沖縄が日本に復帰する ……………… ④

1　次のア～エは，略年表中のAの時期のできごとです。ア～エを，おこった年の古い順に並べかえ，記号で答えなさい。

ア　大日本帝国憲法が発布される

イ　ポーツマス条約が結ばれる

ウ　立憲改進党が結成される

エ　下関条約が結ばれる

2　略年表中の①について，この講和会議の結果，日本が山東省でのドイツ権益を引きつぐことが決まると，北京の学生たちが抗議行動をおこし，中国国内に広がる運動へと発展しました。この運動を何というか，書きなさい。

【略地図】

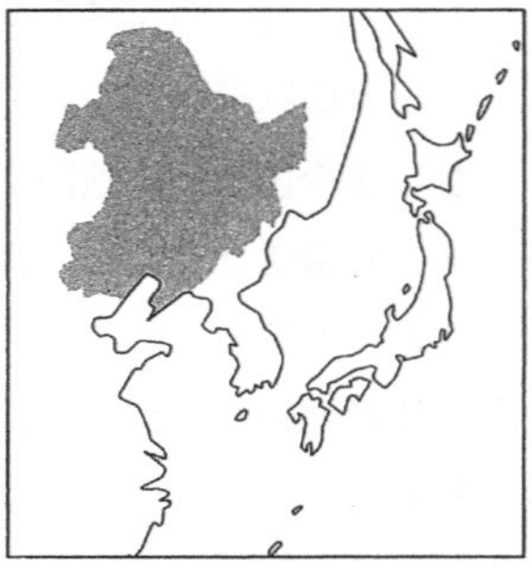

3　略年表中の②について，このできごとは，この年の国際連盟の総会で採択された，略地図中の  で示した地域にかかわる決議が原因でした。その決議の内容を，  で示した地域の，当時の日本における名称を用いて，一つ書きなさい。

4　略年表中の③と同じ年のできごとで，日本の国際連合への加盟が実現したことと関係の深いできごとを，次のア～エから一つ選び，記号で答えなさい。

ア　日本で警察予備隊がつくられた。　　　イ　日本で治安維持法が廃止された。

ウ　日本が中国との国交を正常化した。　　エ　日本がソ連との国交を回復した。

5　次は，略年表中の④についてまとめたものです。あとの問いに答えなさい。

> 第二次世界大戦の際に沖縄はアメリカ軍に占領され，サンフランシスコ平和条約が結ばれたあともアメリカの統治下におかれた。1960年代に激化した［　X　］では，沖縄の基地がアメリカ軍の拠点となった。［　X　］への反戦運動が高まるなか，沖縄の人々は日本への復帰を求める運動を行い，1972年５月，佐藤栄作内閣のときに，沖縄がアメリカから日本に返還された。また，沖縄返還の過程では，核兵器を「持たず，作らず，持ちこませず」という［　Y　］が国の方針になった。
>
> 2022年５月に，沖縄は日本復帰50周年を迎える。

(1)　［　X　］にあてはまる言葉として適切なものを，次のア～エから一つ選び，記号で答えなさい。

ア　朝鮮戦争　　　イ　ベトナム戦争　　　ウ　湾岸戦争　　　エ　イラク戦争

(2)　［　Y　］にあてはまる言葉を，漢字５字で書きなさい。

5 将司さんは，国民と政治とのかかわりについて，テーマを決めて調べました。カードA，Bはそのときまとめたものの一部です。次の問いに答えなさい。

1　カードAについて，次の問いに答えなさい。

カードA

国の政治への参加
国の政治では，選挙で国民の代表である①国会議員を選ぶ。 ②衆議院議員の選挙は③小選挙区比例代表並立制，参議院議員の選挙は選挙区制と比例代表制で行われる。

カードB

地方自治への参加
地方自治では，選挙で住民の代表である地方議員や首長を選ぶ。 直接民主制の考え方を取り入れた④直接請求権が，幅広く認められている点が，地方自治の特徴の一つである。

(1)　下線部①に関連して，国民には，国会議員を選ぶことのほかに，国民審査権が参政権の一つとして認められています。国民審査では，違憲審査を行い「憲法の番人」とよばれる機関にかかわる審査を行います。この「憲法の番人」とよばれる機関は何か，書きなさい。

(2)　下線部②に関連して，衆議院と参議院のうち，衆議院のみが行うこととして適切なものを，次のア～エから一つ選び，記号で答えなさい。

ア　予算案の作成　　イ　内閣総理大臣の指名　　ウ　憲法改正の発議　　エ　内閣不信任の決議

(3)　下線部③について，資料は，山形県の衆議院議員選挙における小選挙区の区割りを示しています。次は，資料をみている将司さんと美幸さんの対話です。[a]にあてはまる言葉を，**価値**という語を用いて書きなさい。

【資料】

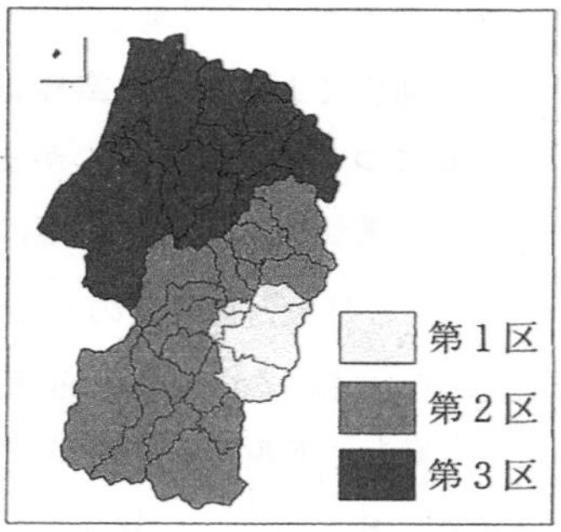

(山形県のホームページから作成)

将司：　山形県の小選挙区の区割りをみると，選挙区ごとの面積や市町村の数は，ずいぶん異なっていることがわかるね。
美幸：　資料からはそう読み取れるけど，選挙区というのは，人口にもとづいて決められているんだよ。
将司：　そうか。憲法に定められた「法の下の平等」を実現するためにも，[a]ように，選挙区は決められているんだね。

2　カードBの下線部④について，有権者数10万人の市で，新しい条例の制定を請求する場合には，何人以上の有権者の署名を集めて市長に提出する必要があるか，書きなさい。

3　次は，将司さんが国民と政治とのかかわりについての学習を振り返り，まとめたものです。あとの問いに答えなさい。

地方自治では，国の政治と比べると，住民一人一人が主体的に，そして直接参加できる場面が多く，地方自治が「[X]の学校」とよばれている意味が理解できた。また，国民が積極的に政治に参加することは，日本国憲法の基本原理の一つである国民主権を生きたものにするために大切だとわかった。[Y]歳になると選挙権，25歳になると[Z]の被選挙権が得られる。国の政治や地方自治について，普段から関心をもつよう心がけたい。

(1)　[X]にあてはまる言葉を書きなさい。

(2)　[Y]，[Z]にあてはまる言葉の組み合わせとして適切なものを，次のア～エから一つ選び，記号で答えなさい。

ア　Y　18　　Z　衆議院議員　　　イ　Y　18　　Z　参議院議員

ウ　Y　20　　Z　衆議院議員　　　エ　Y　20　　Z　参議院議員

6 佳奈さんは，公民的分野の授業で学習した内容を振り返り，テーマを決めて調べました。表のA，Bは，そのとき調べたことをまとめたものです。あとの問いに答えなさい。

【表】

	A	B
	現代の企業と私たち	持続可能な社会と私たち
まとめ	企業にとって，私たちは消費者であると同時に，①労働者でもある。また，起業したときには，私たちが経営者になることもある。 グローバル化が進む現代では，②企業の競争相手は世界中に広がり，変化のはげしい世界の動きに対応することが求められている。	世界には，③貧困や，地球環境問題などの課題があり，各国が④国際協調を通じて解決を図っている。 現代社会のさまざまな課題の解決や，持続可能な社会の形成に向けて，⑤私たち一人一人の意識と行動が重要である。

1　Aについて，次の問いに答えなさい。

⑴　下線部①に関連して，次は，佳奈さんが，労働者の権利についてまとめたものです。[X]，[Y]にあてはまる言葉を，それぞれ書きなさい。

> 労働基本権の一つである[X]権により，労働者は，労働組合を作ることが保障されている。労働組合を作ることで，経営者に対して対等な立場で，[Y]ことが可能になる。

⑵　下線部②に関連して，資料Ⅰは，2020年の6月末と12月末の，日本の通貨である円とアメリカの通貨であるドルの為替レートです。次は，資料Ⅰをもとに，為替レートの変動が企業に与える影響について，佳奈さんがまとめたものです。[a]，[b]にあてはまる言葉の組み合わせとして適切なものを，あとのア～エから一つ選び，記号で答えなさい。

> 6月末と12月末の為替レートを比べると，12月末は[a]になっている。日本から商品を輸出する企業にとっては，同じ商品でも，ドルでの価格が[b]になると考えられる。

【資料Ⅰ】　(2020年)

	為替レート
6月末	1ドル ＝ 108円
12月末	1ドル ＝ 104円

(『日本国勢図会　2021／22年版』から作成)

ア　a　円高　　b　上昇し，競争上不利　　　イ　a　円高　　b　下落し，競争上不利

ウ　a　円安　　b　上昇し，競争上有利　　　エ　a　円安　　b　下落し，競争上有利

2　Bについて，次の問いに答えなさい。

⑴　下線部③に関連して，国家間の経済格差の問題のうち，発展途上国と発展途上国との間で経済格差が広がっている問題のことを何というか，書きなさい。

【資料Ⅱ】

⑵　下線部④について，資料Ⅱは，日本の政府開発援助によりアフリカのある国で行われた，農業の技術指導の様子です。政府開発援助の略称を，アルファベット3文字で書きなさい。

⑶　下線部⑤に関連して，佳奈さんは，気候変動に対する山形県の施策を調べ，メモにまとめました。メモ中の下線部について，「適応」の取り組みの例として最も適切なものを，次のア～エから一つ選び，記号で答えなさい。

ア　二酸化炭素の削減　　　イ　ハザードマップの確認

ウ　シェールガスの利用　　エ　容器包装のリサイクル

【メモ】二つの気候変動対策

> ○ 「緩和」
> 気候変動の原因とされる温室効果ガスの排出を抑える取り組み
> ○ 「適応」
> 気候変動の影響による自然災害の被害を回避・軽減する取り組み

(山形県のホームページから作成)

令 和 4 年 度

公立高等学校入学者選抜
学力検査問題

理　　科

（　12：50　～　13：40　）

注　　意

1　「開始」の合図があるまで，開いてはいけません。

2　問題用紙は，7ページまであります。

3　解答用紙は，問題用紙の中にはさんであります。

4　「開始」の合図があったら，まず，解答用紙を取り出し，受検番号を書きなさい。次に，問題用紙のページ数を確認し，不備があればすぐに手を挙げなさい。

5　答えは，すべて解答用紙に書きなさい。

6　「終了」の合図で，すぐに鉛筆（シャープペンシルを含む）をおき，解答用紙を開いて裏返しにしなさい。

1 拓海さんは，「山寺が支えた紅花文化」が日本遺産に認定されていることを知り，山形県の花である「べにばな」に興味をもち，調べた。次の問いに答えなさい。

1　拓海さんは，ベニバナの種子を発芽させて，根の成長の様子を観察するために，次の①～③の手順で実験1を行った。あとの問いに答えなさい。

【実験1】

① 図1のように，ペトリ皿に吸水させたろ紙をしき，ベニバナの種子をまいてふたをした。

② 発芽した根の長さが1cmぐらいになるまで，暗所に置いた。

③ 図2のように，発芽した根に等間隔に印をつけて，継続的に観察した。

図1

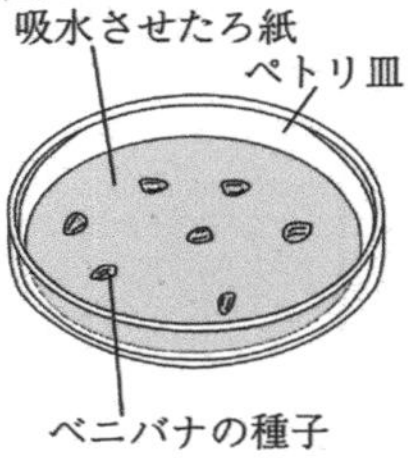

図2

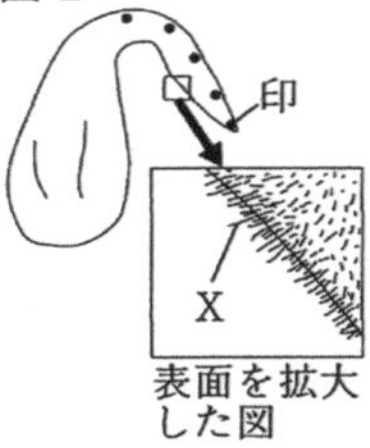

(1) 下線部について，次は，拓海さんがまとめたものである。［ a ］にあてはまる語を書きなさい。また，［ b ］にあてはまる言葉を書きなさい。

> 発芽した根の先端近くには，図2のXのような，［ a ］とよばれるとても細い突起が数多く見られる。根は，［ a ］があることで，土と［ b ］ため，水や肥料分を効率よく吸収できる。

(2) ③について，継続的に観察をはじめてから3日後，印をつけた根は，どのように変化していると考えられるか。最も適切なものを，次のア～オから一つ選び，記号で答えなさい。

ア　イ　ウ　エ　オ

2　拓海さんは，成長している根について，細胞にはどのような変化があるのかを調べるために，次の①～⑤の手順で実験2を行った。あとの問いに答えなさい。

【実験2】

① 発芽した根を，$_{A}$うすい塩酸に5分間つけたあと，水の中で静かにすすいだ。

② スライドガラスの上で，発芽した根を，$_{B}$柄つき針で切ってつぶした。

③ $_{C}$酢酸オルセイン溶液を根に1滴落として，5分間待った。

④ カバーガラスをかけ，その上をろ紙でおおい，$_{D}$指でゆっくりと根を押しつぶした。

⑤ 顕微鏡を用いて100～150倍で観察し，染色されている核が多い部分をさがし，さらに，400～600倍で，核や染色体の様子をくわしく観察した。

(1) 実験2について，下線部A～Dのうち，細胞と細胞を離れやすくするために行った操作はどれか。A～Dから一つ選び，記号で答えなさい。

(2) 図3は，⑤において，拓海さんがベニバナの根の細胞をスケッチしたものである。染色体が複製される時期の細胞として最も適切なものを，ア～オから一つ選び，記号で答えなさい。

図3

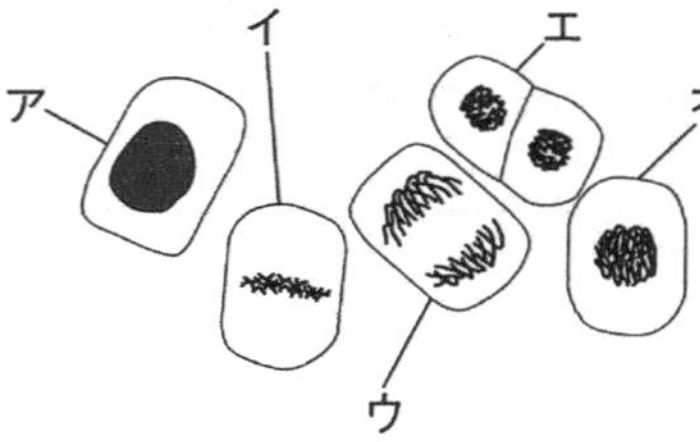

2 陽菜さんと悠斗さんは，ヒトのからだのつくりと反応に興味をもち，同じクラスの生徒と一緒に，次の①～④の手順で実験を行った。図は，実験の様子を表したものである。あとの問いに答えなさい。

【実験】

① クラスの10人が輪になって手をつないだ。陽菜さんは，左手にストップウォッチを持ち，ストップウォッチをスタートさせると同時に，右手で悠斗さんの手をにぎった。

② 手をにぎられた悠斗さんは次の人の手をにぎり，次の人も同様に次々に手をにぎっていった。最後の人は自分の左手がにぎられたら，陽菜さんの左の手首をにぎった。

③ ストップウォッチを持った陽菜さんは，自分の手首がにぎられたら，ストップウォッチを止め，かかった時間を記録した。

④ ①～③をくり返した。

図

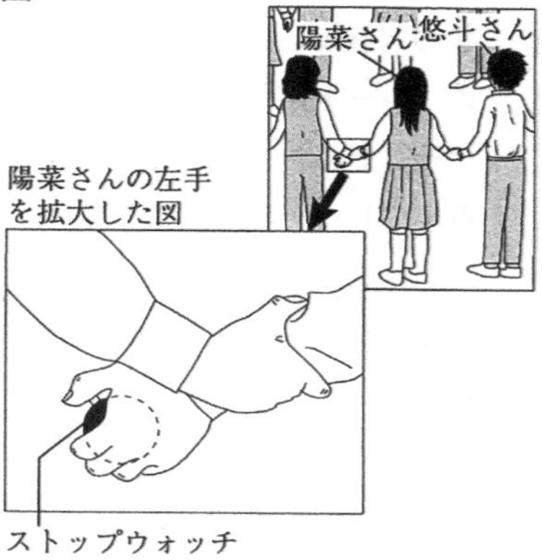

1 表は実験結果を表している。5回の実験結果より，1人あたりにかかった時間を求めなさい。

表

回数	1	2	3	4	5
かかった時間（秒）	2.75	2.73	2.65	2.71	2.66

2 次は，陽菜さんと悠斗さんの実験後の対話である。あとの問いに答えなさい。

陽菜：インターネットで調べると，ヒトの神経細胞において，信号が神経を伝わる速さは秒速100 mにもおよぶとされている。10人で手をつないでも100 mにはならないから，秒速100 mで伝わると，10人で1秒もかからないはずなのに，実験結果は2秒以上の時間がかかっているね。

悠斗：なぜだろう。信号の伝わり方について整理してみようか。皮膚などの[a]器官で受けとられた外界からの刺激は，電気的な信号として[a]神経に伝えられる。信号はそのあと，脳やせきずいからなる[b]神経に伝えられる。[b]神経は，伝えられた信号に応じて，どのように反応するかを運動神経を通して筋肉などの運動器官に命令する。

陽菜：実験での反応は意識して起こる反応で，信号が脳に伝わっているよね。だから，[b]神経である脳について，よく考えてみるべきかもしれないね。脳には，2000億個以上の神経細胞があり，ネットワークをつくっているらしいよ。

悠斗：そうか。意識して起こる反応は，信号が，脳にあるたくさんの神経細胞のネットワークを伝わるから，時間がかかるのだろうね。

陽菜：それに対して，熱いものにさわってしまったとき，とっさに手を引っこめるような，意識とは無関係に起こる反応は，信号が[c]ので，時間がかからないのだね。

(1) [a]，[b]にあてはまる語を，それぞれ書きなさい。

(2) [c]にあてはまる言葉を書きなさい。

3 哲也さんは，大地の変化と地震の伝わり方に興味をもち，調べた。次は，哲也さんがまとめたものの一部である。あとの問いに答えなさい。

> 地球の表面は，①プレートとよばれる厚さ100 kmほどの板状の岩盤でおおわれている。図のように，日本付近には4つのプレートが集まっている。
>
> それぞれのプレートはさまざまな方向にゆっくりと動いている。プレートの動きにともない，地下の岩盤には非常に大きな力がはたらき，岩盤が変形する。変形が進むと，岩盤が変形にたえられず破壊され，割れてずれが生じる。割れてずれが生じた場所を［a］といい，プレートの内部には［a］が多くあることがわかっている。また，岩盤が割れてずれが生じるときに，②地震が発生する。

図

注：太線 —— は，プレートの境界を表す。

1 ［a］にあてはまる語を書きなさい。

2 下線部①について，日本付近の，北アメリカプレートと太平洋プレートの様子を表した模式図として最も適切なものを，次のア～エから一つ選び，記号で答えなさい。ただし，プレートの動く向きを ⟶ で表してある。

ア

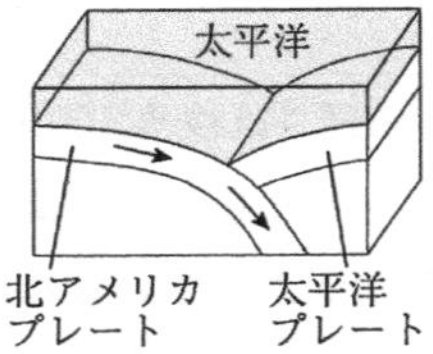

イ

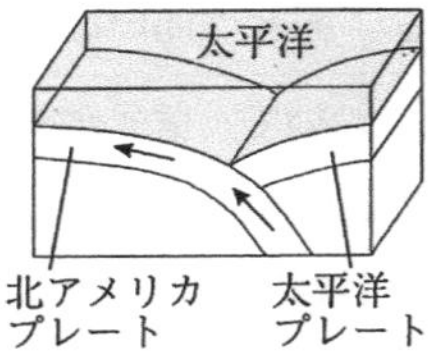

ウ

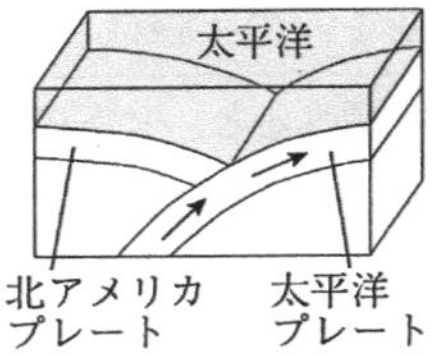

エ

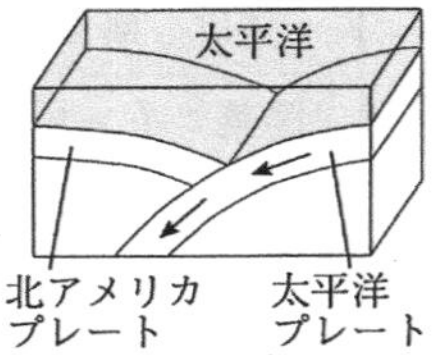

3 下線部②について，次は，哲也さんが調べたことをまとめたものである。あとの問いに答えなさい。

> 地震によるゆれの大きさは，［b］で表され，現在，日本では，［c］段階に分けられている。
>
> 表は，日本のある場所で発生した地震について，震源からの距離が異なる，地点A～Cにおける，P波とS波の到達時刻をまとめたものである。P波の方がS波より速く伝わるため，P波とS波の到達時刻に差ができる。この到達時刻の差を利用して出される警報が，緊急地震速報である。

表

地点	震源からの距離	P波の到達時刻	S波の到達時刻
A	18 km	22時22分23秒	22時22分25秒
B	36 km	22時22分26秒	22時22分30秒
C	［X］	22時22分41秒	［Y］

(1) ［b］，［c］にあてはまるものの組み合わせとして最も適切なものを，次のア～カから一つ選び，記号で答えなさい。

ア b マグニチュード c 6　　イ b 震度 c 6

ウ b マグニチュード c 8　　エ b 震度 c 8

オ b マグニチュード c 10　　カ b 震度 c 10

(2) ［X］にあてはまる距離を書きなさい。また，［Y］にあてはまる時刻を書きなさい。ただし，P波とS波はそれぞれ一定の速さで伝わるものとする。

4

里奈さんは，地球と宇宙について興味をもち，山形県内のある場所で，天体の観察をした。次は，里奈さんと慎也さんの対話である。あとの問いに答えなさい。

里奈：6月あたりから夕方に見られるようになった明るい星の名前を知りたくて，星座早見盤を見たんだけど，あてはまりそうな星は見つからないの。この明るい星は何かな。

慎也：夕方に見えるということは，①金星なのではないかな。

里奈：あ，そうか。いつも，日没から30分後くらいの時間に見ているのだけれど，7月12日には図1のように月と並んで見えたよ。

図1

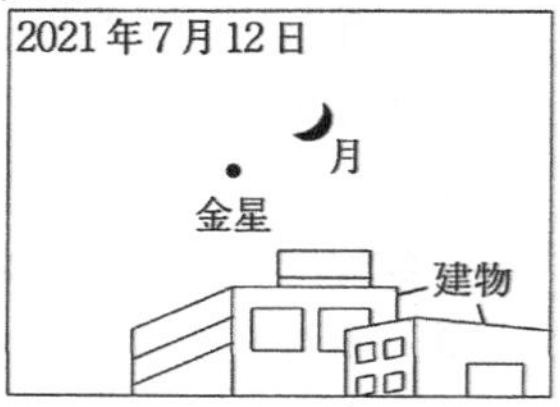

慎也：この日の太陽，金星，地球，月の位置関係を調べてみると，図2のようになっているね。

図2

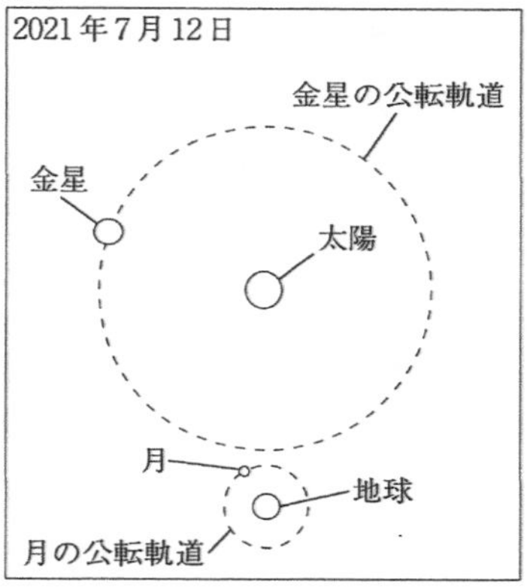

里奈：望遠鏡で見ていれば，②金星の満ち欠けを見ることができたんだね。今年は望遠鏡での観察ができなかったから，1年後には見てみよう。

慎也：1年後も，図2のような位置関係になるのかな。地球と金星の公転周期は，異なっているよ。

里奈：公転周期は，地球が約1年で，金星が約0.62年なのか。ということは，③図2の1年後には，金星は明け方に見えるね。

慎也：今年とはずいぶん違うんだなあ。1年間での天体の位置の変化は，あまり意識して見ていなかったよ。

里奈：1年を通して見ると，金星だけでなくほかの天体も見える位置が変わるんだよ。例えば，満月の南中高度は1年を通して変わっていて，春夏秋冬の四つの季節のうち，南中高度が最も高い季節は［　　　］なんだ。

慎也：そうなんだ。私も，観察してみよう。

1　下線部①や木星などのような，星座をつくる星とは違った動きをして見える，恒星のまわりを公転している天体を何というか，書きなさい。

2　図1について，このまま観察を続けると，金星はどの向きに動いて見えるか。金星が動いて見える向きを ⟶ で表すとき，向きとして最も適切なものを，図3のア～エから一つ選び，記号で答えなさい。

図3

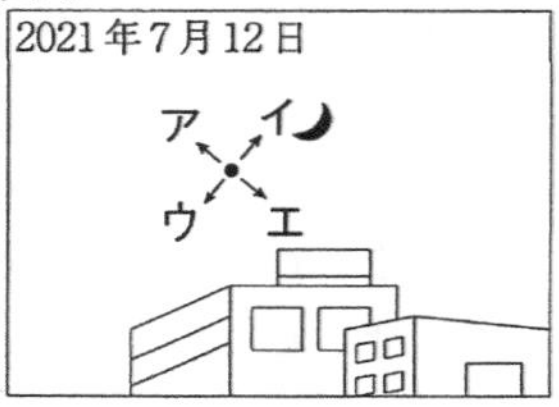

3　下線部②について，2021年7月12日に金星を地球から望遠鏡で見たとき，金星はどのように見えるか。次のア～エから一つ選び，記号で答えなさい。ただし，用いた望遠鏡は，上下左右が逆に見えるものとする。

ア

イ

ウ

エ

4　下線部③について，図2の1年後，金星が明け方に見えるようになる理由を，地球の公転周期が約1年であることと，金星の公転周期が約0.62年であることに着目して，書きなさい。

5　［　　　］にあてはまる語を書きなさい。

5 美香さんと一郎さんは，物質の状態変化について調べるために，次の①～③の手順で実験を行った。あとの問いに答えなさい。

【実験】

① 沸とう石を入れた太い試験管に，エタノール 4 cm^3 と水 26 cm^3 を入れ，図のような装置を組み，加熱した。

② ガラス管から出てきた液体を約 3 cm^3 ずつ，3 本の細い試験管にとり，とり出した順に，液体X，Y，Zとした。

③ それぞれの液体について，体積と質量を正確にはかり，密度を求めた。

図

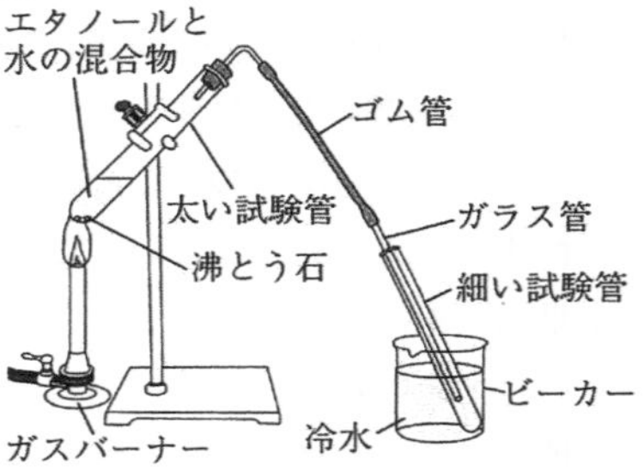

1 下線部について，沸とう石を入れる理由を，簡潔に書きなさい。

2 液体を沸とうさせて気体にし，それを冷やして再び液体としてとり出すことを何というか，書きなさい。

3 表は，実験結果であり，次は，実験後の美香さんと一郎さんの対話である。あとの問いに答えなさい。ただし，エタノールの密度を 0.79 g/cm^3，水の密度を 1.00 g/cm^3 とする。

表

液体	X	Y	Z
密度（g/cm^3）	0.83	0.90	1.00

美香：実験結果の密度の値から，液体Xは [a] と考えられるね。
一郎：そうだね。また，液体Yは [b] と考えられるよ。
美香：液体の密度がわかったのだから，体積が 0.13 cm^3 で，質量が 0.12 g のプラスチックを，液体X～Zにそれぞれ入れたとき，プラスチックは浮くのか，沈むのかを考えてみよう。
一郎：プラスチックの密度の値から，このプラスチックが浮く液体は [c] といえるよ。
美香：そうすると，このプラスチックが沈む液体は [d] といえるね。

(1) [a]，[b] にあてはまる言葉として最も適切なものを，次のア～オからそれぞれ一つずつ選び，記号で答えなさい。

ア 純粋なエタノール　　イ 大部分がエタノールで，少量の水が含まれている
ウ 純粋な水　　エ 大部分が水で，少量のエタノールが含まれている
オ エタノールと水が約半分ずつ含まれている

(2) [c]，[d] にあてはまるものの組み合わせとして適切なものを，次のア～クから一つ選び，記号で答えなさい。

ア c X　d YとZ　　イ c XとY　d Z
ウ c Y　d XとZ　　エ c XとZ　d Y
オ c Z　d XとY　　カ c YとZ　d X
キ c ない　d XとYとZ　　ク c XとYとZ　d ない

4 美香さんと一郎さんは，実験後に太い試験管内に残った液体について，液体をゆっくりあたためていったときの加熱時間と温度変化をもとに，沸点を調べる実験を行った。次は，そのときの美香さんと一郎さんの対話の一部である。[e] にあてはまる適切な言葉を書きなさい。

美香：液体が沸とうしているときの，加熱時間と温度変化に注目しよう。液体が沸とうしている間，[e] ということがわかったね。
一郎：このことから，太い試験管内に残った液体は，純粋な物質といえるね。

6

石灰石と塩酸の反応について調べるために，次の①～③の手順で実験を行った。表は，実験結果である。あとの問いに答えなさい。

【実験】① うすい塩酸 12 cm^3 をビーカーに入れ，図1のように，ビーカーを含めた<u>全体の質量</u>をはかったところ，59.0 g であった。

② ①のビーカーに，石灰石の粉末 0.5 g を入れて，気体が発生しなくなったことを確認したあと，ビーカーを含めた全体の質量をはかった。

③ 石灰石の粉末の質量を，1.0 g，1.5 g，2.0 g，2.5 g にして，②と同様のことをそれぞれ行った。

図1

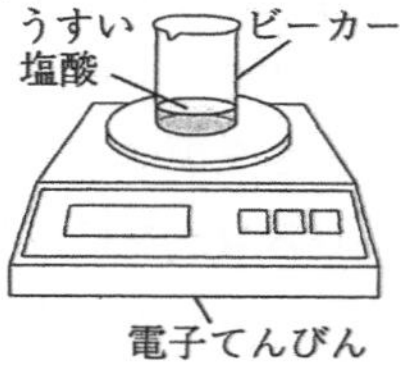

表

入れた石灰石の質量 (g)	0.5	1.0	1.5	2.0	2.5
反応後の全体の質量 (g)	59.3	59.6	59.9	60.4	60.9

1　下線部に関連して，化学変化の前後で物質全体の質量が変化しないことを，何の法則というか，書きなさい。

2　②において，石灰石と塩酸の反応で発生した気体は何か，化学式で書きなさい。

3　実験結果をもとに，入れた石灰石の質量と発生した気体の質量の関係を表すグラフを，図2にかきなさい。

4　実験で使ったものと同じうすい塩酸 18 cm^3 に，実験で使ったものと同じ石灰石の粉末 3.0 g を入れると，発生する気体は何 g か。最も適切なものを，次のア～オから一つ選び，記号で答えなさい。

ア　0.6 g　　イ　0.9 g　　ウ　1.2 g　　エ　1.5 g　　オ　1.8 g

図2

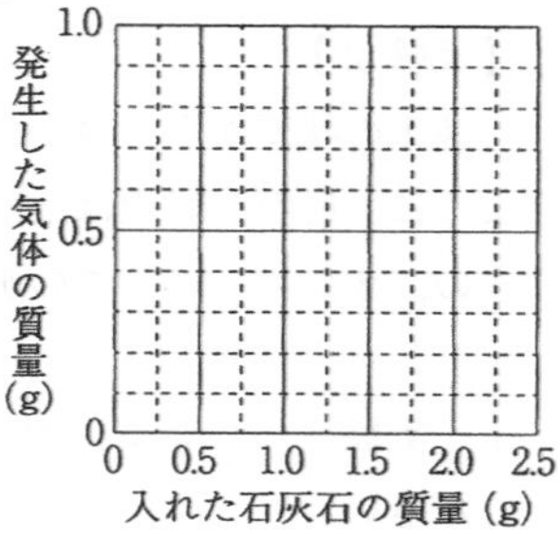

7

物体にはたらく力について調べるために，次の実験を行った。あとの問いに答えなさい。ただし，糸は質量が無視でき，伸び縮みしないものとする。

【実験】 図1のように，点Oで結んだ三本の糸のうち，一本に重力の大きさが 5.0 Nの物体Xをつるし，他の二本にばねばかり1，2をつけて異なる向きに引いて物体Xを静止させた。A，Bは，糸3の延長線と糸1，2の間のそれぞれの角を表す。

図1

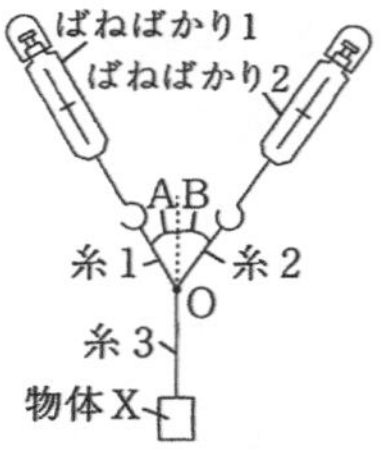

1　糸1，2が点Oを引く力は，一つの力で表すことができる。このように，複数の力を同じはたらきをする一つの力で表すことを，力の何というか，書きなさい。

2　図2は，実験におけるA，Bの組み合わせの一つを表しており，物体Xにつけた糸3が点Oを引く力Fを方眼上に示している。このとき，糸1が点Oを引く力と糸2が点Oを引く力を，図2にそれぞれかきなさい。

図2

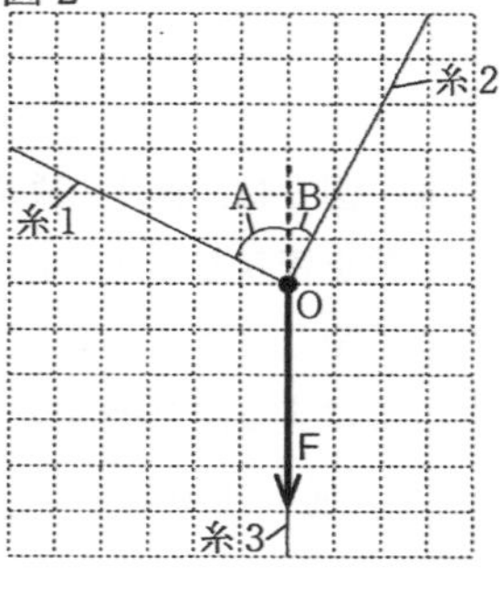

3　次は，A，Bの角度を大きくしていったときの，ばねばかり1，2がそれぞれ示す値と，糸1，2が点Oを引く力の合力についてまとめたものである。[a]，[b]にあてはまる言葉として適切なものを，あとのア～ウからそれぞれ一つずつ選び，記号で答えなさい。

> A，Bの角度を大きくしていったとき，ばねばかり1，2がそれぞれ示す値は，[a]。また，A，Bの角度を大きくしていったとき，糸1，2が点Oを引く力の合力は，[b]。

ア　大きくなる　　イ　小さくなる　　ウ　変わらない

4　図1でA，Bの角度の大きさがそれぞれ 60° のとき，ばねばかり1が示す値は何Nか，求めなさい。

8 コイルに流れる電流について調べるために，次の実験１，２を行った。あとの問いに答えなさい。ただし，空気抵抗は無視できるものとする。

【実験１】

スタンドに固定したコイルに流れる電流の向きと大きさを調べるために，図１のような装置を組み，オシロスコープにつないだ。オシロスコープは，表示画面に，コイルに流れる電流の向きと大きさを波形で表すことができる。表示画面の縦軸は電流の向きと大きさを示し，横軸は経過時間を示している。図１の状態からＮ極が下を向くようにして，上から磁石をコイルに近づけた。図２は，このときの，オシロスコープの画面を模式的に表したものである。

図１

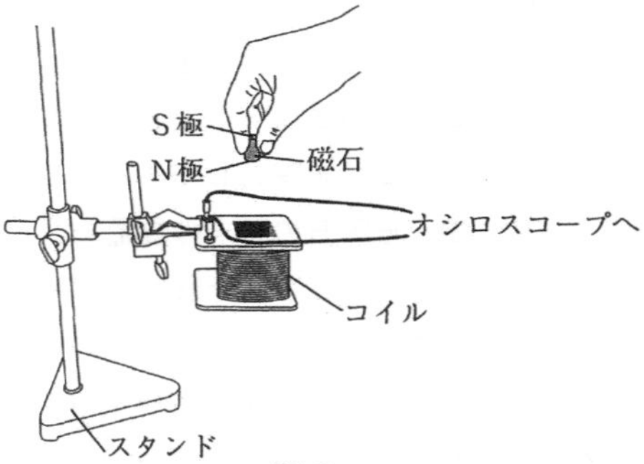

図２

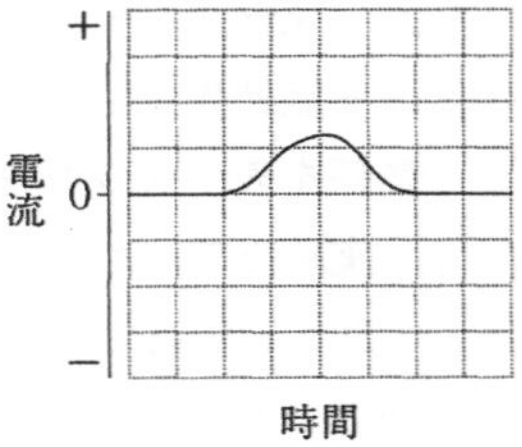

【実験２】

図１の状態から，静かに磁石から手をはなし，磁石がコイルに触れないように，磁石のＮ極は下向きのままで，コイルの中を通過させた。このときの，オシロスコープの画面を観察した。

1　実験１について，コイルに磁石を近づけたときにコイルに電圧が生じる現象を何というか，書きなさい。

2　発電所では，実験１の現象を応用して発電し，その電気を家庭に供給している。家庭で使用される５ＷのＬＥＤ電球を30分間点灯させたときに消費する電力量は何Ｊか，求めなさい。

3　実験２について，オシロスコープの画面を模式的に表したものとして最も適切なものはどれか，次のア～エから一つ選び，記号で答えなさい。

ア

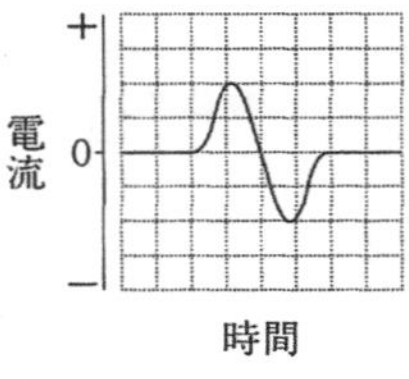

イ

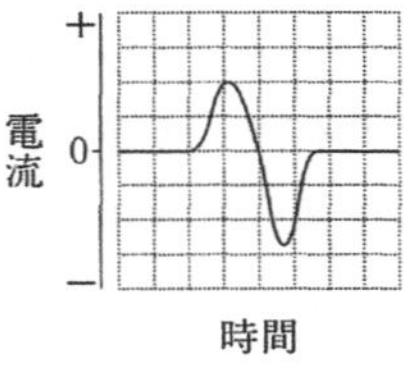

ウ

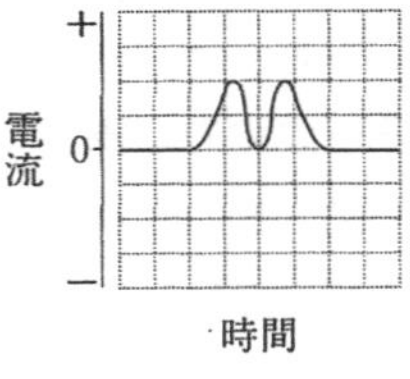

エ

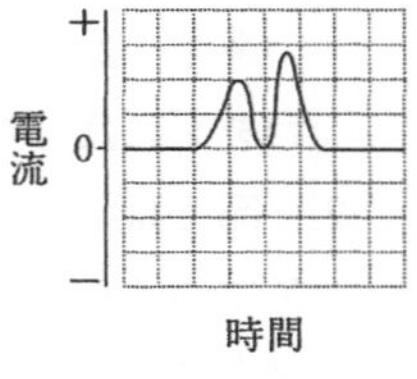

4　図３は，鉄道の乗車券や電子マネーなどに使われる非接触型ＩＣカードと，情報を読みとるカードリーダーを模式的に表したものである。次は，ＩＣカードの情報を，カードリーダーが読みとるしくみをまとめたものである。□にあてはまる語を書きなさい。ただし，□には同じ語が入る。

図３

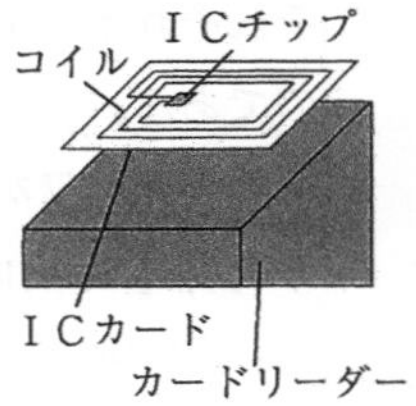

カードリーダーからは，変化する□が発生している。ＩＣカードの内部には電源はないが，カードをカードリーダーに近づけると，変化する□によって，コイルに電流が流れる。これによりＩＣチップが作動して，カードリーダーはＩＣチップの情報を読みとることができる。

令 和 4 年 度

公立高等学校入学者選抜
学力検査問題

英　語

（ 14：00 ～ 14：50 ）

注　　意

1 「開始」の合図があるまで，開いてはいけません。

2 最初に，放送によるテストがあります。

3 問題用紙は，7ページまであります。

4 解答用紙は，問題用紙の中にはさんであります。

5 「開始」の合図があったら，まず，解答用紙を取り出し，受検番号を書きなさい。次に，放送によるテストが始まる前に問題用紙のページ数を確認し，不備があればすぐに手を挙げなさい。

6 答えは，すべて解答用紙に書きなさい。

7 「終了」の合図で，すぐに鉛筆（シャープペンシルを含む）をおき，解答用紙を開いて裏返しにしなさい。

1 これはリスニングテストです。放送の指示に従って答えなさい。

※教英出版注
音声は，解答集の書籍ＩＤ番号を教英出版ウェブサイトで入力して聴くことができます。

1

No. 1

ア　　イ　　ウ　　エ

No. 2

John さんと Aya さんが見ている表

球技大会　バスケットボール競技　結果

	クラス	勝　敗	順　位
ア	３年１組	３勝１敗	２位
イ	３年２組	４勝０敗	１位
ウ	３年３組	１勝３敗	４位
	３年４組	０勝４敗	５位
エ	３年５組	２勝２敗	３位

2

＜史《し》織《おり》さんが使っているホワイトボード＞

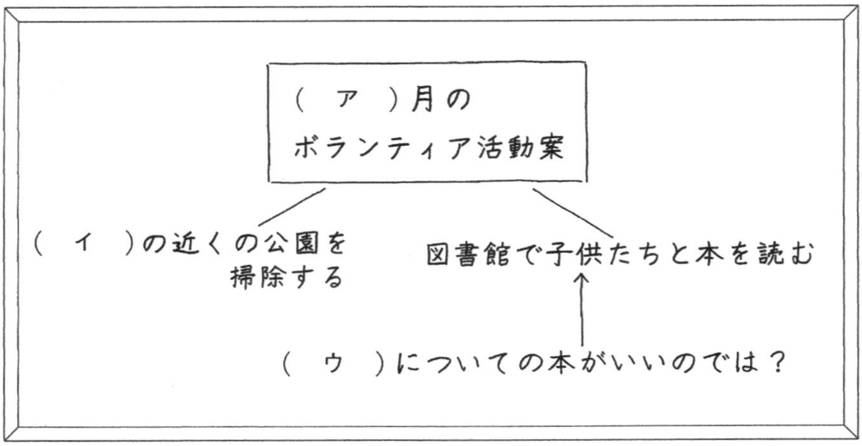

3

No. 1
ア Her sister.
イ Her classmates.
ウ An ALT.
エ An English teacher.

No. 2
ア She wants to plan a party for a classmate with the ALT.
イ She wants to leave school and spend her free time at home.
ウ She wants to buy something for the ALT who will leave her school.
エ She wants to talk about what to do for the ALT with her classmates.

4 答えは，解答用紙に書きなさい。

（メモ用）

（　　）のところの英語を聞き取り，書きなさい。

Greg: Look at this garden.

Mika: It's wonderful.
I will (　　　　　　　　　　　　　　　　　　).

2 次の問いに答えなさい。

1 次の対話文の（　　）の中に最も適する英語を，それぞれ１語ずつ書きなさい。

(1) *Rumi:* Which do you like better, coffee （　　） tea?
Harry: I like tea better. I always drink it with milk.

(2) *Isamu:* It will be rainy today. Take an （　　） when you go out.
Freddie: I'll take the blue one. I can't use the red one because it doesn't open.

(3) *Woman:* Sorry, Mr. Okada cannot go to the meeting tomorrow.
Man: Oh, really? Well, we want someone to come to the meeting （　　） of him.

2 次の対話文の（　　）の中に最も適するものを，あとのア～エからそれぞれ一つずつ選び，記号で答えなさい。

(1) *Cathy:* Hi, Hiroshi. You look tired today.
Hiroshi: A little. My family visited my aunt in Yokohama yesterday.
Cathy: It's far from here. （　　　　　　　　　　）
Hiroshi: At about 9 p.m. Then I took a bath and went to bed.

ア Why did she live there?
イ When did you get home?
ウ What time did she leave home?
エ How long did it take?

(2) *Jack:* Keiko, you play tennis very well.
Keiko: Thanks. But I think Nanako is the best player in our school.
Jack: Really? Does she play better than you?
Keiko: （　　　　　　　　　　） She was amazing in the last tournament.

ア I think you are wrong, so I will say "No."
イ I can say "No," because she doesn't.
ウ I can't say "Yes," but I want to.
エ I don't want to say "Yes," but I have to.

3 次の対話文の下線部について，あとのア～カの語句を並べかえて正しい英文を完成させ，（ X ），（ Y ），（ Z ）にあてはまる語句を，それぞれ記号で答えなさい。

(1) *Masaki:* I （　　）（ X ）（　　）（ Y ）（　　）（ Z ） I borrowed. Did you see it?
Lily: No. I'll help you find it.

ア been　イ the book　ウ have　エ for　オ which　カ looking

(2) *Yoshie:* （　　）（ X ）（　　）（ Y ）（　　）（ Z ） this computer?
David: Yes. He often writes e-mails with it.

ア use　イ can　ウ you　エ do　オ your father　カ think

これで，2 の問題を終わり，3 の問題に移ります。問題用紙 2 ページの 3 を見てください。(間 2 秒)

中学生の結花（Yuka）さんは，留学生のエマ（Emma）さんに電話し，メッセージを残しました。メッセージのあと，クエスチョンズと言って二つの質問をします。それぞれの質問の答えとして最もふさわしいものを，ア，イ，ウ，エの中から一つずつ選び，記号で答えなさい。英文は 2 回読みます。 (間 2 秒)

では，始めます。 (間 2 秒)

（ピッという留守番電話の録音開始を表す効果音）

Hi, this is Yuka. I'm calling you because I have sad news about our ALT, Tom. He will go back to his country soon. I heard about that from my classmates. We thought we should do something for Tom. I'm sure that our English teacher will agree. So, let's talk about it with our classmates if you are free after school on Monday. See you.

（留守番電話の録音終了を表す効果音） (間 2 秒)

Questions: No. 1 Who told Yuka the sad news? (間 8 秒)

No. 2 What does Yuka want to do after school on Monday? (間 8 秒)

くりかえします。 (間 2 秒) (英文を読む) (間10秒)

これで，3 の問題を終わり，4 の問題に移ります。問題用紙 2 ページの 4 を見てください。(間 2 秒)

これから，英語による対話文を 2 回読みます。（　　）のところの英語を聞き取り，書きなさい。(間 2 秒)

では，始めます。 (間 2 秒)

(Greg): Look at this garden.

(Mika): It's wonderful. I will enjoy drawing a picture of these flowers. (間15秒)

くりかえします。 (間 2 秒) (英文を読む) (間15秒)

これでリスニングテストを終わります。次の問題に移ってください。

三

問一	問二	問三	問四	問五	
／2	／2	／3	／4	／4	／15

四

問一 1	問一 2	問一 3	問一 4	問一 5	問二	
	す					
／2	／2	／2	／2	／2	／3	／13

五

100字　200字　240字

A B C D	A B C D	A B C	
A B C D	A B C D	A B C	
／9	／6	／3	／18

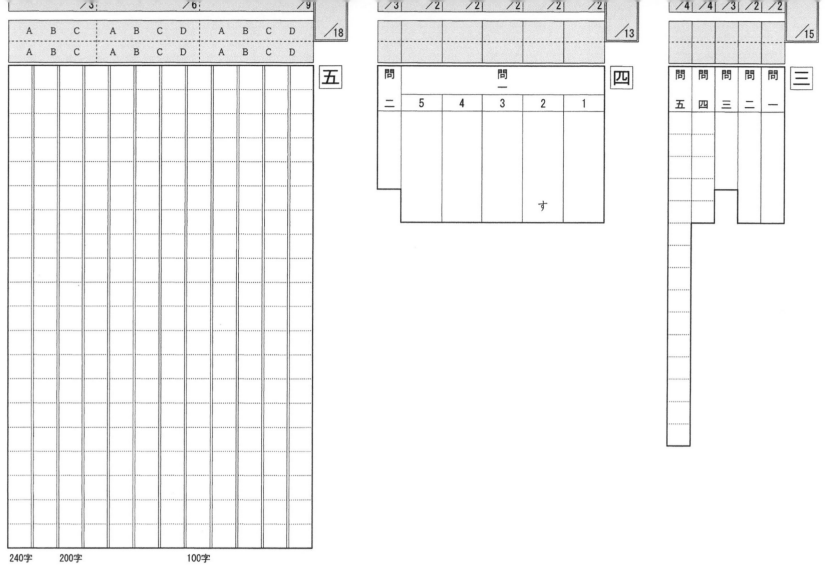

3 /20

3

1	(1)			/3
	(2)	ア	$y=$	/3
		イ		/3
		ウ	$y=$	/3
			図3 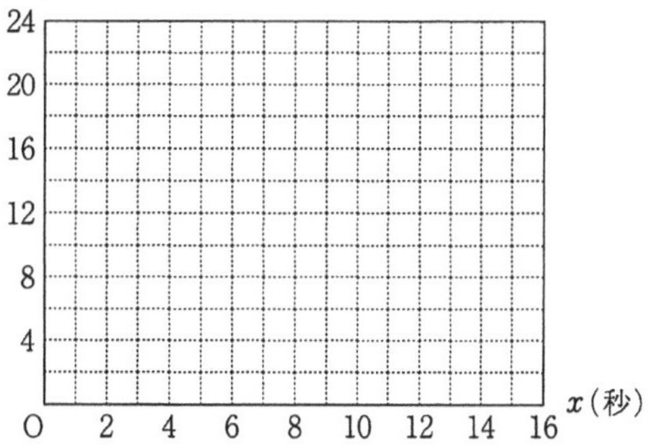	/4
2			秒後	/4

4 /20

4

1		<証明>	/10
2	(1)	cm	/5
	(2)	cm	/5

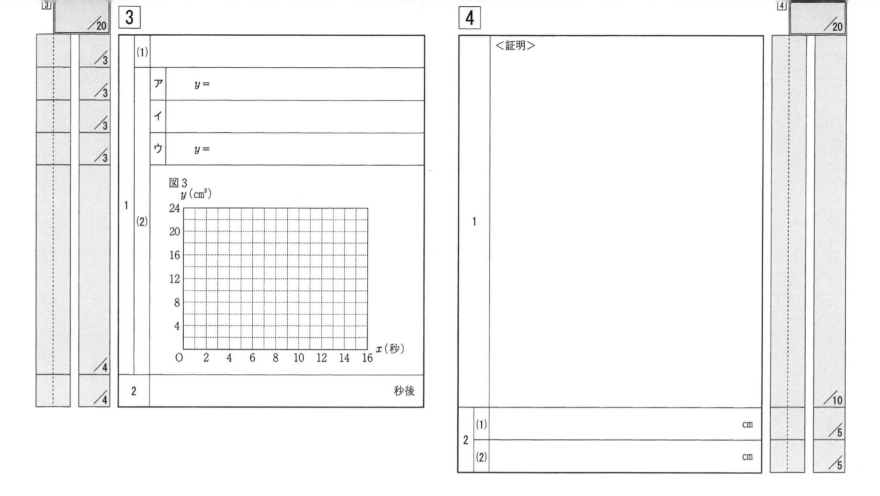

4

4 /17

		解答	配点
1		→ → →	/3
2			/3
3			/3
4			/3
5	(1)		/2
5	(2)		/3

5

5 /15

		解答	配点
1	(1)		/2
1	(2)		/3
1	(3)		/3
2		人以上	/3
3	(1)		/2
3	(2)		/2

6

6 /15

			解答	配点
1	(1)	X		/2
1	(1)	Y		/3
1	(2)			/3
2	(1)			/2
2	(2)			/2
2	(3)			/3

5 /13

5

1				/2
2				/2
3 (1)	a		b	/3
3 (2)				/3
4				/3

6 /12

6

1	（の法則）	/2
2		/3
3	図 2 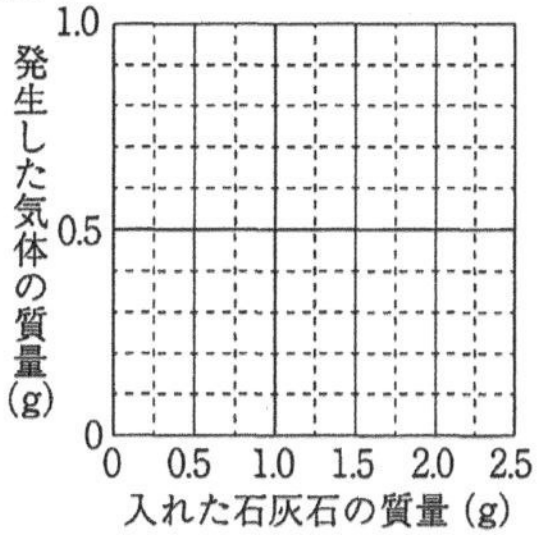	/3
4		/4

7

7 /13

1	(力の)			/3
2	図 2 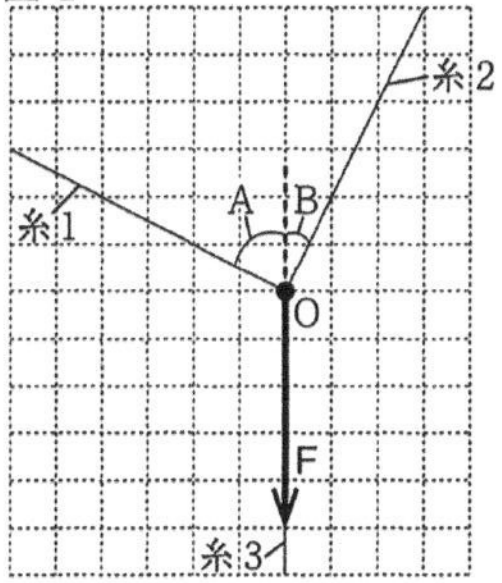			/4
3	a		b	/3
4	N			/3

8

8 /12

1		/3
2	J	/3
3		/3
4		/3

教英出版

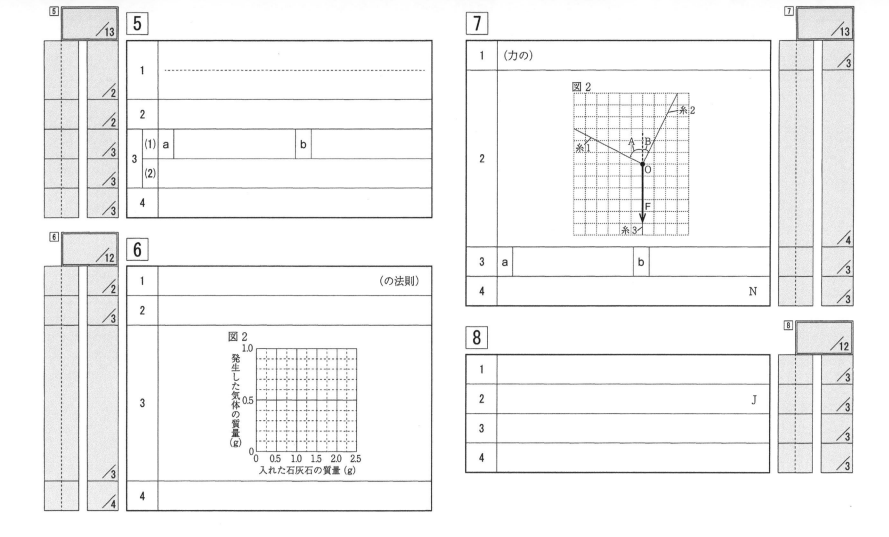

4 /30

4			
1			/3
2		( )	/4
3			/4
4	(1)		/3
	(2)		/3
5		→ → → →	/5
6	I	She learned about it when she ( ) at a university.	/4
	II	Please come to the contest ( ) next year.	/4

5 /10

5

(1)	A A B B C C D D	/8
(2)	A A B B C C	/2

2022(R4) 山形県公立高
K 教英出版

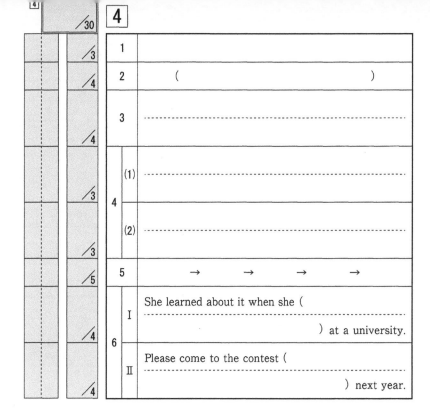

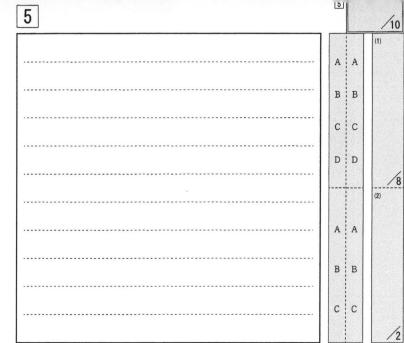

英　語　解　答　用　紙

※100点満点

受検番号		総得点	

□の欄には何も記入しないこと。

1

1 ／26

1	No.1		／3
	No.2		／3
2	ア		／3
	イ		／3
	ウ		／3
3	No.1		／3
	No.2		／3
4	*Greg:* Look at this garden. *Mika:* It's wonderful. I will ( ).		／5

2

2 ／18

1	(1)				／2
	(2)				／2
	(3)				／2
2	(1)				／3
	(2)				／3
3	(1)	X	Y	Z	／3
	(2)	X	Y	Z	／3

3

3 ／16

1	X		／2
	Y		／2
	Z		／2
2			／4
3			／3
			／3

【解答

※100点満点

理 科 解 答 用 紙

受検番号		総得点	

の欄には何も記入しないこと。

1 ／13

1

1	(1)	a		／2
		b		／3
	(2)			／3
2	(1)			／2
	(2)			／3

3 ／12

3

1				／2
2				／3
3	(1)			／3
	(2)	X	km	
		Y	時 分 秒	／4

2 ／12

2

1			秒	／3
2	(1)	a		／3
		b		／3
	(2)			／3

4 ／13

4

1		／2
2		／2
3		／3
4		／3
5		／3

【解答】

※100点満点

社 会 解 答 用 紙

受検番号		総得点	

の欄には何も記入しないこと。

1

1 ／18

			配点
1		国	／2
2			／2
3	(1)		／3
3	(2)	記号　　気候帯	／3
4			／2
5			／3
6			／3

2

2 ／17

			配点
1			／2
2			／2
3			／3
4	(1)		／2
4	(2)		／3
5		記号　　県名　　県	／3
6			／2

3

3 ／18

			配点
1	(1)		／3
1	(2)		／2
2			／3
3	(1)		／2
3	(2)		／3
4	(1)		／2

【解答

※100点満点

数学解答用紙

受検番号	

総得点	

の欄には何も記入しないこと。

1

1　/32

			得点
1	(1)		/3
	(2)		/4
	(3)		/4
	(4)		/4
2		$(3x+1)(x-2)=x-1$ 答	/5
3			/4
4			/4

2

2　/28

			得点
1	(1)		/4
	(2)		/4
2			/5
3	(1)		/6
	(2)	km²	/4
4			

【解答

国　語　解　答　用　紙

※100点満点

受検番号	

総得点	

□の欄には何も記入しないこと。

一

問一 a	問一 b	問二	問三	問四	問五	問六 Ⅰ	問六 Ⅱ	問七	
／2	／2	／2	／5	／3	／4	／2	／4	／3	／27
	てて								

二

問一 a	問一 b	問二	問三	問四 Ⅰ	問四 Ⅱ	問五	問六	問七	
／2	／2	／2	／2	／2	／4	／6	／3	／4	／27
	る								

【解答

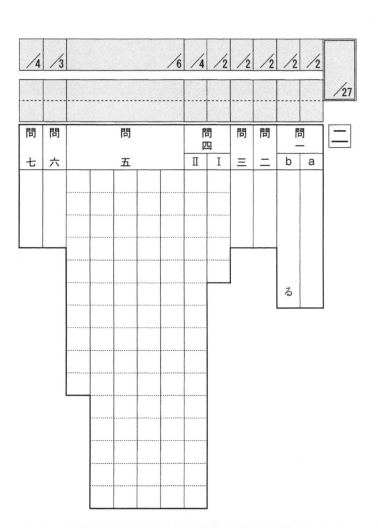

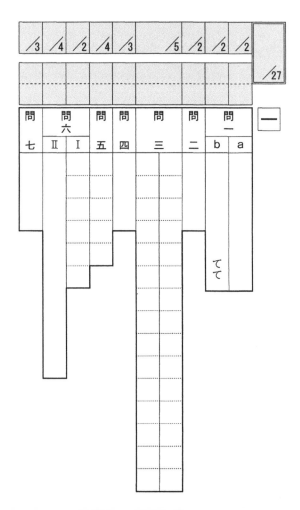

〔令和４年度〕

英語リスニングテスト台本

〔注〕(　　) 内は音声としていれない。

ただいまから，リスニングテストを行います。問題は１，２，３，４の四つです。聞いている間にメモをとってもかまいません。　(間３秒)

それでは１の問題から始めます。問題用紙１ページの１を見てください。　(間５秒)
これから，No. 1 とNo. 2，それぞれの場面の対話文を読みます。それぞれの場面の対話文を読んだあと，クエスチョンと言って質問します。その質問の答えとして最も適切なものを，ア，イ，ウ，エの中から一つずつ選び，記号で答えなさい。英文は２回読みます。　(間２秒)
では，始めます。　(間２秒)

No. 1　*(Mother)*: Have you finished your homework? Please help me cook dinner.
(Boy): Sure. Mom, I will wash the vegetables.
(Mother): I've already done it. Can you go to the store to buy eggs?
(Boy): OK.　(間２秒)
Question: What is the boy going to do to help his mother?　(間３秒)
くりかえします。　(間２秒)　(英文を読む)　(間５秒)

No. 2　*(John)*: We had four basketball games, and I played in all of them.
(Aya): You were playing very well, John. How many games did your class win?
(John): Two. Your class won more games than my class, Aya. The members of your class played very hard.
(Aya): Yes. But I wanted my class to win all of the games.　(間２秒)
Question: Which is Aya's class?　(間３秒)
くりかえします。　(間２秒)　(英文を読む)　(間10秒)

これで，１の問題を終わり，２の問題に移ります。問題用紙１ページの２を見てください。(間２秒)
まず最初に，そこにある「史織さんが使っているホワイトボード」をよく見てください。　(間５秒)
これから，中学生の史織（Shiori）さん，真奈（Mana）さん，そして留学生のウィリアム（William）さんが話し合いをします。これを聞いて，「史織さんが使っているホワイトボード」の，ア，イ，ウに，それぞれあてはまる数字や日本語を書きなさい。英文は２回読みます。　(間２秒)
では，始めます。　(間２秒)

(Shiori): We are going to do a volunteer activity in October. What can we do, Mana?
(Mana): The park near the hospital is used by many people, so it's a good idea to clean it. How about you, William?
(William): I want to read books together with little children at the library.
(Shiori): Interesting. I think books about animals are good for children.　(間10秒)
くりかえします。　(間３秒)　(英文を読む)　(間10秒)

3 中学生の千恵（Chie）さんは，姉妹・友好都市（sister city）に興味を持ち，姉妹・友好都市提携（sister city relationship）について調べ，グラフ（graph），表（table），図（chart）にまとめました。次は，グラフ，表，図を見ている，千恵さんと留学生のビル（Bill）さんの対話です。グラフ，表，図および対話について，あとの問いに答えなさい。

グラフ　日本全体の姉妹・友好都市提携数

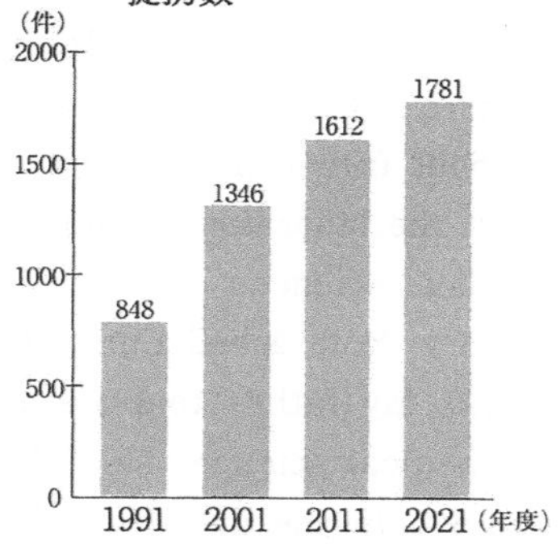

表　国別の姉妹・友好都市提携数

国　　名	日本全体	山形県
アメリカ	457	8
中　　国	376	9
X	107	2
Y	72	1
ロシア	48	4
Z	39	1
フィリピン	20	2

図　姉妹・友好都市の交流（exchange）の例

・学生や教員の交流
・音楽家や芸術家の交流
・スポーツ選手やチームの交流

（注）姉妹・友好都市には，姉妹・友好省州等を含む。グラフ，表の数値は2021年9月1日のものである。

自治体国際化協会ホームページなどから作成

Chie: Last week, I met a lot of foreign people at an event, and I heard that my city has some sister cities in the world. One of them is your city in America. I wanted to know more about sister cities, so I made the graph after the event.

Bill: Wow! There are so many sister city relationships in Japan. The number is increasing.

Chie: I was surprised, too. Look at the table. Your country has many sister cities. In Japan, there are more sister city relationships with Canada than with Italy.

Bill: That's right.

Chie: In Yamagata-ken, there are eight sister city relationships with America, and two with Australia.

Bill: There is one with Italy, too. Chie, what does the chart tell us?

Chie: It shows exchanges between sister cities. For example, many cities send students to their sister cities. Your city in America has the exchange with my city, so you came to Japan. ①There are many good points of the exchange for you, right?

Bill: Yes. I can make new friends and learn a different culture.

Chie: That's good. I could learn a lot from you, too.

1　表中のX～Zには，カナダ，イタリア，オーストラリアのいずれかの国名が入ります。対話の内容に即して，X～Zのそれぞれにあてはまる国名を，日本語で書きなさい。

2　下線部①について，ビルさんがあげている具体的な例を，対話の内容に即して日本語で書きなさい。

3　グラフ，表，図および対話の内容に合うものを，次のア～オから二つ選び，記号で答えなさい。

ア　Chie wanted to tell foreign people about sister cities, so she made the graph before the event.
イ　The graph shows that the number of sister city relationships in Japan is not over two thousand.
ウ　In Yamagata-ken, there are more sister city relationships with America than with China.
エ　The chart shows that there are not any exchanges for sports between sister cities.
オ　Bill's city in America is a sister city of Chie's city, and there is an exchange between the cities.

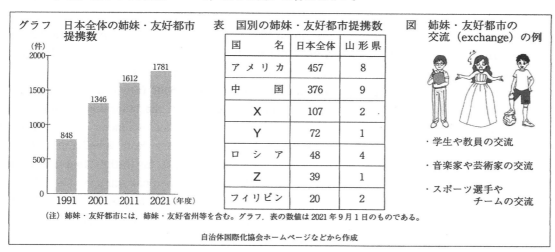

4 中学生の陽太（Yota）さんは，校外学習（field trip）で，ある研究所（laboratory）を訪れ，エミリー（Emily）さんという研究者に出会いました。次の英文は，陽太さんとエミリーさんとの交流や，その前後の関連する出来事について描いたものです。これを読んで，あとの問いに答えなさい。

When the teacher told the students about the field trip to a laboratory, Yota was so happy. He was interested in science very much. When he was asked about his dream in the future, he always answered, "I want to be a scientist because I like math and science."

On the day of the field trip, Yota was so excited. It took about fifteen minutes from his school to the laboratory by bus. His class made some groups in the laboratory. Emily, one of the researchers, *guided his group. "We are studying *medical science. I will tell you about our research," she said. After looking around the laboratory, Yota asked Emily, "Why did you start studying medical science?" "When I was a child, my father told me about children who need help in the world. I thought of studying medical science then," Emily said. She also told Yota about her research and how it could help the children. Emily asked, "What do you want to be in the future?" Yota answered, "I want to be a scientist." She said, "That's nice. Why?" ①<u>"Well, because I like science and... ,"</u> Yota said in a weak voice. After listening to Emily, he felt his answer was not as good as hers. （ A ） Emily looked at Yota and said, "A presentation contest will be held here, and many high school students will show their research. Please come to see them."

Two weeks later, Yota went to the laboratory to see the contest. （ B ） There were fifty presentation titles with the names of the *presenters on it. A girl started the first presentation. She talked about a light which can save a lot of energy. （ C ） She said, "My town has a university. A new *technology invented there is used in this light." She said that she had a chance to join a special program at the university. It was for high school students who were interested in science. In the program, she learned about the technology for the first time. Yota was excited to hear that. After watching some other presentations, Yota met Emily. （ D ） He said, "The presenters were so great. They showed how their research could make our life better. I want to be like them. How can I have such a great idea?" "Don't worry. Keep learning something new. You can have your own idea soon, and it will be *clear *little by little," Emily said. "I will. Thanks," Yota said. "Yota, English is also necessary for scientists. We read books written in it ," Emily said. "Wow! ②<u>It's hard to do that,</u>" Yota said. "Little by little," Emily *encouraged him again.

That evening, Yota told his mother how the presentations were. "I want to join the contest as a presenter next year. For that, I have many things to do," he said. Yota's mother felt happy to hear that. "You can do it. I will support you," she said with a kind smile.

(注)
guided ← guide　案内する　　medical science　医学　　presenter(s)　発表者
technology　技術　　clear　明確な　　little by little　少しずつ
encouraged ← encourage　励ます

1　下線部①と言ったときの，陽太さんの気持ちに最も近いものを，次のア～エから一つ選び，記号で答えなさい。

ア　I like math and science very much, but I'm not interested in medical science.

イ　I want to study abroad because I want to help people all over the world.

ウ　I should say what I want to be in the future with a better reason like Emily.

エ　I can't understand why Emily asked me the question about my future.

2　次の英文を，本文の流れに合うように入れるとすれば，どこに入れるのが最も適切ですか。（ A ）～（ D ）から一つ選び，記号で答えなさい。

He got the list of the presentations in the hallway.

3　下線部②について，陽太さんが大変だと言ったのは，何をすることですか。本文に即して日本語で書きなさい。

4　本文に即して，次の問いに英語で答えなさい。

(1)　How did Yota go to the laboratory on the day of the field trip?

(2)　Did Yota have a great idea like the presenters when he watched their presentations?

5　次の英文ア～オは，それぞれ本文の内容の一部です。ア～オを，本文の流れに合うように並べかえ，記号で答えなさい。

ア　Yota saw Emily when he was in the laboratory to see the presentation contest.

イ　Emily joined a group and told what the researchers were studying.

ウ　Yota talked about the presentations he saw to his mother.

エ　Emily told Yota to see the presentations by high school students.

オ　Yota was waiting for the day of his field trip to the laboratory.

6　陽太さんは，陽太さんが見たプレゼンテーションについて，英語の授業で発表しました。次は，発表したときに交わされた，陽太さんとＡＬＴのサラ（Sarah）さんの対話の一部です。対話の［　Ⅰ　］，［　Ⅱ　］に入る適切な英語を，文脈に合うように，それぞれ**4語以上**で書きなさい。

Yota: The first presenter was a girl and told us about a new technology. She learned about it when she ［　Ⅰ　］ at a university. I thought I should find chances to learn new things, too. Are you interested in the contest now? It is held every year. Please come to the contest ［　Ⅱ　］ next year.

Sarah: Oh, do you mean you are going to be a presenter? That's great!

5 あなたの学校の英語の授業で，次の「コンピュータの画面」のように，ＡＬＴの先生から一人一人のコンピュータに質問が送信され，その質問について，あなたの考えを [　　　] に書き，返信することになりました。「コンピュータの画面」の [　　　] に入る英文を，まとまりのある内容になるように，**4文以上**で書きなさい。

コンピュータの画面

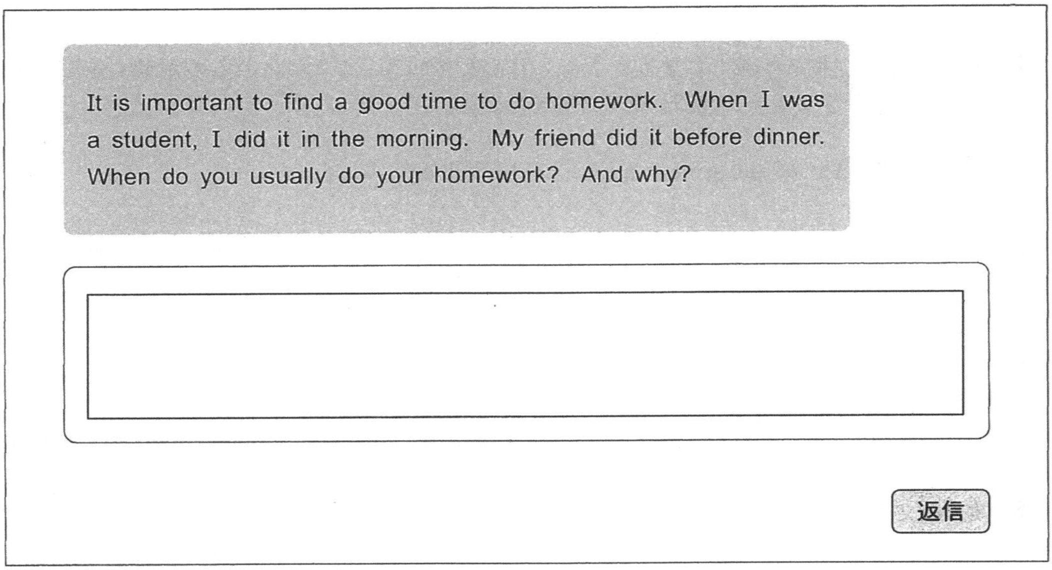
It is important to find a good time to do homework. When I was a student, I did it in the morning. My friend did it before dinner. When do you usually do your homework? And why?
返信